名师工程
教育探索者书系

「国培计划」优秀成果出版工程
「国培计划」全国优秀研修成果数字出版平台

书系顾问 张志勇
书系主编 齐 健

鲁派名校系列

张晓琳 ◎ 著

让生命异彩纷呈

——差异教育的构建与实施

RANG SHENGMING YICAIFENCHENG

CHAYI JIAOYU DE GOUJIAN YU SHISHI

西南师范大学 出版社

全国百佳图书出版单位 国家一级出版社

U0668690

图书在版编目（CIP）数据

让生命异彩纷呈：差异教育的构建与实施 / 张晓琳
著 . — 重庆：西南师范大学出版社，2015.12
ISBN 978-7-5621-7726-5

Ⅰ . ①让… Ⅱ . ①张… Ⅲ . ①学校教育—研究— Ⅳ .
① G4

中国版本图书馆 CIP 数据核字（2015）第 307893 号

名师工程系列丛书

编委会主任：马立 宋乃庆
总策划：周安平
策 划：李远毅 卢 旭 郑持军 郭德军

让生命异彩纷呈——差异教育的构建与实施

张晓琳 著

责任编辑：钟小族 鲁 艺 雷利军 沈倩倩
封面设计：天之赋设计室
出版发行：西南师范大学出版社
　　　　　　地址：重庆市北碚区天生路 1 号
　　　　　　邮编：400715 市场营销部电话：023-68868624
　　　　　　http://www.xscbs.com
经　　销：新华书店
印　　刷：三河市明华印务有限公司
开　　本：720mm×1030mm 1/16
印　　张：15
字　　数：214 千字
版　　次：2016 年 1 月 第 1 版
印　　次：2022 年 4 月 第 3 次印刷
书　　号：ISBN 978-7-5621-7726-5

定　　价：48.00 元
　　　若有印装质量问题，请联系出版社调换

引　言
树立"差异教育"理念，奏响生命教育主旋律

蔚蓝的大海辽阔无垠，海风吹拂着海面，一层层海浪温柔地抚摸着沙滩，像一曲曲轻柔的歌，像一首首浪漫的诗。海浪拍打着岸边的礁石，激起了朵朵浪花，或高或低，或聚或散，像一幅变化多端的水墨画卷。

每一朵浪花各不相同，每一次撞击都迸发着力量，美得人心儿都醉了。这是大海的魅力。每天看海，都能看出每天的不同；每次看海，都会看出各种韵味。

在这令人神往的海边，坐落着一座景色秀美的小镇，镇上有一所现代化的小学，那就是莱州市金城镇吕世祥中心小学。她秉承了海的精髓，带着浓重的海味，走出了一条特色发展的兴学路。

学校把大海的包容性及宏大的气魄凝聚成了"让每个生命像鲜花一样怒放"的办学理念，始终围绕"生命教育"这一主题开展教育教学管理工作，把"生命的怒放"作为学校发展的生命线。学校之所以将"让每个生命像鲜花一样怒放"确定为办学理念，是因为我们每天面对的是一个个鲜活的生命（包括每一位教师和学生），每一个生命都是一颗闪闪发光的星星，都有自己的位置和存在的价值，即使不能达到相同的高度或深度，但都必定有属于自己的生命之巅。我们力争让每个生命都能做最好的自己，在行走的路上

尽其所能地怒放，每天都过得充实而精彩！因此，在学校这个大家庭当中，我们要珍爱自己的生命，尊重他人的生命，帮助他们克服成长路上的艰辛、困惑、迷茫，帮助他们寻找方向，让每一个生命都拥有梦想和激情，就像草木一样慢慢抽芽、长枝，在风吹日晒的岁月中经历一切，最后终于孕育出花朵，怒放于湛蓝的天空之下。

围绕"让每个生命像鲜花一样怒放"的办学理念，学校确定了"尊重天性、张扬个性、涵养德性、磨炼韧性"的办学宗旨以及"每天都做最好的自己"的校训，采取"尊重差异、开发潜能、自主合作、多元发展"的办学策略，形成了以生命教育为核心的"怀海纳百川之胸襟、循差异教育之规律、育社会所需之英才"的初具差异教育特色的文化框架。学校的各项工作都围绕着学生的差异发展这一主线展开：在课程建设方面为学生开发了地域特色鲜明的套餐式的校本课程，这些课程成为促进学生个性发展的有效载体；在教师专业成长方面也贯彻差异教育的理念，让每一位教师的个性成长方式或成长过程引导学生成长的方向；学校的主阵地是课堂，而教师课堂教学的差异化理念是让每个学生的个性得到张扬，使每一堂课都能闪现灵光；丰富多彩的德育活动，尊重了学生们的天性，滋润着每个学生的心田，让每个学生都能扬帆远航。浸润着海的文化，学校办成了"美丽如画的花园、安全温馨的家园、启迪智慧的学园、发展个性的乐园、陶冶情操的书院"，关注每一个学生的发展，尊重学生的天性，张扬学生的个性，走出了一条差异教育的新路！

我校这种差异化的教育理念不是一蹴而就的，而是经历了漫长的探索研究过程。在不断总结经验教训，不断针对现实思考的基础上，学校的办学理念才逐渐清晰，最终被确定下来，成为全校师生的共同愿景。

我们的这种理念有深厚的地理人文背景。学校地处渤海湾畔，具有得天独厚的海洋自然资源与海洋人文资源这一优势，大海包容的胸怀和开放的气魄引领我们不断探索，海洋的多样性又给了我们更多的启示：每一个孩子都是一朵浪花，每一个孩子都有不同的个性，海的文化与学生成长产生了契合点。

早在 1996 年 9 月，我们就引进了日本"公文教学法"，在数学学科开展公文异步教学验证性实验。1998 年，借鉴公文教学法的特点，结合我们的教学实际，在烟台市教育科学研究院（以下简称"烟台市教科院"）的指导下，我们开展了数学异步教学实验研究，没有教材就自编教材，在实验班开始了"同步异质、异步同质、异步异质"等不同内容的实验研究。随着对差异教学研究的深入探索，烟台市教科院拓展了差异教育研究内容，我校也承担了相关的两项研究内容——"适应学生个性需求的校本课程开发研究"和"整体推进差异教学的实践研究"。

截至 2015 年，我们已进行了十几年的中小学生差异教学研究："九五"期间提出了课程结构弹性化、教材变学材和以学定教的教学理念，并依托小学数学异步教学课本的开发，划分了基于教材性质的基本课型，实践了学科分类分层施教方法；"十五"期间继承以学定教的教学理念，并依托新课程教材着力探索了常态教学环境下差异教学的课堂教学模式，确立了以学定教的方法体系，改变了现行的按年龄群体教学的班级授课制课堂教学形态，优化了学生的学习心理、学习习惯，改善了师生关系，为深化课堂教学研究，为在常态教学环境下最大限度地提高班级授课制下的课堂教学效益积淀了丰厚的思想财富和丰富的方法策略。

如果说差异是生命的客观存在，那么差异教学就应该是班级授课制下教育的一种情怀、教学的一种态度、课堂的一种形态。差异教学主张的以学定教和我们开展的差异教学，并不是要消除差异，求得个体内的平均发展和群体的齐头并进，而是从正视生命和尊重学生差异出发，通过动态地研究和开发课程教材资源以及学生的差异资源，实施适合学生差异特点的、照顾学生差异发展需要的教学方式和策略，激活生命潜能，提升幸福指数。

2007 年 11 月，烟台市"中小学差异教育深化研究"课题开题会议在莱州市召开。我们作为实验学校参加了会议，并汇报了十年来差异教学的实践历程，交流了差异教学实践经验。会上，课题组提出了"创建生态课堂、提升生命品质"的研究目标，将差异课堂教学范型研究确定为"十一五"期间课题研究的一项重点内容，力争在差异课堂教学研究方面实现新突破，为提升教育品位和教学效益做出更大贡献。

自异步教学实验开展以来，特别是对差异教育课题的研究，我们认识到学生的发展目标高于学科的学习目标，学生的实际学情重于学科的学习内容，在依据学科目标和内容选择教学方法的任何时候，都不得违背学生的发展目标或脱离学生的实际学情。我们对以学定教的教学模式与方法体系研究有了新的认识，通过"学生学习习惯及自我控制能力的研究""以学定教的教学方法的研究"，在"活动建构教学价值论""活动建构教学设计论""活动建构教学过程论""活动建构教学模式论""活动建构教学评价论"的指导下，我们将差异教学从数学学科延展到全学科，从教学实验延展到教育实验，从教学理念上升到教育理念，从差异教学研究上升到学校管理差异研究，一步步进行我们的差异教育实践。本书将从不同角度展示我们的差异教育研究。

目　录

第一章

构建学生自主管理的德育体系，滋养生命灵魂

"教育学生逐步形成爱党爱国精神，成为具有社会公德、文明行为习惯的遵纪守法的公民，具有自尊自爱、自立自强、开拓进取、坚毅勇敢等心理品质和一定的道德评价与自我教育能力。"这是我校的德育目标。经过长期的实践与探索，我们构建了"德育目标引领、德育课程落实、德育活动深化、德育评价保障"的德育体系，力争为不同性格特点的学生找到"最近发展区"，为每位学生的健康成长奠定坚实的基础。

第一节　构建梯次德育目标体系

德育目标是德育工作的出发点，它不仅决定了德育的内容、形式和方法，而且制约着德育工作的基本过程。梯次德育目标体系的构建，是针对学生差异提高德育实效的重要保证。

我校以学生各阶段身心发育特点和认识能力为基础，根据品德发展规律，遵循德育原则，明确提出学生各阶段应当达到的道德标准，并从生活习惯、学习习惯、行为习惯、安全习惯、身心健康等方面加以细化、量化，从而形成一个层次分明、架构合理的德育目标体系。

如一、二年级学生的"生活习惯"要求做到：①按时起床，自己穿衣服，整理床铺；②勤洗手，勤洗澡，勤剪指甲，经常换洗衣服，养成早晚刷牙、饭后漱口、饭前便后洗手的习惯；③不随地吐痰，不乱扔垃圾，保持教室内外的环境整洁；④不挑食、偏食，不乱吃零食，不买路边摊上的食物，吃饭时不说话；⑤学会打扫，自己的事情自己做，如洗澡、换衣服、洗手绢、洗袜子等。

三、四年级学生的"生活习惯"在上述基础上增加了：节约水电，及时关水龙头和电灯；合理使用零花钱，爱惜粮食；在父母的指导下学着做家务；等。

五年级学生的"生活习惯"进一步增加了：学会自理，如做简单家务和农活，逐渐提高照顾自己的能力；生活上不提过分的要求，不攀比，养成勤俭节约的生活习惯；参与学校环保活动，积极回收废物等。

梯次德育目标体系具有横向贯通、纵向衔接、分层递进、螺旋上升的特点，织就了一张全面覆盖、分段实施的德育网络，从而最大限度地整合德育资源，形成教育合力，收到德育体系独有的 1+1 > 2 的效果。

附：

小学生德育目标体系表

一、二年级培养目标	
生活习惯	1. 按时起床，自己穿衣服，整理床铺。 2. 勤洗手，勤洗澡，勤剪指甲，经常换洗衣服，养成早晚刷牙、饭后漱口、饭前便后洗手的习惯。 3. 不随地吐痰，不乱扔垃圾，保持教室内外的环境整洁。 4. 不挑食、偏食，不乱吃零食，不买路边摊上的食物，吃饭时不说话。 5. 学会打扫，自己的事情自己做，如洗澡、换衣服、洗手绢、洗袜子等。
学习习惯	1. 按时上学，不迟到，有事请假。 2. 上课专心听讲，积极举手回答问题；站姿规范，声音洪亮。 3. 握笔姿势正确，坐姿、写姿规范，做到"三个一"，保持"头正、身直、臂开、足安"，养成良好的书写习惯，书写整洁，能在一定时间内独立完成作业，及时改错。 4. 能回忆教师当日所讲的知识，并学会向家长叙述学到的知识；遇到不会的知识，能及时问别人。

（续表）

	一、二年级培养目标
学习习惯	5. 在家长的指导下能够阅读一些简单的适合年龄特点的课外读物。 6. 在家长的帮助下，学会自己整理书包，努力做到用具摆放有条理；能每天带齐所需用具，主动准备课前学具，并爱护学具。
行为习惯	交往礼仪： 1. 学会唱国歌，升国旗时向国旗敬礼。 2. 学会使用礼貌用语，如"您""请""谢谢""对不起""没关系"等。 3. 学会尊重老师，进办公室先敲门，和老师谈话先起立。 4. 学会热情待人，见客人主动问好，右侧礼让，双手接物。 5. 学会团结同学，和同学交朋友，讲谦让。 6. 学会与人打招呼。 秩序纪律：（使学生了解保护自己从遵守纪律做起） 1. 在楼内慢步轻声靠右行，不追逐打闹。 2. 参加集体活动守时守纪，集合站队做到快、静、齐。 3. 上课铃响时立刻回教室安静坐好。 4. 上下楼梯、出入楼门不拥挤，不推搡。 5. 遵守游戏规则，活动有秩序。 集体观念： 1. 知道本班班规、班训内容，并努力去做。 2. 积极参加集体活动，学会在集体中生活，愿意为集体做力所能及的事情。 3. 知道自己是小组中的一员，并用行动为小组争光。
安全习惯	1. 路上行走靠右边，过马路要当心（走斑马线）。 2. 乘坐公共汽车时，上下车遵守秩序；不在车上吃零食及把头（手）伸出窗外；不乘坐"三无"车辆、超载车辆。 3. 不玩火，不玩电，不玩刀具，不做危险性游戏；发生意外伤害事故，不隐瞒并及时求援；知道110、119、120等求助电话。 4. 离家、离校要向家长和老师打招呼，征得同意后再去；不与陌生人交谈。 5. 注意食品安全，不吃过期变质的食品。
身心健康	心理品质： 1. 诚实守信，不说谎话。 2. 坚定顽强，不怕困难。 3. 乐观向上，积极进取。 体育卫生： 1. 保持班级环境整洁、美观、安全。 2. 认真上好"两操""一课"，积极参加体育锻炼。 3. 学生体艺技能认定标准率不低于90%，近视眼新发病率不超过5%，体育达标率不低于95%。 4. 读写姿势正确，做到"三个一"。

（续表）

	三、四年级培养目标	
生活习惯	1. 按时作息，生活有规律，自己整理房间。 2. 勤洗手，勤洗澡，勤剪指甲，经常换洗衣服，养成早晚刷牙、饭后漱口的习惯。 3. 不随地吐痰，不乱扔垃圾，不在桌面或墙上乱涂乱刻，保持教室内外的环境整洁。 4. 不挑食、偏食，不乱吃零食，不买路边摊上的食物，吃饭时不说话。 5. 节约水电，及时关水龙头和电灯；合理使用零花钱，爱惜粮食。 6. 学会自己的事情自己做，如收拾房间、包书皮、洗衣袜等；在父母的指导下学着做家务。	
学习习惯	1. 按时上学，不迟到，有事请假。 2. 上课专心听讲，在积极思考的基础上，敢于发表自己的见解；站姿规范，声音洪亮；认真倾听，不随意打断别人的发言。 3. 握笔姿势正确，坐姿、写姿规范，做到"三个一"，保持"头正、身直、臂开、足安"，养成良好的书写习惯；书写整洁，字体规范，格式正确，在一定时间内能独立完成作业，及时改错；逐步养成检查的习惯，正确率高。 4. 能够按要求复习当日所学知识，做到与同学和家长进行交流，有单元复习和阶段复习的意识；课前预读新知识，学会带着课后问题读课文，能够发现问题、提出问题。 5. 阅读适合自己年龄特点的课外读物，能借助工具书理解重点语句的意思，并将所积累的好词佳句作简单整理后摘抄在积累本上，并愿意和别人交流，锻炼口头表达能力。 6. 能独自整理书包，做到用具摆放有条理，并会对照课程表和记事本备好学习用具；能随时整理自己的物品。	
行为习惯	交往礼仪： 1. 待人有礼貌，听别人说话时不东张西望、不插嘴，与人说话要和气。 2. 尊敬老师，虚心接受老师帮助，认真完成老师交给的任务，帮老师做力所能及的事情。 3. 关心同学，互相帮助，不打架，不骂人，不给同学起外号。 4. 参加集会、观看演出时，不随便走动、说话，适度鼓掌。 5. 接受礼物或馈赠时，双手接过，学会答谢提供帮助的人。	
	秩序纪律：（使学生知道文明素养的提高，应从自我约束做起） 1. 在楼内慢步轻声靠右行，不追逐打闹。 2. 参加集体活动守时守纪，集合站队做到快、静、齐。 3. 上课铃响时立刻回教室安静坐好。 4. 上下楼梯、出入楼门不拥挤，不推搡。 5. 遵守游戏规则，活动有秩序。 6. 不攀爬窗台、栏杆、体育器械和院墙。 7. 放学后不随意在学校里和大街上玩耍、打闹。	

（续表）

	三、四年级培养目标
行为习惯	集体观念： 1. 初步了解本班班规、班训意义，并自觉遵守。 2. 积极参加班队活动，服从集体规定，热心为集体服务，努力完成任务，懂得班荣我荣的道理。
安全习惯	1. 路上行走靠右边，过马路要当心（走斑马线）；不满12周岁不骑自行车上路。 2. 乘坐公共汽车时不抢座，上下车遵守秩序；不在车上吃零食及把头（手）伸出窗外；不乘坐"三无"车辆、超载车辆。 3. 不玩火，不玩电，不玩刀具，不做危险性游戏；发生意外伤害事故，不隐瞒并及时求援；知道110、119、120等求助电话。 4. 离家、离校要向家长和老师打招呼，征得同意后再去。 5. 不能单独去河边、井边、水库边玩耍。 6. 注意食品安全，不吃过期变质的食品。
身心健康	心理品质： 1. 诚实守信，不说谎话。 2. 坚定顽强，不怕困难。 3. 乐观向上，积极进取。 体育卫生： 1. 保持班级环境整洁、美观、安全。 2. 认真上好"两操""一课"，积极参加体育锻炼，学会一项终身受益的体育项目。 3. 学生体艺技能认定标准率不低于90%，近视眼新发病率不超过5%，体育达标率不低于95%。 4. 读写姿势正确，做到"三个一"。
	五年级培养目标
生活习惯	1. 按时作息，生活有规律，自己整理房间。 2. 勤洗手，勤洗澡，勤剪指甲，经常换洗衣服，养成早晚刷牙、饭后漱口、饭前便后洗手的习惯。 3. 不随地吐痰，不乱扔垃圾，见到垃圾能主动捡起来；看到别人乱扔垃圾能主动劝阻；不在桌面或墙上乱涂乱画，保持教室内外的环境整洁。 4. 不挑食、偏食，不乱吃零食，不买路边摊上的食物，吃饭时不说话。 5. 节约水电，及时关水龙头和电灯；合理使用零花钱，爱惜粮食。 6. 学会自理，如做简单家务和农活，逐渐提高照顾自己的能力。 7. 生活上不提过分的要求，不攀比，养成勤俭节约的生活习惯。 8. 参与学校环保活动，积极回收废物。
学习习惯	1. 按时上学，不迟到，有事请假。 2. 上课专心听讲，在积极思考的基础上，能围绕一个意思表达自己的见解；站姿规范，声音洪亮；认真倾听，不随意打断别人的发言；敢于质疑，学会主动记笔记。

（续表）

五年级培养目标	
学习习惯	3. 握笔姿势正确，坐姿、写姿规范，做到"三个一"，保持"头正、身直、臂开、足安"，养成良好的书写习惯；书写整洁，字体规范，格式正确，在一定时间内能独立完成作业，及时改错；能够养成自觉检查的习惯，正确率高；能够规范书写钢笔字，尽量减少涂改，有一定速度。 　　4. 能够认真复习所学知识，用适合自己的方法将所学知识进行分析、归纳、系统整理，举一反三，融会贯通；能够自己制订预习计划，课前查找相关学习资料，大胆提出问题，并想办法解决问题，对预习中不能解决的问题能够用符号做标记。 　　5. 拥有适合自己年龄特点的课外读物，能边读边思考，善于写批注；不仅能将积累的好词佳句摘抄在积累本上，还能大胆、灵活地运用，逐步提高口语表达能力；能向同学推荐自己喜欢的课外读物。 　　6. 能独自整理书包，做到用具摆放有条理，并坚持每天按照要求带齐学习用具；能随时整理自己的物品。
行为习惯	交往礼仪： 　　1. 不讲粗话、脏话，不讥笑别人，不损伤别人的自尊心。 　　2. 和他人意见不一致时，不发脾气，学会与人协调解决。 　　3. 学会宽容，取长补短，珍惜同学间的友谊，关心低年级同学。 　　4. 学会待人接物的一般礼仪，落落大方。 　　5. 热爱学校，尊敬老师。
	秩序纪律：（使学生懂得自律是走向社会、遵纪守法的基础） 　　1. 在楼内慢步轻声靠右行，不追逐打闹。 　　2. 参加集体活动守时守纪，集合站队做到快、静、齐。 　　3. 上课铃响时立刻回教室安静坐好。 　　4. 上下楼梯、出入楼门不拥挤，不推搡。 　　5. 遵守游戏规则，活动有秩序。 　　6. 发现同学做危险游戏要主动劝阻，保护自己和同学的人身安全。 　　7. 参加集体活动时听从指挥，注意安全。 　　8. 不攀爬窗台、栏杆、体育器械和院墙。 　　9. 放学后不随意在学校里和大街上玩耍、打闹。
	集体观念： 　　1. 关心集体利益，维护集体利益，在集体中有事和大家商量，个人服从集体，少数服从多数。 　　2. 积极参加公益活动，维护集体形象，懂得校荣我荣的道理。
安全习惯	1. 路上行走靠右边，过马路要当心（走斑马线）；不满12周岁不骑自行车上路，严禁骑电动车、摩托车和三轮车。 　　2. 乘坐公共汽车或轮船，不抢先，上下车（船）遵守秩序；不在车（船）上吃零食及把头（手）伸出窗外；不乘坐"三无"车辆、超载车辆。 　　3. 不玩火，不玩电，不玩刀具，不做危险性游戏；发生意外伤害事故，不隐瞒并及时求援；知道110、119、120等求助电话。

（续表）

五年级培养目标	
安全习惯	4. 离家、离校要向家长和老师打招呼，征得同意后再去。 5. 不下河游泳，不到网吧、游戏厅去玩。 6. 注意食品安全，不吃过期变质的食品。
身心健康	心理品质： 　1. 诚实守信，不说谎话。 　2. 坚定顽强，不怕困难。 　3. 乐观向上，积极进取。
	体育卫生： 　1. 保持班级环境整洁、美观、安全。 　2. 认真上好"两操""一课"，积极参加体育锻炼，学会一项终身受益的体育项目。 　3. 学生体艺技能认定标准率不低于90%，近视眼新发病率不超过5%，体育达标率不低于95%。 　4. 读写姿势正确，做到"三个一"。

学生基本行为规范教育是德育的基本内容，体现了社会公德的要求。在德育目标体系的引领下，我校以日常行为规范教育为抓手，对学生进行以文明礼仪、遵守纪律、孝敬长辈、诚实守信为重点的养成教育，在教育和训练的过程中坚持"重差异、分层次、重训练、求内化"的原则，努力使行为规范外化为学生的行为，内化为学生的素质，使学生逐步养成良好的生活、学习、文明礼貌习惯。

附：

小学生校内外一日常规评价细则

为更好地对学生进行行为规范养成教育，学校依据《小学生日常行为规范》和《小学生守则》，特制订了《小学生校内外一日常规评价细则》，并结合"雏鹰争章"活动，设六枚常规星。

一、达到以下标准者，可获"纪律星"

早晨上学：

1. 早上按时起床，吃早饭后戴上红领巾、小黄帽，少先队小干部佩戴队干部标志，星期一升旗穿好校服。

2. 整理好书包，带齐学习用品，不带小刀、剪刀等与课业无关的东西到校。

3. 按规定时间从家出发，7：30 至 7：40 到校。不随便缺课，因病因事不能到校，应写请假条或打电话向班主任请假。3 天以上不能到校，应向教导处请假。

上课：

1. 预备铃响前，把上课用的课本、作业本放在桌面右上角，文具盒在桌面的正前方放正，与本节课无关的一切物品一律不放在桌面上。

2. 预备铃响后，抓紧时间上厕所，然后回到教室参加晨会及"每周一歌"演唱活动。

3. 上课铃响时，迅速走入教室坐好，安静地等待老师上课。

4. 迟到时，在教室门口喊"报告"，经老师许可后进教室。

5. 到微机教室上课，先在室外站好队，由课代表带队，经任课教师允许后进入教室。

6. 老师进入教室时，班长喊"起立"，立正站好，说"老师好"，老师还礼示意后坐下。

7. 坐的姿势：身体坐满凳面，挺胸，两臂交叉放在胸前桌面上，两腿自然平放在桌下，眼睛注视老师，专心听讲。

8. 上课时不随便说话，要发言时先举手，经老师允许发言时，先起立，立正站好，注视老师发言，发言后经老师允许或示意后再坐下。

9. 读书姿势：默读时，把书平放在桌上，两手扶书，身体前倾坐直，眼距书一尺；齐声朗读时，两手拿书下角，将书放在桌面上，向前斜立，身体坐正，眼距书一尺；指名朗读时，起立，站直，左手捏书下端书缝，右手拿书右下角，放于胸前，眼距书一尺。

10. 写字姿势：写字时臂部向前移（不能移动凳子），将书或纸放正，身体坐直，头摆正，右手握笔，左手扶书或纸，眼距书或纸一尺。

11. 上课时不随便离开座位，各种规定姿势认真执行，一丝不苟，桌凳摆好之后，不前推后移发出声响，影响课堂秩序。

12. 下课铃响时经老师允许后再收拾书本，放在桌洞内。老师宣布下课时，班长喊"起立"，立正站好，说"老师再见"，等老师走出教室门或经老师允许后，才离开座位走出教室。

课间操：

1. 坚持每天做两次眼保健操，严格按规定动作做，乐曲节拍做好、做足，做到闭眼静坐，点准穴位，动作柔缓。

2. 上操铃响时，迅速按规定的队形在5分钟内排好队，做到快、静、齐。

3. 做广播操时要严格听从口令，服从指挥，精神集中，动作准确，整齐有力，注意音乐节拍，协调一致。

4. 因病不能上操并经班主任批准的学生，应在教室内安静地等待上课。

集会：

1. 按时整队，进会场队伍整齐，行进时保持安静，按指定地点坐好。

2. 遵守会场纪律，不迟到早退，不交头接耳，不看书阅报，不做小动作，专心听讲。

3. 听重要报告时，认真做笔记。

4. 会议期间因故离开会场时，应请假。

5. 散会时，安静地依次离场，不争先恐后。

午间：

1. 在校吃饭时，按秩序排队买饭，能礼让低年级学生。吃饭后，回到各班教室或规定的场所学习或活动。

2. 午睡铃响后，各班学生应在指定地点午睡，不随便说话，以免影响别人休息。

3. 不在学校吃饭的学生进校后，不得在教学楼内大声叫喊或追逐打闹，应到各班教室或规定的场所学习或活动。

放学：

放学铃响后，5分钟之内到教室前站好队，20分钟后实行清校。

晚上：

1. 按时回家，回家后要听家长的话，每天帮家长做一项家务，并做到自己的事情自己做。

2.除节假日、双休日及统一组织活动外，不看电视、电影、录像。

3.复习、预习功课后，要在晚上9点钟前洗漱睡觉。

二、达到以下标准者，可获"卫生星"

1.到校后，及时打扫卫生区和教室的卫生，整理好自己的书桌，准备好第一节课的学习用品，进行晨检，不得大声喧哗。

值日生应负责的工作：

教室：地面、黑板、桌凳、窗台、玻璃、前后门的整洁；

楼内：地面无纸、无杂物，墙围干净；

楼外：地面无纸、无杂物；

卫生区：地面无垃圾、无杂草。

2.注意开窗流通空气，注意开灯、关灯。

3.不在校园内吃零食，不喝生水，不随地吐痰，不乱丢纸屑、果皮，就餐前洗手，就餐时不大声谈笑。

三、达到以下标准者，可获"学习星"

1.上课时要集中注意力，目视老师，专心听讲，认真思考，敢于发言，不懂就问，发言要先举手，回答问题要立正，用普通话响亮回答。根据老师要求有秩序地进行活动。不随便讲话，不做小动作。

2.认真复习，按时、独立完成作业，书写工整。

3.认真预习第二天的新课，初步弄清课文内容和有疑惑的地方。主动向家长汇报在校的行为表现和学习情况。

四、达到以下标准者，可获"礼仪星"

1.见到老师要主动行礼或问好，遇到同学要相互问候。

2.老师的办公室如没有人时或事先未经老师同意，不得进入。

3.如办公室有人，进入办公室前要站在门口喊"报告"，经老师允许后，方可进入办公室，要立正问候"老师们好"，然后走向要找的老师。

4.进办公室办完事后，离开办公室，要说"老师们再见"。

5. 得到老师的关心或帮助时，应该说"谢谢"。

6. 如要找的老师在与客人谈话时，不要立即打断老师的谈话，应站在一边稍等，老师示意允许插话时再向老师说明来意。

7. 老师的子女如需留在办公室做作业时，不能扰乱老师办公。老师不在时，不能翻动老师的办公用品和个人私物。

8. 下课时老师在楼道、楼梯、操场行走，应有礼貌地让路，不得抢行拥挤，冲撞老师。

9. 尊老爱幼，孝敬父母，听从父母的正确教导，不任性。外出玩耍要告诉父母，回到家要和父母打招呼。

五、达到以下标准者，可获"安全星"

1. 下课后（除下雨、下雪、刮大风外）应到室外活动，严禁在教室、走廊、楼道玩耍，如打球、跳绳、跳皮筋、追跑、打闹等。值日生应把黑板擦干净。

2. 课间要进行正当的和安全的游戏，防止伤害别人、损坏公物的事故发生。不要棍子，投扔砖头、石子伤人。

3. 根据教室的分布情况，应到指定的院落活动，不在草地上行走。

4. 课间不互相追逐、狂奔乱跑，防止互撞，不高声、怪声喊叫。

5. 放学时要排好队有秩序地离开学校。骑自行车的要前后排成纵队出校，保持距离，注意安全。在路上要遵守交通规则，走人行道；途中不准嬉闹，不在路上逗留，过马路时一定要看清车辆，在确保安全的情况下，方可过马路。坐校车的学生按规定时间，有秩序地到自己的路队站好，校车来后要有序上校车，坐上校车后要系好安全带。

6. 路上注意安全，不并排走，三人以上主动排成纵队，不追跑打闹，不在路上逗留，不在路上吃零食；坐车的学生一定要选择合格的车，不坐"三无"车辆；让家长送的学生一定要让家长送过马路后再离开；骑自行车的同学要遵守交通规则，靠右行驶，骑车时不能撒把，不能并排，不能边骑车边说话。

六、达到以下标准者，可获"活动星"

1. 积极参加文体类社团活动，遵守纪律，爱护公共财物。

2. 积极参加学校和班级开展的少先队活动，参加各类力所能及的劳动。

3. 积极参加科技活动，发挥主动性、创造性。

4. 在课外能够进行大量的阅读，并做好读书笔记。

第二节　开设德育校本课程

为了扎实推进学生的行为规范养成教育，学校充分发挥课堂教学的主渠道作用，在各年级开设了德育校本课程，将社会主义核心价值观有机地融进教材、融进课堂，装进学生头脑，最后使其真正落实到实际行动上来。

低年级主要落实学校自编的"4+2"德育校本课程，"4"指"孝、诚、爱、仁"四德教育，"2"指心灵工程和习惯养成工程。每周安排一课时，对学生进行全方位的教育，使学生"逐步形成爱党爱国精神，成为具有社会公德、文明行为习惯的遵纪守法的公民，具有自尊自爱、自立自强、开拓进取、坚毅勇敢等心理品质和一定的道德评价与自我教育能力"。德育校本课程的教材编写是根据《小学生德育目标体系》与《我的成长足迹》评价手册中"我努力，我能行，我最棒"的内容，采取"以点带面"的形式，渗透"孝、诚、爱、仁"四德教育与心灵工程及习惯养成工程，以培养学生良好的生活习惯、学习习惯、行为习惯、安全习惯与健康的身心。内容编写主要以情境模拟与体验为主，先通过故事或案例引导学生，再创设具体的情境让学生模拟体验，通过体验感知并接受直观教育。

中高年级主要通过班队会、品德课、环境教育课整合完成《文明基因·孝诚爱》读本的教育实践。为深入推进道德教育，学校通过召开《文明基因·孝诚爱》读本推进工作专题研讨会，研究制订详细可行的《文明基因·孝诚爱》推行工作配档表，重点解决了课程安排、实施计划、教育内容整合、教学计划、教案编写、小课题研究等问题。各年级分别成立"孝诚爱"

校本课程社团，如"爱的港湾""道德故事你我他""道德辩论会""道德小剧团"等，对学生进行教育，并通过情景剧表演、道德故事会、道德辩论会、经典诵读会等形式进行展示。

为保证德育校本课程的实效性，在推进过程中，教师须努力做到"一课七结合"（"一课"指德育校本课程专题指导课，"七结合"指德育校本课程与学科教学、主题班会、社团活动、社会实践活动、节假日主题活动、家庭教育、常规养成教育相结合），具体通过以下几点落实到学校日常教育教学工作中：一是在"月月有主题，人人都参与"的全年教育活动中落实，通过丰富多彩的活动提高德育效果。将重大节日和纪念日与每月活动主题相结合，继续深入开展以"孝、诚、爱、仁"为核心的四德教育活动。突出孝敬父母、尊敬长辈、知恩感恩等主题，开展"感恩教育""我们的节日""传承优良家风"等活动。二是在"雏鹰争章"评价活动中落实，并在评价方面增设了"孝德章""诚德章"与"爱德章"，制订了详细的获章标准，根据每月教育主题与内容，定期评选"孝诚爱之星"。三是在书法教育活动中落实，如利用午写时间，引导学生书写具有"孝诚爱"道德主题的经典诗文，并举行相关展示、评比活动。四是在阵地建设中落实，如开展好道德宣誓、广播、国旗下讲话等活动，并将校园文化建设中的德育元素作为德育课程加以落实。

学校对应课程内容，结合《我的成长足迹》，设六枚常规星。各中队利用班队会时间，采取队员自评、小队互评、中队终评的方式，每周一次从六方面对学生进行评价，评价结果记入《中队"雏鹰争章"一览表》。每月获三枚以上常规星者学期末可获一枚常规章并记入《我的成长足迹》。学期末获所有常规章者优先参加各级各类优秀儿童少年的评选。

第三节　开展德育主题活动

教育的核心是培养健康的人格，最有效的途径就是从培养行为习惯做起。我校围绕"德育目标引领、德育课程落实、德育活动深化、德育评价保障"的德育活动序列，结合"雏鹰争章"活动，长期开展"好习惯成就大人生"系列主题活动，在教育中切实做到：以活动为载体，以班主任和学生家长为纽带，以班级为主阵地，从细节抓起，注意点滴积累，以检查督促为手段，以行为训练为基础，以习惯的内化与养成为目标，坚持从学生生活和学习中的细节入手，给予学生充足的学习空间，培养学生的良好习惯，为他们的美好人生打下坚实的基础。

一、"好习惯伴我行"活动

通过开展"好习惯我知道""好习惯我能行""好习惯伴我行"系列活动，使学生了解好习惯、学习好习惯、保持好习惯。

1. "好习惯我知道"活动

通过举行"好习惯伴我行"主题活动启动仪式、学习《小学生校内外一日常规评价细则》、开展"唱响好习惯"儿歌童谣征集传唱活动等，使每个队员都做到"好习惯我知道"。

2. "好习惯我能行"活动

发动队员深入家庭、学校、社会，随时注意调查身边同学的良好行为习惯，完成"身边的好习惯"调查表，并向身边有好习惯的同学学习。号召全体队员坚决制止不文明行为，如乱扔垃圾，随地吐痰，破坏校园的花草、树木或公物等。开展"小手拉大手，文明一起走"活动，与家长一起纠正身边的不文明行为。根据《小学生校内外一日常规评价细则》，同学间互相鼓励，家长、教师积极督促，掀起了争戴常规章的高潮。

3. "好习惯伴我行"活动

（1）好习惯，我监督。通过举行好习惯监督员招聘会等方式，由辅导员和队员共同推选出学校和班级好习惯监督员，负责监督身边的不文明行为。

（2）好习惯，大家评。经过系列活动后，在表现突出和进步显著的学生中评选出中队和学校的"好习惯标兵""常规之星"等，对其进行集体颁奖并进行事迹播讲。

二、"好习惯假日银行"活动

我校连续三年在全体队员中开展"好习惯假日银行"活动，将学生日常生活中的18个好习惯制成《"好习惯假日银行"存款单》，每个好习惯均赋予不同的"好习惯币"。学校通过广播、假前会议、"给家长的一封信"等方式，使队员和家长明确开展"好习惯假日银行"活动的目的与意义。

寒假前，队员将《"好习惯假日银行"存款单》交给家长，假期中每天严格按照"好习惯假日银行"存款标准去做，并由"好习惯假日银行"的"行长"——队员的父母负责监督、记录。

寒假结束时，队员完成"储户感言"；"好习惯假日银行"的"行长"——队员的父母根据队员假期中的表现，填写《"好习惯假日银行"存款单》中的"实获'好习惯币'"数额及"行长感言"，签字后交给队员带回，作为学校评选"好习惯假日银行标兵"的重要依据。

附：

"好习惯假日银行"存款单

储户（队员）：　　　　　　　　　　　年级　　　班

序号	好习惯假日银行"好习惯币"获币标准	应获"好习惯币"	实获"好习惯币"
1	外出前及回家后和家长打招呼。	30	
2	经常使用"您好""谢谢""请""对不起""没关系"等礼貌用语，在家讲普通话。	30	
3	主动将压岁钱交给父母保管。	50	
4	见了客人主动打招呼，起立让座，客人走时要送出门外，并说"再见"。	30	
5	不玩火，不乱动家用电器，不做有危险的游戏。	50	
6	节约用电、用水，不挑食，不偏食，不暴饮暴食。	50	
7	乘车、坐船时主动给老弱病残让座。	20	
8	每天至少进行一小时体育锻炼，如跳绳、跑步、踢毽子等。	30	
9	自己洗手，洗脸，洗手绢等小衣物。	30	
10	自己叠被子、叠衣服，自己收拾床铺，整理书包。	30	
11	每天帮家长做一项家务，如收拾餐桌、扫地、抹桌凳、择菜等。	30	

（续表）

序号	好习惯假日银行"好习惯币"获币标准	应获"好习惯币"	实获"好习惯币"
12	每天刷牙，饭前便后及时洗手，睡前洗脚；勤剪指甲，勤洗头，勤洗澡。	30	
13	未经家长同意，不看电视。	30	
14	早睡早起，每天保证八个小时的睡眠时间。	30	
15	按时、独立完成作业，书写工整、规范。	30	
16	相信科学，不参加迷信活动。	20	
17	读一本有益的书，并写出读书心得。	50	
18	不随地吐痰，不乱扔乱放垃圾。	30	
好习惯假日银行获币总额（600"好习惯币"）			
行长感言			家长签字：
储户感言			

三、争做"最美镜中人"活动

1. "备镜"

首先通过"备镜"问卷调查，从生活习惯、学习习惯、行为习惯三方面分类统计汇总学生当前习惯方面存在的主要问题，并召开"最美镜中人"大讨论，利用班队会或结合德育课程，从生活习惯、学习习惯、行为习惯三方面选取学生中存在的最具代表性的问题，组织全体队员进行讨论与辩论，在辅导员的引导下，通过辩论甚至是争论的方式让学生明确哪些是应重点培养的好习惯，自己应保持哪些原有的好习惯，营造一种"生生都参与，人人抢争先"的学习好习惯的氛围。

2. "制镜"

针对讨论结果，学生结合自身实际，根据问卷中存在的问题，制作适合自己的"好习惯镜"，重点列出自己应保持的好习惯和应培养的好习惯。

3."照镜"

学生对照自己制作的"好习惯镜"，每天检查自己的言行是否符合自己的"好习惯镜"标准，且结合《争章日记》留有"照镜"记录，小队内队员互相监督与提醒。

4."明镜"

学生通过自查，对没有达到"好习惯镜"要求的项目积极采取方法进行改进，使自己的言行更加符合"好习惯镜"要求，从而使自己的"好习惯镜"更亮，镜中的自己更美。

5."评镜"

学期末开展"最美镜中人"评选活动，授予活动中表现优异、进步明显的队员"最美镜中人"称号。

一系列适合学生年龄和身心特点的主题教育活动的开展，不仅丰富了学生的课余生活，陶冶了学生的情操，而且展现了学生的个性特长，增强了学生的团队合作精神，提高了学生的综合能力，从而实现了"活动中锻炼人、活动中培养人、活动中塑造人"的育人目标。

第四节　实施"雏鹰争章"评价

我们认真研读《辅导员工作纲要》(以下简称《纲要》)，结合《小学生德育目标体系》的要求，大胆改革创新，共同研究制订了《辅导员工作纲要分年级实施细则》(以下简称《细则》)，经过五年的试行及不断改进，《细则》已逐步完善。《细则》中对每个年级每月的活动主题做出了明确的要求，活动建议也更加具体，更易于中队辅导员操作。为了落实《细则》，我们配套开展了"以'雏鹰争章'评价促习惯养成"的探索与实践活动。为使学生的良好行为习惯在原有基础上有大幅度提高，逐步形成有本校教育管理特色的活动项目，学校组织大、中队辅导员共同研究修订了《我的成长足迹》小学生综合素质评价手册，切实做到了把学生的行为习惯养成教育与学生的常规管理评价有机结合。

一、明确争章争星体系

根据《纲要》中的分年级工作内容，我们建立了一套完整的争章争星体系。

1. 争常规章

这是所有年级的必争章，获章标准依据《小学生校内外一日常规评价细则》，将学生一日常规细化为"安全、卫生、纪律、礼仪、学习、活动"六枚常规星，利用争章班队会每月评选一次，评选结果记入成长档案，作为评选各级各类优秀少年儿童的重要依据。

在争章过程中，辅导员们总是关注学生的差异，努力兼顾不同的个体，并与小组合作相结合，其间涌现出了很多先进典型。尧是我校争章活动中改变最大的孩子之一。

尧，是我们班挺特殊的一个学生，个子矮矮的，胖胖的，父母在村子外面养猪，一家人就住在猪圈旁边。家里卫生条件差，这个学生身上气味较重，加上升级时他成绩不及格，把这个学生放在哪个小组，哪个小组都不会乐意。确实，虽然学生评价细则为学生的量化管理提供了一把精准的尺子，但用一把固定的尺子去衡量一群个性不相同的学生，其结果是可想而知的，因为学生是一个个鲜活的个体啊！于是，我尝试改变评价策略，实行精细化评价与模糊评价相结合的办法，让每一个学生既能感受到争星的艰辛，又能享受到争星的快乐，让每一个学生都能自信地面对明天。

如上学期常规章中，有"纪律星""卫生星""学习星""礼仪星""安全星""活动星"，这里的争星标准几乎都是尧的弱项，怎么办呢？针对尧爱劳动的特点，我在分配卫生区时，故意把靠近校门口的一块卫生区分给了他，这样我每天走进校门口的时候，总能看到他在认真打扫卫生，把卫生区打扫得干干净净，我就每天都表扬他："尧，真能干！为你们小组增光了。"他听了，"嘿嘿"一笑。每天晨会时，我总要表扬尧能够认真值日，为他的"卫生星"拉一回票。每当这时，我总能看到尧的眼睛里有一丝亮光。表扬，让他有了笑脸。于是，我又加了码："尧，如果自己的衣服也能像卫生区一样干干净净的，就更好了。"他似乎听明白了，第二天，衣服稍微干净一些了。看来，这也是一个有上进心的学生。

接下来的日子里，我在生活和学习上越发关照他。他不愿意写字，写字速度慢，如果和班上有书法特长的学生来比，他可能会差很多。但我不拿他和其他学生比，只要他提笔写字，我就表扬他："看，尧多有进步！可以奖励一颗'学习星'啦！"他总是不好意思地"嘿嘿"一笑。从他的表情中，我看到他感受到了幸福。我也常常跟学生们说："尧在认真做事了，有进步啦！"让学生们也提高对他的认识。每每在课间操时，看见他的小胳膊高高摆起，我也赶紧表扬他。

除此之外，我充分发挥小队的力量："看，你们小队的尧，多有进步，又为你们队增加了一颗'活动星'，鼓励鼓励他吧！"于是，小队成员中有的帮助他学习，有的帮助他遵守纪律，有的帮助他纠正不文明行为。只要他有一点进步，有一点改变，我们就给他一颗星。这样，他的每一点进步都明明白白地展示在大家面前。

渐渐地，尧的星多起来了，"卫生星""安全星"……每次颁星队会上，我都能看到他灿烂的笑脸。

在加星的同时，我也会注意用语言鼓励学生。更重要的是，学生渐渐学会了自我管理。

学生是有差异的，作为教师，我们的责任就是让每一个学生都能健康、快乐地成长。这就需要我们细致地发掘学生的特点，多一点耐心，多一点鼓励，不放弃每个学生，让每个生命都能像鲜花一样怒放！

(季凌杰《争章教育随笔》)

2. 争基础章

学校依据不同年级的特点，为不同年级设置了不同特色的基础章，如一年级为"好朋友章"，二年级为"文明章"，三年级为"自护章"，四年级为

"科技章"，五年级为"环保章"和"国防章"。每个特色基础章下又设基础星，将获章标准进行细化。如一年级"好朋友章"细化为"团结、诚信、互助、服务、合作、发现"六颗基础星，二年级"文明章"细化为"行为文明、语言文明、遵守规范、团结互助"基础星等。学校对每颗基础星的获星标准都做出了明确的规定，并且将争星任务穿插安排到每个月份，目标更加明确具体，难度也降低了，更易于学生完成争星任务。

在争章过程中，教师们要有一双善于发现的眼睛，要能及时捕捉学生的点滴进步，发现他们的闪光点，并很好地加以引导。刘晓玲老师的班级中出现了下面的教育案例。

巧选"头鹰"，带动团队成长

今年接手的一年级学生，好动、调皮的特别多，导致班级的管理一度很糟糕。在"雏鹰争章"活动中，我仔细分析班情，洞察每个学生的个性，锁定了许朔。因为他在班级里年纪最大，经常出一些馊主意，很有"领导"风范，他一说要干什么，其他学生都跟着去了。我就先转化他，让他做"头鹰"，用活"雏鹰争章"活动中的每一颗星星、每一枚红章，发挥好他的"领导"作用，带动其他的学生。

我首先采用小班长轮流制，在轮岗中发挥他们各自的特点，每天安排两名学生，让他们拿着本子做记录：自己做了什么，怎么做的，效果怎样。傍晚的时候，这两名小班长得向我汇报今天坚守岗位的情况，经过调查，如果当天值日的小班长的做法真的达到了效果，这位小班长就会得到常规章方面的小红星星和"好朋友章"中的"发现星""服务星"。

一周过后，我发现平日里最调皮的许朔在管纪律方面的才能最突出，他值日的那一天，班级里的纪律最好，无论是自习还是课间都很有秩序。班里有五六个学生以前经常到校园的后面去玩，总是不按时回教室，许朔值日的时候，把他们都叫回来了，而且没耽误上课。我马上抓住时机问他："许朔，你是怎样把他们管好的？"许朔笑笑说："我以前一直领着他们在校园里玩，我知道他们在什么地方。还有，我告诉他们如果按我说的办，就给他们一次加一分；如果他们互相提醒不再违反规定，就给他们嘉奖'互助星'。"此时我感受到了他对待这一岗位的真诚与负责。按照规定，我马上在晨会上向所有的学生承诺在常规章和"好朋友章"中加星，学生欢呼雀跃，笑得像花一样美，而且还把感激的目光投向了许朔，我看到了他们眼中流露出拥护和支持的目光。当然我也兑现了我的承诺，给许朔如数加上了星星，他脸上霎时露出了惊喜的笑容，在笑容里我看到了一份收获、一份自信。根据这次轮岗，我马上安排了小干部的岗位，许朔担任了纪律委员，承担了我们这个班级中重要的管理担子。

在学校即将召开运动会的时候，许朔主动找到我说："老师，运动会我可以带领大家训练吗？"我高兴地说："当然行，你是运动健将嘛。"许朔没有辜负我的期望，无论是体育课，还是大课间，无论是他个人的比赛项目，还是其他学生的比赛项目，他都一丝不苟地带领大家训练。更让我感动的是，班里不是运动员的学生看到他们训练得满头大汗的时候，马上把水送到他们面前。大家是多么团结，多么想为班级争光啊！于是我把"团结星"送给了他们。经过全体学生的齐心协力，我们班的运动会成绩名列年级第一。

简简单单的小星星，给可爱的学生送去的是满足、自信、勇气、希望，他们通过收获数不清的小星星，享受到了换来一枚红章的幸福。虽然付出了时间、付出了精力，但是学生有了展示自己的天地，何乐而不为呢？

3. 争特长章

为发展学生特长，促进学生健康成长，首先，学校结合"体育、艺术2+1+1"项目，让学生在学期初根据自身实际自主申报两三项特长作为本学期的努力方向，切实保证让每个学生至少掌握两项体育运动技能和一项音乐技能、一项美术技能，促进学生全面发展，为学生终身发展奠定良好的基础；其次，认真发现学生的特长，加以表扬、发掘。比如，王妍老师就是一位善于发现学生特长的细心的老师。

"明玥被美术老师选中，要代表学校参加市里的比赛了，老师为你感到高兴。不管成绩怎么样，希望你享受过程。""心悦、捷媛、小洋每次都按时参加学校的合唱活动，积极努力，其他同学也要加油。""文晴、小慧在书法班认真写字，老师表扬她们了。""今天新宇、瀚墨和老师一块提水浇南瓜，劳动可积极了。""别看加菊个子矮，她运动能力非常强，不仅跑步成绩好，还被老师选入女篮队了。""大家看他们表演得多好呀，表情多生动，语言再流畅一些会不会更好？""咱们班纪律这么好，是谁的功劳呀？""如果大家都像悦铭那样，每天微笑对人，老师看到你们心情会多愉快呀！""班里有了新梅，卫生的事儿老师都不用操心了，老师真离不开她了。""虽然咱们班有几个女生不爱说话，但是老师发现，她们纪律好，卫生好，心灵也美，上课的时候多起来发言就更好了。"……如果你看着孩子们的眼睛，会发现老师的表扬让很多孩子在一瞬间收获满满的幸福和快乐，也让他们有了自信。其实每个人都会闪光，要让孩子相信这一点。

孩子需要自信，也需要他人的关注和赞美，老师带领班里的每个孩子体验他人成长过程中的快乐瞬间，既增强个人，也带动全班。让每个孩子记住自己和他人美丽的瞬间，不断进步，每天都做最好的自己。

（王妍《让每个孩子记住自己就是那个最闪光的孩子》）

发掘每个学生的特长，原志花老师的班级中更是百花齐放。

一年级的孩子由于认知、情感、学习习惯的差异，在学习上会有不同的表现。面对千差万别的孩子，我绞尽脑汁，想出各种办法让所有的孩子得到最优的发展。想到孩子们强烈的表现欲望与争强好胜的个性，我决定采取每周评选"班级之最"和"进步之星"的方法，促使孩子潜在的特长得到充分挖掘，让孩子的能力得到最大提升。

每天的午写是评选写字最好的孩子的有利时机，"小小书法家"的称号让孩子们感到骄傲和自豪，"有进步"的鼓励让孩子们感到满足。

课堂上的课文朗读是产生"朗读小能手"的最佳机会，"能流利朗读"也让孩子们感到这是"跳跳脚就能摘到的果子"。

课间是孩子们最放松的时间，孩子的个性因放松而得到最大限度的彰显，"最讲文明的好孩子"在这里能得到充分的展示。

"背诵大王"在孩子们诵读古诗文、背诵课文中自然产生了，背诵能力不佳的孩子只要努力也会得到"背诵小子"的喜报。

"最爱劳动的孩子"在打扫卫生的过程中凸显出来，"不怕脏、不怕累"的要求，让孩子们干得热火朝天。

早读午写中产生了"最遵守纪律的孩子"，只要孩子稍微控制一下自己的言行，就会得到"纪律有进步"的表扬。

"回答问题最积极的孩子"是有目共睹的，"能主动举手回答问题"是孩子们都能做到的。

"创新意识最强"是孩子们动动脑、伸伸手就能得到的，"能提出问题"是为了培养孩子们"不知为不知"的学习态度。

"识字小状元"的称号促使孩子们利用广告牌、食品商标、报刊、书籍、电视等各种载体识记生字，拓展识字量，孩子们只要把课本中的生字完全识记下来，便可以得到"识字小能手"的表彰。

每周的评选让孩子们始终保持昂扬的斗志，虽然孩子们有各种各样的差别，但我会用放大镜来发掘他们的闪光点，用显微镜来彰显学生的个性，真正做到"让个性因自主而张扬"。

（原志花《"班级之最"与"进步之星"》）

二、采取多种方式，确保争章实效

1.落实争章活动"三有五评一仪式"

根据《细则》，每个班级队角中有《中队"雏鹰争章"一览表》，每位学生有《我的成长足迹》评价手册和《争章日记》；建立队员自评、家长评价、小队互评、中队复评、大队终评的五级评价机制；各少先队大、中队定期举行庄重热烈的颁章仪式。

2.遵循争章活动"六步操作法"

第一步：了解章目，选章定星。即要让每位队员明确本学期所争章目及其下属星目，清楚本阶段争星目标。

第二步：聘请辅导，开展训练。聘请有特长的校内外辅导员、任课教师、家长，甚至有专项特长的同学为指导老师，参加达标训练和实践活动。

第三步：策划活动，实践体验。队员以小队为单位，有针对性地学习、讨论，制订争星计划，开展争星实践活动，获得知识，锻炼能力。

第四步：做好记录，留下足迹。我们为每位队员都设置了《争章日记》，要求他们随时记录下自己的争星过程、心得体会及获章感言，作为各级考核的重要依据。

第五步：展示成果，通过考核。队员在中队评星队会或大队抽考时表演、操作自己学会的技能或展示自己的作品，由大、中队考章委员会评议或参观后确定是否获章。

第六步：评星护星，继续攀登。队员每获得一枚基础星，标志着向前迈进一步，具备一项能力。要引导队员保持荣誉，不断进步，争取获更多的星，最终获得基础章。

3.建立三级评估体系，抓好三类争章课

以小队为单位成立"考星"小组，主要负责基础星的考核，大、中队均成立考章委员会，对队员的考核采取小队全面考、中队抽样考、大队随机考的方式进行。

上好争章班队会是确保争章活动顺利开展的重要保证。所以，我们重点研究了争章课的各个环节，要求根据争章活动的不同阶段上好三类争章课。

（1）争章启动课

学期初要上好争章启动课。主要向队员讲明本学期所争章目，队员通过讨论明确怎样做才能争得章，辅导员归纳出所争星目，确定本阶段争星目标，讲明获星要求及评星时间、地点。

（2）争星接力课

在队员争基础星的过程中要上好争星接力课。主要内容包括回顾上阶段争星情况；采用队员自评、小队互评、中队抽考的形式进行评星；中队考章委员会公布获星队员；辅导员提出要求并安排下阶段争星任务。

（3）评章颁章课

学期末要上好评章颁章课。主要内容包括回顾本学期争章情况；小队互评，即每小队由一位"考星"小组成员统计汇总所争章目下的获星情况，讨论决定本小队队员是否获章，将汇总结果报给考章委员会；中队抽考；公布中队获章队员名单；提出下阶段争章任务。

教师们充分利用争章评价，引导孩子们不断进步，形成良好的习惯。盛彩波老师的班级中常规星亮闪闪。

"老师，隆隆没改完听写的错字就出去玩了！""老师，隆隆又到楼面的体育器材上玩了！""老师，隆隆又欺负小立了！"……最近几天，课间我常听到孩子来告隆隆的状。这孩子啊，可真不让我松心。

隆隆是个机灵、聪明的孩子，集体荣誉感很强，有上进心，可在学习上不用心，课间经常在校园里到处玩，有时还会欺负同学。给他讲道理，他一个劲儿点头，可过后照旧；惹了祸受到严厉批评，他一转眼又忘到脑后。

这孩子这几天肯定又得意忘形，管不住自己了。正好下午是颁星班队会，我得好好利用这个机会。

小组进行颁星时，考评小组的成员们对隆隆的评价很客观公正，隆隆的六颗常规星竟然有四颗没护好，他是班里护星最不好的队员。当结果出来时，隆隆耷拉着小脑袋，显得很难过的样子。

我不想让这次班队会变成"批斗"会，在进行了一番总结、鼓励后，我单独找隆隆谈心。"隆隆，这个月的常规星你护住了几颗啊？""两颗。"隆隆有些不好意思地说。"呀，怎么才护住了两颗啊？"我故意装出吃惊的样子，"那四颗常规星你怎么没护住呢？""我——我太贪玩了，不好好学习，没护住'学习星'。我还欺负同学了……""这可怎么办啊？老师真替你着急！""我下个月努力，争取护好每颗星就行了。""嗯，有信心吗？""有！我一定会护好的。"别看隆隆回答得那么肯定，我知道，想让隆隆真正改变并不是那么容易的。于是，我又跟隆隆约定，每周在班会前一天我们俩进行一次单独的交流。

这次交谈过后，我发现隆隆安分了许多。以往在课堂上，他总是不认真听讲，做练习总是最后才上来找我批改。可是这几天，他上课坐得端端正正，回答问题也挺积极，作业也按时、认真完成了，我和孩子们都明显感觉到了他的变化。

"老师，隆隆今天的作业写得特别认真！"隆隆的同桌琪琪大声向我报喜。"我也发现隆隆不欺负同学了！"扬扬也向我报告他的发现。"嗯，老师也发现隆隆变了，老师真高兴！"我看着隆隆，笑嘻嘻地说。

"老师，我这几天感冒了，所以我不爱动。"隆隆语出惊人，让我不得不佩服孩子的可爱与单纯。"虽然你感冒了，但是你坚持认真学习，而且比以前有了明显的进步，老师为你骄傲！如果你感冒好了，你一定会做得更好，一定会重新得到'学习星'的！"隆隆有些不好意思地笑了，我感觉得到，这笑容是发自内心的。

一个月的时间里，我坚持每周都和隆隆进行一次谈话，肯定他的努力与进步，指出他仍旧存在的问题。平时，我也有意无意地鼓励他争取得到每颗星，护好每颗星。

在又一次颁星班队会上，那亮闪闪的六颗小星又整齐地闪烁在隆隆的"雏鹰争章"表格中……

（盛彩波《亮闪闪的常规星》）

第五节　落实自主管理常规

学生自主管理旨在强调尊重学生的主体地位，因此我校德育工作的指导思想是坚持"低起点切入、小目标实施、分层次推进、多渠道展开"的工作思路，充分发挥学生的主体性，突出"抓近、抓小、抓实"，使学生在生活上会自理，学习上会自主，行为上会自律，使德育真正成为以学生为主体、以学生的个性发展为目标、以学生的自我教育为主要实现途径的教育方式，促进学生全面发展。

一、增强学生的自主管理意识

学校从三个方面培养学生的自主管理意识：一是开展增强学生自主管理意识的教育。我们利用国旗下讲话、班队会等时间，向学生大力宣传"自己的事自己做""自己的事自己管"的思想，让学生在学校及家里做一些力所能及的事。二是确定学生一日常规应达到的标准。我们从学习、纪律、卫生、文明礼仪等多个方面出发，研究制订了《小学生校内外一日常规评价细则》，让每位学生明确自己一日常规的目标，在"雏鹰争章"活动中，掀起争戴常规章的高潮，使学生发自内心地想管理好自己。三是引导学生认识自我，养成自我反思的习惯。在争章班队会上，学生会对一周的表现进行认真反思，如取得了什么成绩，存在什么问题，并想出努力的方向，先由自己评定，再在小组内交流，虚心接受同学的意见，通过自查反馈，进一步增强自主管理的意识。

二、提升学生的自主管理能力

一是在学期初让学生承包班级事务。由班主任把班级工作的所有内容确定下来，学生根据自己的能力、爱好，每人必须找一份属于自己的事来做，做到班内"事事有人做，人人有事做"，增强学生的责任感，培养学生的班集体荣誉感，使学生在服务中得到进步，在锻炼中得到提高。二是在各班设立安全、卫生、文明礼仪等监督岗，明确各个岗位的具体责任，由学生轮流当监督员，对本班学生进行监督管理，发现问题时应及时制止并做好记录，每周进行一次小结评比，以此提高学生的自主管理能力。

三、发挥学生的自主管理功能

学校每年9月份都要举行"我努力，我能行"大队干部民主换届选举，充分发挥队员自我教育、自我管理功能，使他们在开展德育活动、常规检查评比和"雏鹰争章"等工作中充分发挥小主人的作用。班里的图书角、卫生角、黑板报均由学生自己设计、自己管理。每周一的升旗仪式由各中队轮流主持，使学生从小学开始就会承担责任。学校广播站投稿、审阅、播音一律由学生自己完成。红领巾监督岗的值日人员各司其职，对学生的日常行为进行检查、督促。

四、建立良好的自主管理机制

一是建立一套完整的监督制度，为学生自主管理提供管理标准。二是制订考核细则，对班级和学生进行量化考评。首先，各班根据学生实际情况制订学生一日常规和行为习惯养成量化细则，每天检查，每周班会进行小结评比；其次，学校制订班级自主管理考评细则，学校红领巾监督岗的值日人员每天对各班学生自主学习、自主生活、自主管理等进行检查，做好翔实的记录，每周汇总公布，每月一评比，班级管理优胜者为当月自主管理明星班级。学校通过创建管理机制，有效地保障了学生自主管理的实施。

第二章

选择适合学生发展的教育手段，给予生命关怀

不同的学生来自不同的家庭，他们所具有的思想品质、行为习惯是不一样的。小学阶段的孩子的世界观、人生观、价值观还不健全，他们的所作所为并不是由品质决定的，他们思想道德的差异并不代表品质的优劣，只是在家庭和学校中所受到的教育、影响以及所获得的生活经验不同。因此，我们要用心观察，发现孩子不同的思维特点，了解孩子不同的生活体验，摸清孩子不同的知识背景，体会孩子不同的情感基础，观察孩子不同的行为习惯。"人之初，性本善。"这句话告诉我们，每个孩子出生时都是纯真的、善良的。那么是什么原因导致孩子出现不同水平、不同层次的差异呢？这个问题应该从孩子所处的不同的家庭环境、社会环境去考虑。一个孩子出生后，第一位老师就是父母，父母的行为习惯、道德水平不同，孩子耳濡目染，就会出现不同的行为习惯和道德素质。老师们经常在一起交流，不用亲眼看学生的父母，从孩子身上就能看出家长素质的高低，孩子的品质就是家教的体现。

不同的思维特点、不同的生活体验、不同的知识背景、不同的情感基础、不同的行为习惯，使学生产生了个体差异，这就需要学校尊重学生的差异，更新德育理念，因材施教，让不同的学生在德育中都能体验到成长的快乐。

第一节 借助课堂主阵地，实施差异心理教育渗透

"人的任何活动都是蕴含着一定的心理学因素，当我们进行观察、记忆、想象和思维等智力活动时，必然有一定的动机、兴趣、情感、意志、个性心理品质等特征存在，而人的动机、兴趣、情感、意志、个性心理品质等特征也只有在智力活动中才能具体表现出来。"（董彦旭《追求心灵互动的教学》）教育家杜威指出："尽管科学家和教师都掌握学科知识，但二者的学科知识是不一样的，教师必须把学科知识心理化，以便让学生能够理解。"因此，为了使学校的素质教育落到实处，教导处和政教处联手，把心理教育融入课堂教学中，改变了传统的教学模式。

我们要求教师备课时首先要挖掘教材中心理健康教育的涉及点、教学方法中心理健康教育的突破点、学生学习过程中心理健康教育的接触点，从课堂实际出发，从学生心理健康的层次出发，努力渗透。例如，数学课上进行发散思维、求异思维训练，体育课上进行勇气、意志力训练，音乐与美术课上进行陶冶情操、净化心灵训练。其次是渗透要注重梯度，即在了解学生个别差异的基础上，尽量考虑各层次学生的可接受性，循序渐进地进行渗透。下面是一节体育课的课堂教学——跳高片段。

师：同学们，刚才我示范讲解了跳高的动作和要注意的事项，下面请大家进行练习。

（胆大的学生跃跃欲试，而胆小的学生纷纷往后退，生怕轮到自己。还有一部分学生助跑到横杆前不敢跨越，又折了回来。）

师：（将横竿握在手中）同学们，这是一根竹竿，我把它放在跳高架上，如果你碰到它也没关系，它会随着你的身体掉下来。大家再勇敢一些。看哪位同学能勇敢地跳过去。我现在把横竿再放低一点。

（又有部分学生尝试着跳过去了，跳过去的学生脸上尽显兴奋之色，还一直鼓励不敢跳的学生。）

师：这样吧，为了让全体同学都能体会到成功的喜悦，我把横竿换成皮筋，剩下的同学试一试。

（剩下的学生大胆起来，都顺利地跳了过去。虽然有的学生跳跃的动作不

协调，姿势不正确，但每一个跳过去的学生脸上都露出了喜悦之色。）

在这个案例中，体育老师在备课时注意到了学生不同的心理，因此，用了降低横竿高度和换皮筋的方法让不同层次的学生练习了跳高，给学生一次真正勇敢体验的机会，让学生感受到只要敢于做，没有克服不了的困难。

第二节　采取个别教育形式，让迟开的花朵更鲜艳

"学生在学校的学习，是在教师的指导下，有目的、有计划地学习知识、技能，发展智力、体力，形成良好的思想品德和行为习惯的过程。"（冯建军《差异与共生：多元文化下学生生活方式与价值观教育》）学校的德育工作就是围绕着如何让学生形成良好的思想品德和行为习惯展开的。特别是在小学教育中，良好的思想品质和行为习惯的养成教育将影响孩子的一生。

每个班级中总有几个与众不同的学生，他们的思想品质和行为习惯总是与要求有差距。他们是教师特别关注的对象，需要教师倍加关怀。除了知识、能力、智力、体力存在差异的学生外，还有身心残障、社会身份特殊的学生，如离异家庭的学生和单亲家庭的学生、农村留守儿童等，他们与其他学生存在着一定的文化差异。世界上找不到两个行为习惯、性格特征、思想素质完全一样的学生。一个班级中有 40 个学生，我们就要面对个性不一的 40 个学生。他们来自不同的家庭，各种习惯都不一样，我们在进行教育时就要分析班级中每个学生的特点，采用不同的教育手段。通常我们总是把学生分成两类：一类是性格内向的学生，表现为好静不好动，不善于与人交往，不善于言谈，不善于表露情感，上课注意力不集中，紧张、胆小、退缩、缺乏自信；一类是性格外向的学生，表现为主动观察事物，情绪反应强烈，有大胆的想象力，善于提问，思维有弹性、比较发散。此外，我们还可以根据学生的学习成绩将其分成三类：一类是学优生，一类是中等生，一类是学困生。学优生、中等生、学困生还可以再分成习惯好一些的、习惯差一些的等。

教师总是把学优生看成优秀学生，"一俊遮百丑"，这样评价真的会误

导学生，让学习好但品德不好的孩子误认为自己是世上的宠儿，自己比谁都强。而对学困生，不管他的品德有多好，教师总是怎么看怎么不顺眼。为了让每个学生都像鲜花一样怒放，让他们的心灵永远如湖水一样清澈，让不同的学生个性都能得到张扬，我们针对各类学生开展"付出真情，唤回真爱"亲情援助活动。每个班主任至少每学期负责两名长期帮扶对象，每位任课教师长期负责一名帮扶对象。帮扶对象的选择也不尽相同，有的是学习好但品德不好的学生；有的是学习不好，习惯不好的学生；有的是品德不好，习惯也不好的学生；有的是缺少关爱的留守儿童；有的是来自单亲家庭，性格出现问题的学生……这些学生都是需要长期进行关怀和教育的。每位负责人都要找各自的帮扶对象谈心，倾听他们的心声，解决他们的困难和困惑，特别是学习不好、品德不好，并且性格有问题的学生是教师重点关注的对象。下面是一位班主任在"亲情援助"活动中的一份谈心对象的档案。

亲情援助档案

教师姓名：王秀珍

学生姓名	××		所在班级	四年级（1）班
家长姓名	父亲	×××	母亲	×××
家庭住址	×××××××			
联系电话	××××××××××			
援助原因	该生性格顽皮好动，父母管教不严，所以在他身上存在很多问题：和同学关系紧张，不合群；学习不专心，作业不能及时完成，不懂的知识积累太多；上课纪律不好，手中总爱玩学习用具；学习成绩不好，又不愿主动学习。			
拟采取措施	1. 和该生建立朋友关系，课余时间多和他交流，多从生活上、学习上询问其有什么困难或困惑，提供及时有效的帮助。 2. 教育学生要关心他，和他交朋友，宽容他的错误，让他从友情中感受到温暖。 3. 与其父母经常沟通，家校携手，找到他的闪光点，共同帮助他。 4. 对他取得的点滴进步多表扬，鼓励他不断提升自己。			
预期效果	1. 改掉身上的坏习惯。 2. 和同学关系融洽。 3. 提高学习成绩。 4. 成为热爱班集体、努力学习的好学生。			

从这个学生的档案中不难看出，这个学生是人们眼中的"刺头"，身上的毛病特别多。这个班主任为了帮扶他，想到的最好的突破点就是与他交朋

友。因为这类学生缺少关爱，学习不好，不听话，家长想放弃，随他去的想法是有的；从一年级升到四年级，不懂的知识一大堆，教师也会感到无能为力，他在课堂上也不会得到很多的关照；长期积累下来的缺点太多，再加上学习不好，很多家长会告诉自己的孩子不要和他一起玩，因此使他形成了不合群的特点。从众多的现象上看，教师和他交朋友，给予他更多的关爱是感化教育他的最好方法。

下面是该同学有了进步后，这位班主任与他谈心的写实记录。

付出真情，唤回真爱
——谈心反思精彩记录

____四____ 年级（1）班　　　　　　　　2010 年 10 月 20 日

谈心教师	王秀珍	谈心学生	××
谈心过程	师：最近怎么样？咱们一个星期没有聊天了，想不想和老师聊聊天呀？ 生：想。 师：能和老师说一说你有什么高兴的事吗？ 生：老师，我写作业比以前认真了，能及时完成作业了，数学老师和您都表扬了我。 师：嗯，对，这件事也让老师很高兴。并且我还把你的表现告诉了你妈妈，你妈妈也很高兴。那你觉得你还有哪些方面需要再努力啊？ 生：我上课时还是集中不了注意力，不注意听老师讲课，还有随便说话的习惯，有时候上课还欺负女同学。 师：看来你对自己身上的优缺点都很清楚呀！那你下一步有什么打算？ 生：写作业再认真点、耐心点，我打算以后再也不欺负女同学了。 师：嗯，老师相信你，如果你真的改正了这些缺点，必须得付出努力。老师相信你一定会进步的。老师给你一个建议，你可以集中精力先改正一个缺点，养成好习惯，可能其他的缺点都会随之消失。 生：好的，老师，谢谢您。 师：你成为一名优秀学生，老师还得谢谢你，说明老师又培养了一名优秀学生。 生：老师，您相信我。我保证能改正缺点，养成好习惯。 师：好的，老师期待着。		
反思不足与收获	学生的进步需要一个循序渐进的过程，有时甚至有反复，这都在情理之中。我们不要急于求成，要有耐心，不断地提醒他、督促他、鼓励他，这样学生才能有信心，从而取得更大的进步。 　　一次成功的谈话可能成就一个学生的一生，一次失败的谈话也会扼杀一个上进的灵魂。作为一个班主任，我和学生谈过很多话，回忆起来有很多是不得体的，甚至是无益于他们的发展的。说真的，今天当我写下这段话的时候，我有点后悔，更有点惭愧。或许弥补我以后工作最好的方法是从现在开始，做好与学生的每一次谈话工作。		

家庭教育的疏忽导致学生身上存在不少坏习惯，因此需要教师个别帮扶，让其养成良好的行为习惯，经常进行亲情援助有助于拉近师生之间的关系，促进学生成长，为学生将来走向更高一级学校打好基础。

有些学生虽然学习好，但身上沾染了不少不良习气。班主任有必要将他定为帮扶对象，不能使其他学生形成"学习好的学生犯下过错总会得到老师的原谅"的认识。下面是吕春南老师的一篇教育随笔。

五年级（1）班有一名学生姓郭，各门功课都名列前茅，朗读水平也特别高，主持过大型的文艺会演，在"小手拉大手"同读一本书活动中，他和他母亲的诗朗诵博得了全场观众热烈的掌声。可是他每天出现的状况也不少。

有一次，他和刘同学一起上学，在路上碰到了一个三年级的女同学，他和刘同学用手中的饮料瓶对着这个女同学的后背喷水，这个女同学发现后，就哭着回家告诉了妈妈。女同学的妈妈来到学校，要求找出这个欺负她女儿的学生，予以严肃批评。我正好在办公室值班，了解了事情的全过程后，向家长保证一定要找到这个学生，让他当面向她女儿道歉，并把女同学的妈妈劝回了家。然后，我通知五年级（1）班的班主任调查一下这件事。班主任到班里调查时，问遍了全班学生，没有一个承认的，后来把这个女同学叫到班里进行辨认，说是郭干的。当班主任把郭叫到办公室询问时，他竟对班主任说："反正我没干，你说是我就是我吧。"他一副很不服气的样子，气得班主任也没办法了，后来班主任把这个学生交给了我。于是我把郭和刘同时叫到了办公室，让他们俩坐在我的面前，说一说这件事是不是他们干的。郭讲得头头是道，并且说得很流利，让人听了真相信不是他们俩干的。而刘的眼神告诉我，郭的叙述里好像隐藏着什么，于是我故意面向刘说："你来说说吧。"此时郭又把话抢了过去。我看出里面一定是有原因的，因此把郭打发回班里，留下了刘。我笑着问刘："他总是抢着说，你是不是不知道这件事呀？"刘说："老师，我知道这件事，他撒了谎。"我一听有内情，就问他："那到底是怎么回事呀？""老师，是他成心用饮料瓶对着那个女同学的后背喷水的，我也加入了。"我表扬了刘敢于承认错误的勇气，让刘回教室，又把郭叫到了办公室。于是，他不得不承认这件事是他干的，并向那个女同学赔礼道歉。从这件事上可以看出，郭自以为学习好，把其他的事情都不放在眼里，甚至连教师都敢欺骗。如果这样的事情一再发生，而教师总是因为学生学习好就不闻不问的话，那么将来这个学生会行为败坏，甚至危害社会。

从多年的从教经验来看，那些性格内向的学困生惹事少，由于学习成绩总是提不上去，他们容易产生自卑感，总觉得自己什么地方都不如其他学生，心理上会出现偏差。教师在进行帮扶时一定要让这些学生找到自己优于其他人的地方，找到他们身上潜藏着的特长，让他们将自卑的心理进行转化，产生一种"我也不比别人差"的思想，激发出他们学习以外的灵感，使其在其他方面有所表现、有所收获。

亲情援助活动拉近了教师、学生与家长之间的距离，对不同个性的学生采取不同的教育方法也成为班主任和任课教师进行差异教育的法宝。教师们还将自己在亲情援助过程中的感受写下来，发表在各类刊物中，作为经验加以推广。

第三节　建立家校联系同盟，双手托起明天的太阳

每个家长都希望自己的孩子成龙成凤，长大后有出息，可是家长们面对孩子的一些坏习惯，尤其是一些小细节，通常视而不见，即便认识到了，经过几次纠正无果后，就放弃了，甚至认为孩子长大了就好了，岂不知从小养成的坏习惯是很难改过来的。如写字的姿势、拿笔的方法等看似很不起眼的细节，如果在早期形成坏习惯，不及时纠正，以后就很难改正。因此，这就需要教师和家长经常沟通，共同纠正孩子的坏习惯。

为了便于教师与家长沟通，学校给教师提供了便利条件，每学期举行两次家长会，让教师有机会与家长坐在一起了解学生的基本情况，共同商讨怎么教育学生，特别是特殊学生。家长会上，教师提供家教案例，并让优秀学生家长交流家教经验，让家长们取长补短。为了让学生养成良好习惯，家长

会结束后，教师利用"家校携手，良习相随"联系卡时时关注需要帮扶的学生，或者用互联网、手机与家长进行沟通。学校与家长共同协作，在21天内帮助学生纠正不良习惯，形成良好习惯。下面是我校一位班主任与家长沟通时的联系卡记录。

"家校携手，良习相随"联系卡

学生姓名	×××	班级	一年级（2）班	时间	2012.11	班主任	吕艳玲
学生 在校表现	您的孩子在校表现比以前进步多了，有很多坏习惯在慢慢纠正，比如，上课能集中注意力了，课堂上举手发言的次数增多了，课后和同学玩时不再推拉同学了，做操时也能跟着韵律认真做了。可是还有许多的习惯需要家长的协助，如写作业时姿势需要纠正一下，学会整理各种学习资料等。希望家长在百忙之中给予关注，共同纠正孩子的坏习惯，坚持21天，让孩子形成良好习惯，有助于他成长成才。谢谢！						
家长意见 与建议	吕老师： 　　您好！孩子最近在家表现一般，与我的要求还相差很远。这几天我正在帮他改正这些坏习惯：一是太浪费，具体表现为乱撕作业本，不整页写完，用了一半就翻过去；二是不爱护作业本，在本子上乱画。希望老师也和我一起关注他，改掉他的这些坏毛病。您所列举的习惯，我在家也会特别关注的。让老师费心，衷心感谢老师的付出与努力！ 　　　　　　　　　　　　　　　　　　　家长签字：×××						

看似细小的错误，如不及时纠正，必将成为阻碍孩子成长的绊脚石。从细微处着手，关注孩子的习惯，争取21天帮助孩子养成良好的习惯，让孩子少走弯路。家长和教师要及时联系，及时沟通，及时杜绝孩子的恶习，用我们的双手托起明天的太阳。

第四节　引导学生言行心理，让生命在蓝天下怒放

小学阶段的学生犹如刚出土的幼苗，当他们钻出孕育他们的大地的怀抱时，一切都感觉那么新奇、那么有趣。从幼儿园步入小学的门槛，呈现在他们眼前的是既陌生又神圣的殿堂。新学校、新教师、新伙伴、新桌椅，处处皆是他们从未有过的体验。当面临上学、放学、上课、下课、升旗、集会、就餐等这些新鲜的事情时，他们有时会显得无所适从。同时，低年级学生注意力易分散，自制力又差，很难约束自己的行为。他们还分辨不清对与错。因此，当学

生进入学校的第一天，不要急于教学生文化知识，而是要教他们怎样做一名合格的小学生。要和他们交朋友，了解每个学生的家庭背景和各种习惯；要和家长及时沟通，熟悉每个学生的个性特征；要教他们坐、立、走，写字与读书的正确姿势；要教他们如何听课，课堂上如何回答老师的提问和说出自己的疑问；等等。这样，学生出现问题时，教师才能有的放矢地进行教育和引导，才能面对各种情况采用不同的教育方法，指引孩子向正能量转化。

高年级学生有了初步的自制力，大部分学生对自己的言行能有所约束，但是随着年龄的增长，孩子的生理与心理有所改变。特别是现在的孩子心理非常脆弱，不愿承认自己的短处。因此，当学生进入高年级时，教师应该更多关注学生的心理健康。不管是家庭教育还是学校教育，要时时察看学生的心理。特别是留守儿童、单亲家庭的学生和问题学生，教师要给予他们更多的关照和爱护。

《小学生校内外一日常规评价细则》告诉学生在一天里作为一名小学生应该怎么去做；《小学生守则》告诉学生在小学阶段应该遵守和必须做到的十条内容；"雏鹰争章"标准是针对《小学生校内外一日常规评价细则》和《小学生守则》具体实施的措施；德育校本课程是分阶段、分步骤培养学生思想道德水平的根本；亲情援助、家校联系是"砍掉斜枝"让学生成长为"参天大树"的行动。

学生是我们心中的爱，让我们适时播撒阳光雨露，让每一个生命在爱的滋润下怒放于蓝天之下。

第三章

打造以人为本的教学文化，开启生命智慧

"要培养创新人才必须打破过去课堂教学'齐步走''一刀切'的教学形式，为学生提供个性化的教学环境和条件。"（张志勇《创新教育：中国教育范式的转型》）我们所倡导的差异教学的基本指导理念是以课标为纲，从学情出发，通过有差异的教或者师生共同参与课程资源的开发与生成，让课程最大限度地适应学生的学，最大可能地促进学生的发展。差异教学更加重视学生的"差异生成性"，重视差异并实施差异教学并不是使学生永远参差不齐，学习水平始终高低不一，而是要努力使他们特色鲜明，给予他们更多的机会，使所有的学生以不同的方式、不同的步骤在学习过程中得到最有效的发展。这样，学生学习自己需要的内容时，就会以饱满的热情投入学习中，极大地提高学习效率。在本章，我们将从学情调研、内涵把握、生本课堂三个方面探讨差异教学的实施。

第一节　学情调研，为课堂教学把脉

每一个学生都是有血有肉、充满智慧、富于情感的独特生命，他们的差异是客观存在的。教育的效度取决于教育者对教育对象了解的准确度。全

面科学地把握学情是实施差异教学的前提。概括地讲，学情指的是学习领域内学生生命活动的普遍规律与状态特征。学情涵盖的内容是非常宽泛的，既包括特定学段学生的学习心理及其发展规律，也包括特定年级学生的学习特点，还包括具体学习情境中学生的学习情态。学情是教学的原点，只有充分地认知、分析和把握住学情，我们才有可能有针对性地教不同的学生。因此，实施差异教学的第一步就是进行学情调研。学情调研就是对学生学习情况和综合素质的调查、研究和分析。本节将对学期、单元、课时三种情况下的学情调研策略进行介绍。

一、学期学情调研

学期教学质量检测，其实就是在进行学期学情调研，这不仅是为了较为全面地了解每个学生的学业水平，更是为了通过检测分析学生学习的进展情况、存在问题等，以便有针对性地进行反馈和矫正，从学生的发展需要出发，有所侧重地反思、调整和改进教学方式和教学手段。因此，一直以来，进行学期教学质量检测分析是我校教师教学常规的一个重要组成部分。通过学期学情调研，教师了解和掌握了学生的学习动态，针对学情进行必要的分析和研究，在今后的教学中做到对症下药，准确地把握住教学的方向。

长期以来，我们一直从命题分析、质量分析、问题剖析、思考与建议四个方面进行分析与研究，可以较为全面地了解到每个学期学生的学业水平，这是我们在长期的差异教学实践中积累的成功经验。

以下是我校五年级数学教研组的期末质量检测分析报告。

2014—2015学年第一学期五年级数学质量检测分析报告

一、命题分析

本次命题紧扣《义务教育数学课程标准（2011年版）》（以下简称"数学新课标"），从概念、计算、应用三方面考查学生的"双基"、思维、问题的解决能力，可以说是全面考查了学生的综合学习能力。命题密切联系学生生活实际，知识结构科学合理，对基础知识的考核也体现了迁移性、灵活性，侧重基本技能的考查，同时也体现了对学生素质和能力的培养与考核。本次试卷命题内容紧扣教材，考查的范围比较全面，符合学生的知识和能力水平，有利于教师正确全面地了解学生的学习状况，以便调整以后的教学策略，促进学生全面发展。本次试卷命题具有以下特点。

（一）试题考查内容全面，能有效呈现学生的学习水平

本试卷由五分钟的口算和一张大卷组成，大卷有六道大题，几乎涵盖了教材中的所有内容，比较全面地考查了学生的学习情况。本试卷在注重考查学生的基础知识和基本技能的同时，适当考查了教学过程，较好地体现了数学新课标的目标体系。这张试卷设计的题量恰当，难易度合适，考试时间是80分钟，绝大多数的学生能在规定的时间内完成答卷任务，这有利于学生学习水平的全部呈现，符合学业质量检测的目标。在注重考查学生的基础知识和基本技能的同时，本试卷也增加了适量的难题，来考查教与学的过程。

（二）注重联系生活实际，让学生感受数学的生活价值

数学新课标认为："学习素材应尽量来源于自然、社会和生活，让学生学有价值的数学。"考试试题应是这一观念的航向标。本试卷从学生熟悉的现实情境和知识经验出发，从学生熟悉的生活中取材，把枯燥的知识生活化、情景化，通过填空、选择、解决问题等形式，让学生从中体验、感受学习数学知识的必要性与实用性。试题选取来源于现实生活，发生在学生身边的、可以直接接触到的事物，让学生切实体会数学和生活的联系，感受数学的生活价值。

（三）注重学生动手操作，发展学生的实践能力

数学活动必须让学生动手操作。本试卷有相当分量的操作题，在"空间与图形"和统计知识中考查了学生动手操作的能力，培养了学生的空间想象能力，同时，也对平时教与学的过程提出了新的要求。

总之，本次试卷命题内容基于教材又高于教材，着重考查学生的分析、观察、操作能力，有利于教师全面地了解学生的学习状况，以便调整以后的

教学策略，促使学生全面发展。

二、质量分析

（一）数据呈现

我们以班级为单位进行了数据分析，我校五年级共有 7 个班，数学平均分最高分为 87.29 分，最低分为 70.76 分，分差是 16.53 分；优秀率最高为 82.04%，最低为 40.3%，相差 41.74 个百分点；及格率最高为 99.64%，最低为 80.6%，相差 19.04 个百分点。从上面统计的数据可以看出，班级之间的差距较大，教学质量还有待提高。

（二）主要成绩及原因

纵观全校学生的做题情况，其中得分率较高的是解方程第 1，3，4 题，计算题第 2，4 题，填空题第 1，2，3，5，6，7，8，9，10，11，12，13 题，判断题第 1，2，3，4 题，选择题第 1，2，5 题，看图填写与解决问题第 1，2，3，5 题。

由此可以看出：

1. 基础知识掌握扎实

从试卷统计数据可以看出，大部分学生能正确进行分析并计算，运用所学知识进行实际操作，解决一些实际问题。大部分学生能正确进行分数加减乘除和四则混合运算，解决生活中较简单的有关分数的实际问题；掌握了常用的长度、面积和体积、容积单位，并能进行单位间的换算；形成了初步的空间观念；会用数对表示物体的位置，能根据方向和距离确定物体的位置；能正确绘制复式折线统计图并进行分析。这说明教师在平时教学中能根据单元整体课例理解教材，合理利用知识迁移规律引导学生学习，学生对基础知识掌握得较好。

2. 解决简单问题的正确率较高

学生能顺利解决生活中较简单的有关分数的实际问题，正确率较高，得益于教师在教学中充分利用知识的迁移规律组织教学，使学生能够由整数知识迁移到分数知识的学习上，顺利掌握新知识。

（三）主要问题及原因

本次考试口算题和计算题的分值比重较大，学生失分较多，可见学生计算功底不够扎实，计算速度有待提高。

其中，解方程第 2 题、计算题第 1 题和第 3 题、填空题第 4 题和第 9 题、判断题第 5 题、选择题第 3 题和第 4 题、解决问题第 4 题，学生出现错误较多。

由此可以看出：

1. 学生解决综合性问题的能力不高，不会从数学的角度分析生活中的问题，对一些综合性较强的题目不会分析，不会运用相应的数学方法解决难题。

2. 教师对一题多变的训练不够。这个问题导致学生思维的灵活性较低，说明教师在平时的教学过程中比较重视学生基本能力的训练，而对一题多解、一题多变等训练思维灵活性的题目训练不足，学生缺少必要的思维训练。

3. 学生没有养成认真审题、仔细检查等良好的习惯，审题不认真，做完后也不能仔细检查。有许多错误是因审题不完整、抄错数据等造成的。

（四）个性成绩及原因

本次检测中，学生解决问题的成绩比较突出，正确率较高。可见教师在平时的教学中深入挖掘教材，注重研究"效率课堂"，重视解决问题策略的教学。

（五）个性问题及原因

校内班级两极分化现象严重，高低分分化严重，不及格的人数相对较多，导致平均分偏低，其原因是学困生跟不上教学节奏，影响了班级整体成绩。今后要加强学困生的辅导和转化工作，做好以优带差的帮扶工作。

三、问题剖析

（一）卷一：口算

正确率不够高，人均错题数达到了 3 道之多。虽然我们平时注重对计算基本功的训练，但是训练得不够全面，尤其是本次口算题中包含相当数量的小数及整数减分数的题目，因本学期练习较少，因而不少学生在这类运算中丢分较多，今后需加强练习。

（二）卷二：

1. 算一算

（1）解方程第 2 题

知识点：这道题考查的是学生对未知数是被除数的方程的解法。

正确率：这道题的正确率仅有 70% 左右。

错误原因：本题要考查学生对未知数是被除数的方程的解法，在解整数与小数的方程时学生能够正确解答，但在解分数题目时，部分学生将其与除法的计算方法混淆，本应该直接乘除数，部分学生直接乘上了除数的倒数，导致计算错误。

改进建议：通过复习解方程的方法，从整数入手，引入与分数题目的比较，先完成解方程的步骤，再进行计算。

（2）计算题第 1 题

知识点：这道题考查的是学生对分数四则混合运算顺序的掌握情况。

正确率：这道题的正确率仅有 60% 左右。

错误原因：多数学生能够掌握分数四则混合运算的计算方法，出错的主要原因是学生最后的计算结果没约分或者约分错误，由此可见学生约分的意识不强，不认真观察计算出的结果是否能够进行约分。

改进建议：当学生计算出错的时候，以往我们经常会认为这是学生的粗心导致的，所以就要学生多练多算。通过这道题不难发现，在进行计算教学时，首先要让学生明确运算顺序，能约分的还要约成最简分数，并要形成习惯。

2. 填一填

（1）第 4 题：一个正方体的底面周长是 9 厘米，它的表面积是（　　　）平方厘米，体积是（　　　）立方厘米。

知识点：这道题比较综合，知识点涉及周长、表面积、体积。

正确率：本题的正确率只有 20% 左右。

错误原因：通过本题可见学生读题不认真，受惯性思维影响较大，因为之前做过已知底面积是 9 平方厘米，求表面积和体积的题目。学生没有形成认真思考的习惯，想当然地认为边长是 3 厘米，概念掌握不清，导致计算错误。

改进建议：加强对面积和周长的对比，引导学生动手操作，帮助学生理解题意，从而进行正确计算。另外，还有部分学生虽然理解了题意，但是用小数计算，导致计算过程比较麻烦而出错，没有形成用分数解决问题的意识，需要加强这方面的训练。

（2）第 11 题：一根绳子长 3 米，平均分成 6 段，每段占总长度的（　　　），每段长（　　　）米。

知识点：这道题比较综合，知识点涉及分数的意义、除法的意义。

正确率：本题的正确率只有 50% 左右。

错误原因：分数的意义是个教学难点，通过本题可见，学生对分数的意义没完全明白。第一个问题是根据分数的意义解决问题，是把这根绳子（也就是单位"1"）平均分成 6 份，每段占总长度的六分之一；而第二个问题是根据除法的意义，把 3 米的绳子平均分成 6 份。部分学生不能正确进行区分。

改进建议：求每段占总长度的几分之几，可以引导学生理解分数的意义；求每段长多少米，可以引导学生从除法的意义的角度去理解，就是把 3 米平均分成 6 份，学生列式计算会比较容易。

这就要求教师在教分数的意义时要教透，让学生切实理解。同时，应加强分数的意义、除法的意义的对比训练，加深学生对这两个知识点的理解。

3. 判断题

第 5 题：如果 A 是一个不等于零的自然数，则 A 除以五分之二大于 A 乘五分之二。

知识点：这道题是考查学生判断一个数乘或除以一个真分数后，结果与原数比较大小。

正确率：这道题的正确率只有70%左右。

错误原因：部分学生不能正确地进行判断是因为对规律掌握得不够准确，又不能正确运用举例法来进行验证。

改进建议：在进行教学时让学生亲自参与找规律的过程，在头脑中形成清晰的表象。

4.选择题

（1）第3题：将自己的一只拳头伸进盛满水的脸盆中，溢出来的水的体积大约是（　　　）

A.250毫升　　　　　B.8升　　　　　C.1立方米

知识点：体积和容积大小的估算。

正确率：这道题的正确率只有50%左右。

错误原因：本题要求正确理解体积和容积单位的大小，并正确进行估算，而学生估算能力较差，因此出错较多。

改进建议：在教这部分内容时，要结合实物让学生正确理解体积和容积单位的大小，在头脑中形成清晰的表象。只有对体积和容积单位的概念清楚了，才能进行正确估算。

（2）第5题：正方形的边长是它的周长的（　　　）。

A.4倍　　　　B.$\frac{1}{2}$　　　　C.$\frac{1}{4}$　　　　D.无法确定

知识点：求一个数是另一个数的几分之几。

正确率：这道题的正确率只有60%左右。

错误原因：本题要考查学生求一个数是另一个数的几分之几的知识。学生对求一个数是另一个数的几倍的知识和求一个数是另一个数的几分之几的知识不能很好地理解。同时，部分学生处理问题不够灵活，虽然会求一个数是另一个数的几分之几，但是因为这道题目中没有出现具体的数字，所以无从下手。

改进建议：在教这部分内容时，一定要让学生理解求一个数是另一个数的几分之几与求一个数是另一个数的几倍的方法是相同的，当碰到这种题目时，可以用举例法来进行验证。

5.解决问题

第4题：制作一个长方体礼品盒，用彩带捆扎，需要多长的彩带？（打结处30厘米）

知识点：计算长方体的棱长之和。

正确率：这道题的正确率仅有30%左右。

错误原因：学生实际生活经验较少，不能在头脑中清晰地反映出要捆扎一个长方体礼品盒是在哪些面上通过，长、宽、高各有几条，因而出现了两条长加两条宽加两条高加打结处的算法。

改进建议：借助实物，通过动手操作帮助学生理解题意，明确要捆扎一个长方体盒子需要在哪些面上走线以及长、宽、高各有几条，帮助学生在头脑中形成清晰的表象，培养学生认真思考的习惯。

四、思考与建议

考试既具有诊断功能和反馈功能，又具有导向功能，也为我们今后的教学带来一些思考。结合以上分析，我们发现学生的基础知识和基本技能掌握得较好，但综合运用知识、灵活解决问题的能力较差，对稍复杂的问题的分析和解题思路存在不足，认真审题的良好习惯没有形成，独自分析和解决问题的能力较低。这也反映出我们的教学在挖掘内涵方面做得不够，对教材的挖掘不深。在今后的教学中，我们要努力做到以下几方面。

（一）教学行为要严谨

作为学生的楷模，我们要时时处处细致谨慎。例如，数学语言要严密，不能把严谨的数学语言混同于一般的生活语言。

概念的教学要严谨科学，同时注重知识的前后贯通。前面的教学要为后面的教学做准备，后面的教学也要常涉及以前的内容。当然，进行概念的教学时，一定要给学生大量的感性认识后再总结归纳，对关键处还要强调。教学中要重视知识理解与形成的过程，重视动手操作，培养学生会量、会画等动手能力。

（二）计算教学常抓不懈

具体做法：口算天天练，笔算要熟练，运算顺序要强化，计算要提高准确性，算理教学要加强，不能一味地机械重复练习。

（三）加强数学与生活之间的联系

加强数学知识与现实生活的联系，让学生利用所学知识解决实际问题，注重学生实践能力的培养。要使数学学习成为生活文化交流的平台，现实而有生气。如果说，让数学知识富有现实意义有一定的策略可循的话，那么放眼生活无疑是最有效的途径。

（四）认真钻研教材，全面把握教材

结合单元整体课例，认真分析教材，努力理解编者意图、挖掘教材，在难点处多变换形式加以练习。

（五）加强对学生学习习惯的培养

培养学生书写的习惯、认真审题的习惯、多次检查的习惯等，教育学生养成良好的学习习惯和学习态度，鼓励学生认真听讲、积极发言、认真完成作业，做到认真审题、认真检查。

（六）让学生多动手、多操作，经历探索新知的过程

提高学生动手动脑的能力，重视知识的获取过程。尽量让学生多动手操作，在做中学数学的效果远远大于单纯地讲解。多为学生创造数学实践的机会，让学生在生活中学数学、用数学。任何一类新知的学习都要力争在第一遍教学中让学生通过操作、实践、探索等活动充分地感知，使他们在经历和体验知识的产生和形成过程中获取知识、形成能力。只有这样，他们才能真正获得属于自己的知识，达到举一反三、灵活应用的水平。

（七）加强数学思维方法的渗透

抓好学生思维习惯的培养，这将是使学生终身受益的。注意知识的梳理与整合，在一道题中往往包含多个知识点或多个单元的知识点，错一步就会导致连环错误。帮助学生梳理知识，构建知识网络，才能在解决问题时举一反三、触类旁通。

（八）多关注学困生的表现

要因材施教，做好学困生的辅导工作，并抓好家庭作业的完成质量。及时查漏补缺，抓好学困生的转化工作，让他们掌握基础知识。

二、单元学情调研

为检测教师课堂教学及学生的学习效果，查找存在的问题及原因，及时采取措施改进教学，扎实推进差异教学，我校建立了单元学情调研制度。每个单元结束后要进行单元检测，了解学生每个单元的学业水平，及时地掌握学生每个单元达成课程目标的具体信息。同年级同学科教师统一教学进度，统一时间进行检测。检测结束后及时对检测的结果进行系统的分析、反思与反馈，使学生了解学习过程中存在的不足，使教师反思教学过程中存在的问题，提出相应的措施，进一步提高教与学的质量。同时，同年级教师要借助现代信息技术，对学情进行量化分析，运用相关的统计方法，进行班级之间的比对，直观、具体地呈现学生的学业水平，让教师能多渠道地获取信息，以利于其反思、调整，上好矫正补偿课，提高教学效率和教学质量。

除了借助于教学质量检测分析报告，对学情做出综合的分析外，我们还建议教师借助现代信息技术，对学情进行量化分析。在有些情况下，运用相关的统计方法，进行相关的比对，往往更能直观、具体地呈现学生的学业水平。一年级（1）班的数学老师王欣平结合第六单元检测，将自己任教的班级中学生的学习成绩与同年级其他班级进行了比对。

一年级数学第六单元检测数据分析（2014年5月）

班级	学生数	填空（10分）	判断（8分）	计算（49分）	解决问题（33分）
一年级（1）班	31	9.33	7.54	45.86	31.55
一年级（2）班	32	9.28	7.45	46.81	31.96
一年级（3）班	32	9.45	7.38	48.27	32.01
平均分		9.35	7.46	46.98	31.84
标准差		−0.02	0.08	−1.12	−0.29

王老师通过单元检测数据统计分析，发现了本班学生在知识方面存在的问题，并及时地补上了一节矫正补偿课，以下是矫正补偿课的教学设计。

【教学目标】

1.巩固两位数加减两位数的口算和笔算的方法，提高计算能力。

2.通过解决问题进一步明确运算顺序，更加熟练地进行100以内数的连加、连减及加减混合运算。

3.在计算、解决问题的过程中，让学生感受数学来源于生活，充分体验解决数学问题的成功和喜悦，增强学习数学的自信心和积极性。

【教学重点】

两位数加减两位数的口算和笔算的方法

【教学难点】

笔算两位数加减两位数（进位和退位）

【教学准备】

实物投影仪、多媒体课件

【教学过程】

一、明确目标

同学们，昨天我们对第六单元进行了单元检测，部分同学对两位数加减两位数的口算和笔算方法掌握得不太好。这节课，我们一起来复习巩固一下，你们有信心好好表现吗？

【设计意图：在上课的最初就让学生明确本节课的目标——练习两位数加减两位数的口算和笔算，为整节课的教学做好充分的准备。】

二、回顾方法

1.口算训练：好，现在，老师先来考考你们的口算能力，我们采用抢答的方式，声音要干脆、响亮。

（回答的学生只说得数，其他学生判断对错。）

（从口算题中选取两道需要进位和退位的题让学生在练习本上用竖式计算，将学生的笔算过程在投影仪上展示出来，并请学生说说笔算方法，让学生猜一猜为什么选这两道题让他们用竖式计算。其他学生补充。）

2.课件出示方法，集体回顾。

（强调进位要写小 1，退位要点点。）

【设计意图：在简单的口算和两道笔算题练习后，学生已经对前面学过的知识有了大体的印象，并提取出了方法用于自己的竖式计算。教师对教学重点再次深化和强调，为下一步的连加、连减和加减混合运算做好铺垫。**】**

三、摸底练习

老师出 4 道题来考考你们，看你们是不是真正掌握了两位数加减两位数的笔算方法。为了节约时间，男生做第 1 题和第 3 题，女生做第 2 题和第 4 题。

（学生在练习纸上笔算。集体订正，让出错的学生说说错在哪里及如何改正。）

我们做题的时候可千万不要犯类似的错误呀，一定要做个细心的孩子，这样好成绩才会和你交朋友的。

【设计意图：通过 4 道笔算题，教师就能发现学生对这一知识掌握的情况，对出现的问题要及时反馈。更重要的是要让学生养成良好的做题习惯。**】**

四、巩固练习

同学们完成得不错，小动物们听说我们很会计算，也来让我们帮忙，你们能帮助它们找到属于自己的苹果吗？（出示摘苹果课件）用自己喜欢的方法帮小动物们算一算，它们该摘哪个苹果？

（学生口算说出结果，及时表扬算出来的学生。）

看来你们的计算能力很强，不知道你们在解决问题方面怎么样呢？前不久，我们学校举行了春季运动会，有很多运动员参加了比赛，取得了很好的成绩。

学校运动员人数统计表

跑步	跳绳	跳远	……	运动员总数
33 人	26 人	15 人	……	99 人

（1）参加这三项比赛的一共有多少人？

（2）参加跑步的人数比参加跳远的人数多几人？

（3）你还能提出什么问题？请列式计算。

请看大屏幕，老师读题，请同学们根据题目要求列出算式，并且用自己喜欢的方法算出得数。请大家交流答案并说一说为什么要这样列算式，你是用什么方法算出得数的。

【设计意图：前一题通过活泼的课件吸引学生的注意力，既练习了口算，又让学生体验到帮助别人的快乐；后一题增加了难度，通过创设运动会的情境，让学生感觉到数学问题与生活的密切联系，增强他们的探索意识。】

五、课间休息

我们一起来做"剪刀、石头、布"的游戏，好吗?

六、小测验

刚才同学们的表现很不错，老师很佩服你们。现在我们要来进行一个小测试，刚才做对的同学要继续努力，刚才出错的同学可要加油了，这次是证明自己的一个好机会。

1.请用自己喜欢的方法计算下面的式子。

73－10＝（　　　）　　78＋14＝（　　　）　　83－54＝（　　　）

58－27＝（　　　）　　40－18＝（　　　）　　68－49＋65＝（　　　）

66＋26－7＝（　　　）　　74－12－24＝（　　　）

2.列式解答。

书包28元，文具盒13元，水彩27元。

（1）将这3件学习用品都买下，一共需要多少钱?

（2）红红有50元钱，买一个书包和一个文具盒后，还剩多少钱?

（3）兰兰要买一个书包和一盒水彩，她有50元，够吗?（选做）

（4）你还能提出什么问题? 怎样解答?（选做）

【设计意图：学生在做题速度和对问题的理解上存在很大的差异，教师要照顾到这种差异，让更多的学生体验到成功的快乐。】

七、总结

同学们，你们真了不起，依靠自己的智慧很好地完成了这节课的任务。数学老人听说你们这么棒，特地送给你们一把金钥匙作为奖励。希望你们在今后的学习中，也能像这节课一样认真思考，动手动脑，相信你们一定会抵达智慧的殿堂！

三、课时学情调研

课堂是教育教学的主阵地，这是一个动态的场所，教师和学生在这里不断地交流信息和情感，学生也在不断地成长和发展，其间所显示出的学情是最为鲜活的。毋庸置疑，学情是在不断变化的。在教学活动中，时间、内容、方法的改变，都会对学情产生影响，因此，对课堂教学中的每一项教学内容、每一个教学环节，学生的每一次学习活动，教师都应做到心中有数。课时学情调研就好比茫茫大海中的"指南针"，它能帮助我们更加全面、准确地了解学生，更有针对性地确定教学目标、设计教学内容。关注了学情，掌握了学情，教师才有"引"的方向，才有"导"的重点。面对多样和多变的学情，教师可以走到学生中间，通过检测、问卷、倾听、观察、谈话等多种方式，了解学生的知识和能力基础，关注学生的非智力因素，把握学生的生命状态，进而通过各种手段和方法去改变学情，使之调整到最为适宜教学活动展开的状态，让课堂成为跃动着学生智慧和灵气的沃土。

（一）了解学生的知识能力基础

课堂是学生生命历程中的重要组成部分。在课堂教学中，学生原有的认知结构水平直接影响着新知识的学习和知识技能的迁移。如果我们能通过课前调查、课前检测、当堂测试和作业布置，准确地了解学生真实的知识和能力基础，就能兼顾不同学生的需要，关注学生的生命成长，启迪学生的智慧，课堂教学才会更有生命力。

1. 课前调查

课前调查是指教师带着自己的问题及其所涉及的问题框架，通过对学生进行访谈、过程观察、作品分析、问卷调查等方式，获得有关问题的真实、系统的信息，并在此基础上对信息加以分析处理得出结论。如果能在课前对学生做好调查分析，就能把握学生对教学内容的了解程度、所喜欢的学习方法、所存在的困难等信息，以便教师在课堂中做到以学定教，对症下药，使不同的学生都能得到不同的发展。

张丽老师在教授"认识人民币"一课时，通过问卷调查的方法了解了学生的学前情况。在对调查结果的分析中，得到以下信息。

（1）学生对人民币有着极大的兴趣，95%的学生能正确地辨认元、角面值的人民币，对"分"的认识欠缺，100%的学生都有过买东西的经历。

（2）有50%的学生能清楚地说出买东西时手里拿1元钱，付4角后，应找回多少钱。

（3）8%的学生能说出7元等于多少角。

在与学生的个人交谈中我还发现，影响学生购物经验的因素还有许多，如生活条件优越；对人民币不珍惜、不计较；购物时只专注于想购买的物品上，而不去在意钱的多与少等。

2. 课前检测

我们在教授新课之前，通常要进行课前检测，准确地了解学生的知识和能力基础，再基于差异，对课前预设的教学目标进行调整，为本节课确定科学、合理且有挑战性的教学目标，这样能更好地调动学生学习的积极性。课前检测要根据每节课的实际情况去设计，可以在课前，也可以在课上；可以是口答，也可以是笔答；可以是个别，也可以是集体。课前检测的设计对整节课来说非常重要，既要兼顾不同学生的需求，又要将学生的学习兴趣充分调动起来，还要为新课的学习打基础、做铺垫。

原春艳老师在教授"多边形的面积"时，就利用了颇有弹性的课前检测，不但准确地了解到了学生的知识基础，而且对学生的整理复习能力做到了了如指掌。

"多边形的面积"课前检测

图形	特征	面积公式
长方形	有四条边，对边相等，四个角都是直角	$S=ab$
正方形		

（续表）

图形	特征	面积公式
平行四边形		
三角形		
梯形		

课前检测情况分析：由于对多边形的特征及面积计算公式的认识跨越了3个年级6个学期，这部分知识点比较分散，有40%的学生整理的表格比较简练、有条理，有60%的学生表述的语言不简洁，而且不完整，条理性也不强，证明他们对多边形的认识缺乏系统性、整体性，没有形成完整的知识结构。这说明学生的回顾与整理能力的确有着很大的差异。

（教学反思：整理与复习课，不是对已学内容的简单重复，而是一个加深理解数学知识，加强数学知识联系，进一步提高数学知识掌握水平、应用能力的过程。在这个过程中，摸清学生对知识进行回顾与整理的能力显得尤为重要。为了能够准确地根据学生回顾与整理的能力将学生进行分类，上课的前一天我让学生自己完成回顾与整理多边形的特征和面积公式的表格，做完后我对学生的整理情况一一做了了解，设定了两种评价：比较完整且有条理的，我给的评价是"你真棒"；不太完整的，我给的评价是"再努力，会更好"。上课前我又安排学习委员把答案打在投影上，让学生根据答案对自己的表格进行了修改。这样设计课前检测，既顾及了本节课内容多、任务重的情况，又充分了解到学生回顾与整理能力的差异。这个课前检测的设计伸缩性较大，既能让不同学生的需要都得到满足，又能将学生的学习兴趣充分调动起来，同时为本节课的回顾与整理做了一个很好的铺垫，让学生明确了回顾和整理是把握知识间联系的方法，使学习的目的性、方向性、针对性更强，也暗示了回顾与整理的方法，有效地激发了学生的学习动机。）

3. 当堂测试

王艳老师在教授"积的变化规律"一课时，巧妙地设计了当堂测试，关注了学生计算能力的差异。

课的开始，我创设了一个师生比赛的情境，比一比谁的计算能力强。

1. 543+382=（　　　）

2. 543+380=（　　　）

3. 546+382=（　　　）

师：请大家用自己喜欢的方法算第 1 题，有困难的同学可笔算。

（学生说出结果后，再让他们算第 2 题，部分学生算得很快。）

师：（惊讶地问）怎么算得这么快啊？

生：这里面有规律，我发现 543 是一样的，382 变成 380，少了 2，所以和也少 2，就是 923。

（多么敏锐的观察与思考啊！这时个别学生可能没有发现其中的奥秘，还在自己算呢，所以有些慢。）

师：好眼力，你通过细心观察，发现了规律，还可以利用规律，掌握计算的技巧。敢不敢算一下第 3 题？

（学生用刚才发现的规律很快地算出了结果，有困难的学生也会了方法。）

师：你能不能把你的发现，用自己的话说说呢？

生：如果一个加数不变，另一个加数加几，和就加几；要是另一个加数减几，和就减几。

（多么清楚的表述啊！）

师：（小结）我们发现，在加法中，和的变化与加数有关系。在乘法中，积发生变化，猜猜会和谁有关系呢？有什么关系呢？

（学生猜：因数……）

（教学反思：小小的巧算环节，兼顾了不同学生的需求，将学生的学习兴趣充分调动起来了，学生由不会巧算到算得很快；同时为探究新知做了一个很好的铺垫，学生能很自然地利用知识的迁移，去探究新知。）

4.作业布置

作业的布置和拓展是对课堂教学的升华和检验，不但能满足每个学生的不同需求，而且能使每个学生得到最大限度的、充分的、可持续的发展。下面这个作业设计案例，诠释了王欣荣老师在这一方面的研究和心得。

一、教材内容

外研版小学英语（三年级起点）四年级下册 Module 2 Unit 2 *It's very old*

二、作业设计背景

本单元主要围绕"伦敦的名胜古迹"这一话题开展教学活动。针对本单元词汇量大、专有名词多的特点，以及思考怎样使学生轻松交流，并在谈话中运用和了解有关的地理知识等情况，我认为，教师可在课外作业的布置上花些心思，以此来化解难点，充分调动学生的学习兴趣，让学生在有限的时间内达到最高的学习效率。

三、作业设计

（一）作业预习和资料收集

这是课前准备的作业，是为了使学生初步了解课堂知识而设置的，这项作业虽然简单，但是需要学生养成良好的学习习惯。学生做这些作业可以满足其求知欲，并在收集资料的过程中感受西方的历史文化，增强作业的趣味性。

（二）会话自编和表演

这是提高性的作业。讨论伦敦的名胜古迹或者运用所学的知识讨论身边的一些著名景点和建筑，是对课堂所学知识的巩固和提高。这对学生要求比较高，对所学英语知识的掌握程度和灵活运用的能力要求也较高。学生在学习中存在的多种问题，在这种作业中往往暴露得比较明显。教师在布置作业时应给予必要的指导，让大多数学生都能顺利完成。

教师可将学生分成三个层次，让学生自主选择练习：基础作业，要求学生能基本掌握本单元内容，能流畅地朗读和充分地理解单词与句子；提高作业，要求学生除了达到基础水平外，还要能熟练运用本单元的会话进行交流，并对伦敦进行灵活的介绍，掌握知识的要点；综合作业，要求学生完成前两项，并能领会本课知识精髓，能将其运用于日常生活会话中。虽然是不同的作业，但是达到了同一个目的：让学生掌握常用的句型，训练听说能力。

（三）内容拓展

这是拓展性的作业，是专为学有余力的学生准备的作业。让学生通过种种途径收集更多的名胜古迹资料，并整理前面所学的所有相关内容，在课堂上进行"独家报道"。教师用奖励或加分的方法，引导学生去做，要让这部分能力强的学生尽量保持练习的积极性。不管做得对不对，只要学生认真去做了，都应给予一定的肯定，然后再逐步扩大这部分学生的队伍。这不仅培养了学生学习的兴趣，扩大了学生的知识面，而且锻炼了学生收集与处理知识的能力。

（教学反思：随着时代的进步、社会的发展，国际交往频繁，英语的桥梁作用日益突出。《义务教育英语课程标准（2011年版）》（以下简称"英语新课标"）提出，教学活动不应仅限于课堂，而应延伸到课堂之外的学习和生活中，英语课外作业就是对课堂教学的有效延伸。英语新课标指导下的课堂教学方式已发生了深刻的变革，课外作业作为教学流程的一个重要环节，如果再沿袭传统的背、抄、练等落后的作业模式，则有悖于英语新课标，同时对学生终身学习习惯的养成也是不利的。我想结合我的教学实际，谈谈我对作业设计的两点看法：第一，作业的层次性。学生是完成作业的主体，又是不同的个体，他们对事物的体验、兴趣各不相同，必须要承认，学生的英语水平存在着很大的差异。因此，英语作业在考虑共性的同时，也要兼顾学生的个性。应针对不同层次学生的实际情况设计作业内容，做到层次性与全面性相结合。在完成基本要求的同时，可以使不同的学生找到适合自己的学习方法，了解自己的学习水平。第二，作业的多样性。只有根据小学生的性格和心理特点，巧设形象生动并能激发他们学习兴趣的作业，才会事半功倍。布置的作业不能千篇一律，形式要多样化，以满足学生不同的求知欲望，从而提高学习效率。

总之，小学英语课堂作业设计应具有实效性、科学性、趣味性等特点，充分发挥学生自主学习的能力，使学生养成终身的英语学习习惯，并在学习的过程中树立自信心，使作业成为学生展示自我、锻炼自我和提高自我的平台。我相信，大家在作业设计上多下功夫，有差异性地对学生进行分层次训练，并在实践中不断运用丰富的创造力深入实践和研究，一定会为学生创造出一片自由、轻松、快乐的作业新天地。)

（二）关注学生的非智力因素

为了准确地把握学生的差异，教师要深入了解每个学生的智力和非智力两个方面的因素。这里的非智力因素，主要指学生的学习习惯、学习态度、学习方法等，以及教师在教学过程中对学生的具体观察和了解。在学校生活中，学生学习的动力与水平主要表现在学习态度、学习热情以及在具体的学习过程中积极主动的参与意识上。

1. 个别访谈

在日常教学实践当中，很难保证每节课之前都对学生进行问卷调研，而个别访谈的形式就比较灵活，容易突出重点，简单，便于操作，更适合在常态教学中使用。一次有针对性的个别访谈，往往会给我们带来意想不到的效果。杨晓玲老师的做法或许会给我们带来一些启示。

接手这个班级大半年了，"调皮大王"杰一直是让我头疼的一个学生，因为他的智力水平并不低，之前的他要么压根儿不写作业，要么胡乱写几道题应付一下，而且学习成绩一直很不理想，是一个让人头疼的问题学生。

今天要学习"比例尺"这一课了，为了检查学生对之前所学知识的掌握情况，本次课前检测，我重点对单位的换算和化简比的知识进行了复习。批阅作业时，我有了惊奇的发现，杰居然一道题没落，把作业全部完成了，而且正确率还很高，这可大大出乎我的意料。今天他为什么会有这么大的变化呢？我赶忙找来他了解情况。

"杰，你的作业质量很高，老师很高兴，和老师说说你写作业的过程好吗？"

他好像看出了我的疑惑，对我说道："老师，以前我就是不爱计算得数，解决问题的题目分析起来也太复杂，我又不爱动脑。您这次让我们练习的单位换算的题目我觉得挺简单的，我喜欢学，就学会了。"

学生的理由就这么简单，喜欢学的，简单的，能学会的，他才有兴趣。是啊，有时候为什么要把问题设置得那么难呢？学生没有兴趣了，还怎么能爱学、乐学呢？我确定，他的智力不低，他需要的是激励、是兴趣。我在他的作业上郑重地贴上了"你真棒！"的标志，这是他本学期第一次得到这个标志，我看到他的眼睛里满含兴奋的笑意。当我告诉他今天他可以成为"自主探索队"的一员时，没想到他竟高兴得跳了起来。

课堂上，在交流"求比例尺的方法"时，他居然还作为他们小队的代表起来汇报了，不只是我没有想到，全班同学都很吃惊，教室里安静得出奇，只听到杰在井井有条地汇报。杰的发言结束了，全班同学竟像是提前约好似的，响起了震耳的掌声。这掌声不是送给优秀学生精彩的展示，而是送给一个变化最大的同伴的鼓励。在这经久不息的掌声中，我看到了杰腼腆的微笑，更看到了杰由衷的自豪。

这次课前检测让我发现了不同凡响的杰，这是我从未想过，也从未见过的。由此，我深信，他一定会有更大的转变，也会有更大的进步的，我期待着！

王秀玲老师在这方面的体验也非常深刻，她在《给差异教育一面多棱镜》一文中举了这样一个例子。

班上有一名女生叫曲泽怡，属于典型的数学学习帮扶对象。但近来她在课堂上发生了许多的变化：上课举手的次数渐多，回答问题的正确率有所提高。看到她的点滴进步，我萌发了给她一次机会的念头。在上"我跟爸爸学设计——平行与相交"的综合复习课时，考虑到她学习这一单元比代数的那些知识容易些，我下决心把她分到了学习较好的学生那一队。

课前，我单独找她谈了一次心，对她进行了鼓励。课堂上，她的表现给我交了份满意的答卷。在这一单元质量检测中，她破天荒考了B，要知道，她可一直是考D的学生呀！从这位学生身上，我深深体会到差异教学的魅力：就个体本身而言，不同的时期，其发展的侧重点和对知识的掌握程度都有差异，且个体的差异也有很大的变化，从这个意义上讲，差异的标准是一个动态值。让我们每位从事差异教学的人员佩戴一面多棱镜吧，让它折射出差异的绚丽之光。

2.积极引导

在课堂教学过程中通过观察得到的学生信息会更加鲜活、自然，也更加准确。在课堂观察过程中，教师在发现问题之后，可以直接介入，了解问题产生的原因，合理利用小组讨论的时机帮助学生找回信心。在这方面，温晓莉老师的做法值得一提。在课堂上，小组合作学习极容易形成"学优生唱主角，学困生跑龙套"的局面。温老师却走到学生中间，俯下身子倾听，关注每个学生的成长，且特别地关爱那些极少发言的学困生，避免了只求热闹不求实质的弊端。

在上《再见了，亲人》一课时，为了避免预习的盲目性，并提高课堂效率，课前，我结合文本和学情差异，将预习提示分为"展示自我"和"挑战自我"两部分，在课堂上通过小组合作交流展示。在交流过程中，我发现有两个小组十分认真地投入了学习研讨中，而且秩序井然，我不禁参与其中。

组长刘奕麟：下面交流预习收获，提三点要求：发言者声音要洪亮，其他人要认真倾听，交流之后要进行评价。谁先来交流字词？（大家把手举得高高的）赵秋浩，你来领读一下词语。

赵秋浩：阿妈——妮……（第一次领读，既激动又紧张，不敢读下去）

组长：没关系，大胆读，我们相信你一定行！大家一起为他加油！（掌声响起）

赵秋浩：阿妈妮、噩耗、硝烟……雪中送炭的意思是在别人最困难的时候给予物质上的帮助。

组长：你真厉害，可以当小老师了！接下来谁来交流课文的主要内容？

师：别急，我认为理解词语的时候能联系上下文就更好了。组内有没有帮他补充的？

万芸彤：对了，我是这样理解的……

组长：谢谢您，我们接着交流。

师：别急，赵秋浩能不能再完整地说一说"雪中送炭"的意思呢？

（赵秋浩自信地、大声地说。）

（师伸出大拇指，微笑着点头。）

组长：（点头示意）我们看到了你的进步，我们都为你骄傲！（掌声不约而同地响起）下面由张策栋来交流课文的主要内容……

张策栋：（站起来说）……

师：我发现策栋比以前沉稳多了，你们认为呢？

万芸彤：是啊，我同桌能认真倾听别人讲话了，真不简单啊！

张策栋：（在大家的鼓励声中头抬得更高了）谢谢大家，我不会令你们失望的！

精彩仍在继续，在我有意识的引导下，组长更好地发挥了作用，同伴之间也保持着和谐、融洽的交流互动，尤其是对发言者给予了感情上的支持，创造机会让他们多表现、先表现，善于捕捉、放大他们学习过程中的闪光点，使得本来就胆小的学困生充满了自信和勇气，从而大胆地表达。

对学生的非智力因素，教师可能难以把握，平时在课堂上，要善于观察，捕捉到学生进步的每一个信息，不吝啬对学生的鼓励，及时给予肯定的评价。这样学生会懂得，想要获得荣誉，就需要付出辛勤的努力，只要努力了，就会有希望。

（三）尊重学生的生命状态

差异教学具有一种以生命为原点的教育情怀，其第一要义就是要做到眼中有学生。其实，这里面隐含的是一种基于生命本性、寄予人文情怀的学生观。在实践中，我们深深地体会到：只有了解和尊重学生生命状态的学情调研，才能提升学生的幸福指数，才能使课堂焕发创新活力。

我们在进行学情调研后，经常根据学生知识与能力的差异采取分类复式教学，而对学生的分类通常是显性的，直呼 A、B 类学生，虽然明了，但是容易使学生误认为是给自己贴上了标签，有可能助长学优生的傲气，挫伤学困生的自尊心，使学情调研失去应有的积极意义。

原春艳老师也有同感，下面是原老师在进行这方面研究时的一则教学案例——《快乐并幸福着》中的片段。

我们经常在差异课堂上自认为科学地把学生分为 A、B 两类，并为两类学生精心地设计不同的导学提纲和不同的达标练习。时间久了，每次在分类之后总有一部分学困生耷拉着脑袋，木讷地坐在位子上，机械地受着老师的"摆布"。每每看到这种场景，心里总有一种说不出的痛。我经常在想，或许 A 类学生的心里意识到了自己跟 B 类学生的差异。尽管教师进行了精心的设计，这种不情愿、被动的学习怎么能让他们体验到学习的幸福感呢？课后，我试着走进学生心里，通过谈话了解到，很多 A 类学生的想法和我不谋而合。

因此，我们采取了隐性分类的策略，尊重每一个鲜活的生命个体。在分类时，不再直接告诉学生属于 A 类还是 B 类，而是每次分类时都给这两类学生起相似的名称，如"时尚队"和"前卫队"、"快乐队"和"幸福队"、"创新队"和"探索队"、"阳光队"和"雨露队"等，既让学生乐于接受，又满足了他们的上进心，更减少了许多不必要的负面影响。

为了充分调研学情，教师们有一种不谋而合的做法：遇到"瓶颈"，走出办公室，到校园里去询问学生，他们不理解不接受的就重新改、重新备，这成了学校里一道亮丽的风景线。只有了解和尊重学生的生命状态，才能为每一个学生找准个性成长的支点。

第二节　内涵把握，为课堂教学导航

教师对教材内涵的把握在差异教学中起着重要作用，是课堂效率是否能提高的关键。我们所说的内涵主要指基于课程标准、文本、学情确立课时教学目标，并以此为纲而进行文本的重建，使教学目标在课堂中得以实现，最大限度地提高课堂效率。

一、教学目标的确定

教学目标是教学活动的出发点和归宿，它支配着教学的全过程。教学目标又是教学活动的核心和灵魂，是教师选择教学内容、运用教学方法和实施教学评价的基本依据。但如果确定不当，它将直接影响到整节课的教学效果。

（一）教学目标要适当、具体

华东师范大学崔云漷教授认为，教学目标是备课的要点之一，在无数次地翻教材、写教案时，它都是第一个被写下来的。不过，也正是在这无数次的重复之中，它慢慢地变成一个不需要思考的"条件反射"，成了可以跳过的摆设。笔者从事语文教学及管理工作已多年，备课时也只关注对教材内涵的把握是否得当，教学程式是否合理，如何设计才能创新，让人有眼前一亮的感觉……真正对教学目标的关注要缘于 2011 年 10 月山东省教育厅组织的小学教师远程研修，在聆听了课程专家沈大安的讲座，观摩了名师的课堂后，教师们如沐春风。他们认识到，如果在教学目标的制订上下足了功夫，那么教学重点突出了，教学程式清晰了，教学方法也就明确了……以往我们制订的目标过大、过简、针对性差，怎样的目标定位才更恰当呢？准确的目标应该建立在对课程目标、教材价值、学生实际的研究与把握的基础上。教学目标应该基于学生已有的水平，设置学生可能达到的发展水平，其间的"距离"便是学生的发展空间，契合学生的最近发展区。正如沈老师所说的，一节课的目标要少一点、具体一点，宁少勿多，宁低勿高，让学生每天进步一点点。

1. 遵循"最近课标"

小学课程标准是一个完整的学科体系，它对我们确定课程目标有着明确的要求。为了使每一节课都成为落实课程目标的切实载体，我们遵循专家提出的基于课程标准的教学逻辑，提出在预设差异教学目标之前，必须明确"最近课标"，也就是具体课时教学所指向的课程标准。温晓莉老师在执教人教版小学语文二年级上册中的《称赞》一课时，结合"最近课标"对教学目标进行了全面的表述。

一、总目标

在语文学习过程中，培养健康的审美情趣，发展个性，培养合作精神；

培育热爱祖国语言文字的情感，增强语文学习的自信心，养成良好的语文学习习惯。能主动进行探究性学习，在实践中学习、运用语文。认识3500个左右常用汉字。能正确、工整地书写汉字，并有一定的速度。有较为丰富的积累和良好的语感，注重情感体验，培养感受和理解能力。

二、最近课标

1. 初步感受汉字的形体美。

2. 写字姿势要正确，字要写得规范、端正、整洁，努力养成良好的书写习惯。

3. 学习用普通话正确、流利、有感情地朗读课文。

4. 结合上下文和生活实际了解课文中词句的意思，在阅读中积累词语。借助读物中的图画阅读。

5. 阅读浅近的童话，向往美好的情境，关心自然和生命，对感兴趣的人物和事件有自己的感受和想法，并乐于与人交流。

6. 有表达的自信心。积极参加讨论，敢于发表自己的意见。

三、教学目标

1. 能正确认读课后的生字，学习运用多种方法识字，正确识记和书写"但""傍""板""椅"4个生字，养成良好的书写习惯。（此目标指向了最近课标1和2）

2. 能结合具体语境，读准文中多音字"背"并理解不同意义。结合图片，联系生活理解"粗糙"和"泄气"的意思。（此目标指向了最近课标4）

3. 读通课文，重点读好"我怎么能要你的椅子呢？我可没干什么呀！""瞧，我已经会做椅子了"，感受小刺猬和小獾之间的真诚互助、友好相处。合作演一演，体会相互称赞带来的快乐。（此目标指向了最近课标3）

4. 随文积累"一个比一个好""闻了闻"等，在师生、生生相互评价中，运用称赞语，学着发现别人身上的优点。（此目标指向了最近课标5和6）

2. 全面了解教材

在明确课程标准后，教师还应该走进教材，精研教材，然后制订教学目标。要在通览教材的基础上把握具体的教学内容，包括教材包含哪几个知识点，这些内容是如何呈现的，具体知识是如何界定和阐述的，这些内容在整个单元、全册书乃至整套教材中的地位和作用如何。理清这些内容的前后联系后，把本节课的教学目标放在整个课程的教学体系之中进行统筹安排与规划。如计算教学，数学新课标中对学生在不同阶段的计算速度和准确率都做了要求，应着重培养学生的计算知识与技能，以免影响学生的后续学习；如图形面积的推导、概念的初步认识等课程要重视动手操作，关注过程与方法，有利于让学生在体验中掌握数学知识，促进积极情感的产生；有些课则较利于对学生进行情感、态度、价值观的培养，如"时、分、秒"等课。在同一节课的不同教学时段，对知识与技能、思考问题、解决问题、情感与态度四个方面也会有不同层次的定位。再如丰子恺的《白鹅》一文篇幅较长，而且有些语言接近文言文，读起来有些难理解，但是非常幽默风趣。文中有很多的四字词语，非常生动、传神，只有理解了这些词语，才能读出文章的趣味，理解这些词语是进行阅读教学的基石。因此只有全面了解了教材，教学目标的确定才会有的放矢。

3. 适应学情差异

学生是课堂的主体。我们在制订教学目标时，"学生已经会的，不需教；学生能自己学会的，不必教；教了学生也不会的，不能教"。一切教学目标的定位，最终都要归结到学生的实际水平与发展需要上来。由此，研究学生、了解学生，是我们确定教学目标时必不可少的工作。（沈大安《新课程理念下小学语文课堂教学的有效性》）曾听过这样一件事：山东省教研室一位领导到一所农村小学调研，他问这所学校的老师有什么要求，有位老师说最好能安排他到杭州的学校培训几个星期。这时校长训斥说："到城市去学有什么用？你教的可是农村学生。"这件事看似可笑，其实也想告诉我们，制订教学目标时要考虑学生的实际情况，因为同样的目标城市的学生能够顺利达成，但在农村也许就不能达成。其实不仅是城乡存在区别，就是同一所学校里不同班级的学生也存在着差异。这就要求我们应该根据学生实际来制订教学目标。如人教版小学语文三年级上册《富饶的西沙群岛》一课的篇幅较长，有的老师将朗读目标定为"能有感情地朗读课文"，这对三年级学生来说，就有些拔高，学生难以完成。而如果改成"能有感情地读好你喜欢的几个句子"，则会更适合三年级的学生，也尊重了学生的个性需求。再如，我们对识字、写字的教学目标一般这样表述："正确认读课后的生字，书写8个一类生字。"这样的表述，在一定程度上忽略了学情，一节课完成8个生字的书写教学也不现实。不少学生通过预习基本掌握了生字的字形及结构，所以我们就应该通过学情调研，了解学生对生字的掌握情况，选取学生易错的生字进行重点教学。比如，温晓莉老师执教《称赞》一课时，就是在充分调研的情况下，确立了如下识字、写字目标："能正确认读课后的生字，学习运用多种方法识字，正确识记和书写'但''傍''板''椅'4个生字，养成良好的书写习惯。"这样的目标贴近学生实际，尊重学生差异，定会收到良好的教学效果。

通过以上分析，我们可以看出，只有基于课标、基于文本、基于学情的目标才对课堂教学更具指导意义，也可以这样说，合理、准确的教学目标定位是实现高效课堂的关键。

（二）教学目标要有弹性

教学目标的弹性主要由具体的学情决定。学情差异是预设教学目标的必要参考，只有把握了具体的学情及其差异，才有可能设置出贴近学生实际、适应学生学习、促进学生发展的教学目标。要让不同水平的学生在上课前知道这节课究竟要学什么，怎么学，学到什么程度。设置教学目标时，要紧紧抓住学情共性和个性，最大限度地体现弹性。这是一位教师在教授《北京的春节》时设置的教学目标：重点批注、阅读"元宵上市……"这一段（学什么），选取适合自己的学习方式，能够抓住"张灯结彩""有的……有的……"（怎么学），进一步感受节日的热闹、喜庆气氛（学到什么程度）。有感情地朗读这段话（学什么），通过边读边想象的方法（怎么学），丰富自己的体验（学到什么程度）。这些目标表述具体、清晰，真正指向了学生和教师。那么如何设置目标才能更具弹性呢？我们不妨将以下两则目标进行一下对比。

一、《北京的春节》原教学目标

1. 通过抽查朗读、教师引领，正确识记生字，整体感知课文内容。

2. 加深对元宵节的感悟，进一步感受节日的热闹、喜庆气氛及语言的魅力。

3. 以"妙语连珠"的形式，联系自己的生活实际，进行运用表达。

4. 拓展阅读，了解不同地区的春节习俗，加深情感体验。

二、《北京的春节》修改后的教学目标

1. 通过自主展示朗读或复述的形式，正确识记生字，把握文章的写作顺序；能整齐、规范、美观地书写一类字，在教师的指导下书写"熬"字。能联系上下文和自己的积累理解"杂拌儿""张灯结彩"等词语的意思。

2. 重点批注、阅读"元宵上市……"这一段，选取适合自己的学习方式，能够抓住"张灯结彩""有的……有的……"，进一步感受节日的热闹、喜庆气氛。有感情地朗读这段话，通过边读边想象的方法，丰富自己的体验。

3. 以"妙语连珠"的形式，联系自己的生活实际，尝试运用表达。

4. 借助资料以及通过拓展阅读，了解不同地区的春节习俗，加深情感体验。

我们不难看出，修改后的教学目标具体、清晰、全面、可操作强，且可检测。教师充分考虑到了不同学生在学习方式等方面的差异，让学生可以根据自己的认知水平自由选择，如"通过自主展示朗读或复述的形式""选取适合自己的学习方式""以'妙语连珠'的形式，联系自己的生活实际，尝试运用表达"等目标都具有弹性，为学生留下了足够的学习空间，让不同程度的学生都能找到适合自己的学习方法，使他们乐于去尝试、去挑战。

教学目标的设置应体现弹性，教学目标的达成更应该是有弹性的。下面是这位教师执教《北京的春节》后撰写的说课稿。

本节课我紧紧围绕"了解春节的习俗"这个中心，时刻关注最近课标，关注学情差异，合情合理地介入差异元素，努力营造一个"激活思维，释放潜能；自主学习，个性发展"的充满活力的课堂。本课我设计了四个环节：检查预习，理清脉络；批文入情，品读感悟；阅读链接，积累运用；总结升华，拓展延伸。

一、检查预习，理清脉络

本活动主要指向教学目标1。本环节我设计了两项内容：一是"秀秀我的字"。学生展示书写，教师就重点字进行提醒，重点指导书写"熬"字，以实现《义务教育语文课程标准（2011年版）》（以下简称"语文新课标"）中提出的"在教师指导下随堂练习，做到天天练"。二是展示朗读或复述，理清文章脉络。教学中我关注学生的学习需求，尊重学生的个性差异，要求学生用自己喜欢的方式，如朗读、复述等形式展示印象深刻的一个画面。这既检查了学生的预习情况，又完成了语文新课标中"能简单描述自己印象最深的场景、人物、细节"的目标。更重要的是，学生能根据交流情况，自然而然又非常巧妙地理清文章的脉络，提高了学习效率。

二、批文入情，品读感悟

本活动主要指向教学目标2。阅读是学生的个性化行为，阅读教学应引导学生钻研文本，在主动积极的思维和情感活动中加深理解和体验，让学生有所感悟和思考，受到情感熏陶，获得思想启迪，享受审美乐趣。要珍视学生独特的感受、体验和理解。因此我抓住了"元宵上市……"这一段的高潮，引导学生选取适合自己的学习方式，感受春节热闹、喜庆的气氛。学生通过对"张灯结彩""各形各色""有的……有的……"等重点词句的理解、感悟，多层次、多角度地与文本、与作者对话，进行情感交融、思维碰撞，实现了人文性与工具性的有机相融。学生有感情地朗读，真情流露，当学生的情感达到高潮时，则水到渠成，真正达到了"以读促读，以读促悟"的目的。

三、阅读链接，积累运用

本活动主要指向教学目标3和4。语文课程应注重引导学生多读书、多积累，重视语言文字的运用，在实践中领悟文化内涵和语文应用规律。要重视培养学生广泛的阅读兴趣，扩大阅读面，增加阅读量，提高阅读品位，鼓励学生多读书，好读书，读好书。为此，我设计了三个活动：一是让学生交流收集到的春节习俗；二是拓展阅读梁实秋的《过年》、斯妤的《除夕》，通过阅读，加深对春节习俗的了解，在对比中感受不同的写法；三是积累运用，首先让学生说出描写春节的词语，展示积累情况，然后让学生运用课内外积累的3～4个词语，以"妙语连珠"的形式，进行阶段性的"盘点"，以提高学生运用语言文字的能力。

四、总结升华，拓展延伸

为升华主题，我提出"为什么人们都喜欢过年"这个问题，让学生在交流中感受春节的文化内涵，感受到春节代表着团圆、亲情、乡情，是人们情感的寄托，并把"春节之旅"的主题延伸到课外，让学生根据自己的实际选择合适的作业题目，拓展阅读两篇描写春节的文章，从而丰富对春节的体验。

从说课稿中我们不难看出，教学目标的达成也体现了弹性。如教师让不同的学生在教师的指导下自主选择适合自己的目标，而且将教学目标与学情、教学方法等充分融合。

（三）教学目标的生成应个性化

教学目标是在动态的教学过程中不断生成发展的，即在课堂中依据现场思维成果、疑难问题或独特体验，及时调整预设的教案而重新生成的，这是差异教学所必须倡导的一种课堂境界。教师必须在教学过程中随时发现，相机诱导，甚至要挖掘课堂中学生内因的动态生成。其实，每节课都存在生成的因素，而教师关注的大多是预设问题，对生成的有价值的问题或是熟视无睹，或是一带而过，甚至是学生刚刚有了有价值的话题，教师就将学生引入自己设计好的"套子"中，生怕过多展开而打乱了预先设计好的流程，这样，一个个有价值的、鲜活的、有个性的问题就被扼杀在了"襁褓"之中。就在这样的状态下，教师顺利地完成了预设任务，把自认为重要的问题都给学生讲到了，但学生究竟需要什么？教师对学情又有多少关注？这些不得不引起我们的深思。莱州市教育科学研究所（以下简称"莱州市教科所"）彭慧老师曾归结了"引发有效的课堂生成"的要点，即立足目标，关注学情，感知个性差异，发现、提炼有价值的"点"，引爆思维，推进思维，引发有效的课堂生成。也就是说，课堂生成源于"学"，关键在于"教"，即教师的发现、提炼、推进。那么，如何去发现呢？

1.善于倾听,质疑问难中促生成

"学贵有疑,大疑则大进,小疑则小进。"可见学生质疑、教师解疑是课堂生成的主要因素。由于学生理解问题的角度、层次不一样,所以我们允许有不同的见解。对学生提出的每个问题,我们都要认真倾听,从倾听中了解学生的思维。要学会多角度、多层次地倾听,对每种见解都做出适当的评价,尊重每一个学生的发言,同时捕捉其闪光之处,赏识、彰显、放大,凝聚学生的注意力,促使他们凝神倾听,这样一定会产生思维碰撞,让课堂精彩纷呈。笔者在一篇文章中看到这样一个案例:一位教师在教学《五彩池》时,让学生提出不理解的问题,其中有个学生提了这样一个问题:能不能在五彩池中游泳?教师先是一愣,显然他备课时没有考虑到这个问题,但他首先肯定了学生的提问,接着马上改变了预先的设计,从可以游泳的四个条件——面积、深度、水质和池底来研究五彩池,学生由此找出了许多不能在五彩池中游泳的理由,问题解决了,课文也读透、读懂了。一个孩子提出的极富好奇心的问题,看似与课文无关,但实践的智慧使教师敏锐地意识到这个问题的重要性,果断地改变了原先的设计,跟着学生生成的有价值的问题走,牵一发而"通"了全文。

下面是笔者在《中小学教材教学》2005年第8期中看到的一则案例,其对教学目标的生成进行了详细的对比阐述。

一位教师在两个班进行"商不变性质"一课的教学,分别运用两种不同的教学方式,产生了两种不同的教学效果。

教学片段一

板书列出一组算式。

$12 \div 3 = 4$

$24 \div 6 = 4$

$72 \div 18 = 4$

$720 \div 180 = 4$

学生观察这组算式之后,又举出了商是4的若干除法算式。教师进一步引导学生观察被除数、除数的变化规律,学生最终认识到被除数和除数同时扩大或缩小相同的倍数，商不变。这时，一个学生向教师提出质疑："这些题当然有规律，因为您是按照商不变的规律编出来的。我可以举个例子反驳您，28÷7的商也是4，但它的被除数、除数和黑板上的算式没有关系。"教师马上解释："今天我们只是初步认识商不变性质，今后还要继续研究，到时候你就清楚 28÷7=4 与这些算式有没有相同的规律了。"

教学片段二

又一节"商不变性质"课拉开了序幕。学生依然按照"观察算式—发现规律—总结性质"的顺序进行学习。当学生得出结论后，教师提出问题："研究的内容是我提供的，研究的素材仅有几个，结论是由这几个素材得到的，你们对这个结论有没有想法、疑惑或不同的观点？"（教师在开发生成性资源）顿时，学生有了话题："没有疑问，书上就是这样写的。""要是小数除法就不会有这样的规律。""整数除法也不全是这样的规律，28÷7=4 就不行。""我早就怀疑了……"（由于学生的知识背景、生活经验、思维方式、解决问题的能力、语言的表述、情感体验等存在着差异，自然会有不同的反应）先是几个学生议论，后来变成全班无秩序地争论，课堂教学"危机"四起。"用例子说明你们的观点。"教师语毕，喧闹的课堂顿时安静了许多，学生由无序地争论变成有序地探讨。不久就有了下面的情景。

学生："28÷7=4 和 12÷3=4 有规律。用 28÷12 和 7÷3 比较，28÷12 是 $\frac{7}{3}$，7÷3 是 $\frac{7}{3}$，被除数和除数同时缩小了 $\frac{7}{3}$。"

学生："我随便找一个数175，175×4 得 700，用 700÷175=4，24÷6 和 700÷175 的商相同，24扩大的倍数一定与6扩大的倍数相同，请同学们用计算器算一算。"

学生："可不可以这样说，只要商是4的两个除法算式，被除数和除数一定同时扩大相同的倍数或者同时缩小几分之几？"

学生举的例子越来越多，由整数除法发展到小数、分数除法。原本教师不敢触及的"禁区"被学生有理有据的讲解攻破了，教学效果很显著。

相同的内容，不同的教学方式，学生体验的经历和学习的效果却不同。

第一节课，教师忽视了生成性资源，在轻描淡写中放弃了一个极有研究价值的素材，失去了提高教学效果的良机；第二节课，教师开发了潜在的生成性问题，使它变成有价值的教学资源。虽然学生都掌握了应有的知识，但学生在第二节课的探究中分享了成功的乐趣，获得了超越教材的知识，而教师在开发学生生成性问题的同时，也为自己的教学创造了良机。

2. 掌握学情，关注细节促生成

我们的课堂要根据学情变化，根据学生心理、情感、知识的需要随时做出富有创意的调整，因此以学情调研为前提的细节观照尤为重要。以下是张丽老师在教授完《小小的船》后写的教学故事。

在教授《小小的船》一课时，学生对文中比喻句的理解是重难点。我先让学生了解什么叫打比方，并让他们用波浪线画出文中的比喻句，然后启发学生联系生活实际造句，然而学生的回答只是停留在以前的基础上，比如，"月亮像小船""太阳像火球"，除此之外再无新意，教室里一时寂静无声。

突然，一阵轻微的"嗒嗒"声传入我的耳朵。我克制住怒火，巡视了一下教室，没有异常情况。但有几个耳尖的学生也听到了，说："老师，好像有什么声音？"我不想因此而影响正常的教学秩序，忙示意他们别作声，继续上课。可是，那"嗒嗒"声又响起来，在安静的教室中格外引人注意。终于，一个学生像发现了新大陆似的大喊："老师，是陈利课桌里传出的声音。"一下子，学生的注意力都被吸引了过去，看来不找出原因，他们会更加好奇。

于是我走到陈利旁边，问："陈利，你的课桌里有什么东西吗？"他紧张地说："没……没什么。"旁边的同桌早已按捺不住，动作飞快地伸手一掏，一个兔子玩具被拽了出来。刚才的"嗒嗒"声，是兔子玩具定时发出的声音。我生气地问："陈利，你怎么把玩具带到学校来了？""我……我想……给同学玩。"陈利结结巴巴地回答。"那也不能影响上课呀！""我也不知道它会响。"陈利低下头，涨红了脸。这时学生的目光也被这可爱的玩具吸引住了，课堂秩序一下子乱了。

我拿起小兔子玩具，在学生追随的目光下，放到了讲台上，笑吟吟地说：

"你们喜欢小兔子吗？""喜欢。"学生异口同声地回答。"那老师就请同学们仔细地观察一下这只小兔子，你们能用什么词语来形容一下它呢？"学生个个专心致志，仔细地观察着。"可爱、机灵、浑身雪白……"学生一个个兴高采烈地回答。我又因势利导："我们刚刚学了比喻句。你们能用比喻句来形容一下小兔子吗？"一会儿，一只只小手举起来了。"小兔子的眼睛红红的，像两颗红宝石。""小兔子浑身雪白，像一个小绒球。""小兔子神气活现，像个快乐的小精灵。"学生们情绪高昂、兴致勃勃，连一些平时不爱发言的学生也举起了小手，我赶紧给这些学生提供展示的机会，我发现他们的眼睛里也充满了自信与快乐。看着学生一双双求知若渴的眼睛，我又进行了思维拓展："生活中，你们还有哪些更新奇的发现？能用比喻句来描述一下吗？"学生思维的火花再一次被点燃："闪闪的星星如明亮的眼睛挂在天空。""雪花如鹅毛一样飘落下来。""春天像位魔法师，让大地换上新装。"……学生的想象力真是丰富，连下课的铃声也无法阻止这充满活力的课堂。于是我又布置了一个课后小练笔："这么可爱的小兔子，不把它写下来真是太可惜了，大家用一段话写出对它的喜爱吧。老师相信你们肯定能写得特别好。"学生个个兴趣盎然，下笔如有神，连平时不太会写话的学生也面带微笑写得飞快。看来，小兔子虽然打断了我原来的教学计划，但它给我带来了意想不到的收获。

由此我感悟到：教师要时刻关注课堂中随机生成的细节，关注学生的兴趣所在，读懂学生在不同学情中的不同需求和表现，并给他们创设更多的参与机会和展示平台，只有这样，教师才能因材施教，使不同的学生都体验到学习的愉悦，感受到自我价值的存在，得到不同的发展，这才是差异教学的生命所在。

学生一个小小的"错误"，却引发了一个新的话题。假如教师对学生严厉地训斥，那么如此珍贵的教学资源便会丧失。我们每个教师都要做有心人，不管学生生出怎样的"枝节"，只要教师审时度势、随机应变，这些动态生成的教学目标便会更具诱惑力，更具生命的活力，也更容易达到。王秀玲老师善于利用学生的思维差异捕捉课堂生成的教学目标，也取得了良好的教学效果。

今年在讲"一个8米长的圆形花坛，每隔两米插一面彩旗。算一算，一共需要插多少面彩旗？"这道题时，我通过创设情境，激发学生思维的火花，与学生一起"玩"懂了经典数学问题。

课堂上，我先放手让学生独立完成，学生产生了两种不同的声音，有的认为是4面，有的认为4应再加上1是5面。这是学生与以前所学习的"一条8米长的街道，每隔两米插一面彩旗，街道两端都要插，一共需要插多少面彩旗？"混淆了。学生的思维是有差异的，产生了新旧知识间的认知冲突。我利用这种思维差异生成的资源，顺势问学生："到底是4面还是5面？"我将这一问题抛给了学生，让学生画图、争辩，真是一石激起千层浪。

为了更清楚地解答这类问题，接下来，我决定按照课前预设采用直观演示法，师生一起来"玩"。我拿出事先准备好的一根8米长的绳子，说："同学们，我们借助这根绳子来玩一下，好吗？我请同学上来站好代表旗子，看看结果到底如何。"孩子们情绪高涨，兴奋地高举着小手。我先请一名学生到前面拿起绳子的一端面向其他学生站好，然后每隔两米，再请一名学生拿着绳子站好，依次下去，拿到绳子另一端的正好是第5个学生，也就是8÷2=4（面），4+1=5（面）。这时，刚才认为答案是5的学生一阵欢呼。而认为结果是4的学生马上站起来大声质疑道："老师，您弄错了，这个花坛是圆形的。""噢，是吗？"我故意问道。学生的目光一下子又回到了台上。紧接着，我请台上的学生拿着绳子围成一个圆圈，很快圆圈围好了，我接着说："注意，是把绳子围成一个圆。"紧握绳子两端的两名学生面面相觑，然后两个人紧紧地前后靠在了一起，绳子接起来了。"那这个地方要插两面么？"我指着他们问。"不对，不对，是一面。""那怎样表示是一面呢？"顿时，两个学生紧紧地抱在了一起。"还可以怎样来表示？"其中一名学生把绳子递给了另一名学生，然后退到了一边。这时，刚才得出结果是4面旗子的学生，脸上洋溢着自豪的神情。

通过"玩"，学生清楚地看到了围成圆形后，第一面和最后一面旗子是重叠的，只留一面就可以，所以8÷2=4（面），无需再加1。而后，我接着追问："从刚刚玩的过程中，你们还有什么发现？"呀！小手如林，每张脸上都写满了自信。

"我发现，如果所插的旗子站成了一排，两头都有的话，就需要除完了以后再加1，而所插的旗子围成圆圈的话，就不用加1了。"

"我发现，同样的距离围成圆圈比站成一排少一面旗子。"

"我知道，5面旗子站成一排的话中间有4个空，而围成圆圈，4面旗子就有4个空。"

……

看来，小小的一根绳让学生彻底玩懂了"树空问题"。事实证明，这节课，学生通过"玩"对这一知识的掌握情况明显好于以往教师的"教"。

笔者在执教《北京的春节》一课时，对课堂中出现的一个小插曲至今记忆犹新。

在教学的最后一个环节中，我设计了一个拓展练习：从老师提供的画面中选取一幅，运用自己积累的四字词语夸夸我们的春节。张浩然同学第一个进行了尝试，然后进行自评，接着学生互评。互评中学生指出了片段存在的问题，房晓冲同学又重新运用这几个词语进行了描述。一般情况下，这个环节就可以结束了，但我听了张浩然"谢谢你的修改，我以后一定会好好向你学习的"后，突发灵感，现在学生的语言运用能力确实存在很多问题，为何不趁热打铁，让学生在对比中发现自身的不足，进一步掌握描写的方法呢？于是我抛出一个问题：

"比较一下，这两个小片段有什么不同？张浩然最有发言权，你先说说吧！"

张浩然感慨地说："我觉得房晓冲写得比我好一点，她的语言活泼生动，描写的画面很有特点，这一点让我很佩服。"

"那房晓冲的语言为什么会活泼生动？"

"她加了许多修饰词，还加了一个我没有用到的词语。我只说烟花有些什么颜色，而房晓冲具体描写了这些烟花像什么……"

"那房晓冲运用了什么修辞方法?"

学生异口同声地说:"比喻。"

这时我进行了总结:"要想语言生动,就得多运用一些修辞方法,如比喻、拟人等,加上这些描写,就会产生截然不同的效果……"

这些案例告诉我们,课堂上有许多不确定性,我们要去面对课堂上学生不断变化的鲜活的学情,不拘泥于自己的预设,顺应课堂中的"节外生枝",让设计跟着学生不同的发展需求走,让课堂变得更精彩。

（四）要关注教学目标的达成度

教学目标是学生通过教师开展课堂教学后要达到的预期学习结果,是保证课堂教学顺利进行、提高教学效率的必然要求。教学目标的达成情况,是评价一节课成功与否的重要标志。我们尝试对教学的每个环节实施观测,全面分析目标的达成度,收到了良好的效果。以下是我校温晓莉和张梅春老师写的《彩色的非洲》教学目标达成情况观察记录。

一、情况分析

《彩色的非洲》教学目标达成情况观察记录

学校	莱州市金城镇吕世祥中心小学	班级		五年级（1）班
执教人	刘晓玲	课题		彩色的非洲
观察人	杜晓丽　温晓莉　张梅春	时间		2011.12.02
观察点	教学目标达成情况			
教学目标描述	教学环节	教学目标达成情况分析		
正确认读以下词语:炽热、湛蓝、硕大、渗透、木薯、粗犷、斑斓、充沛、火炬、巨蟒、聆听、强悍、篝火、繁花似锦、含情脉脉、目不暇接等,读准"含情脉脉"中的多音字,并能用喜欢的方式理解词义。	检查预习,整体感知	认读:认读符合学生的认知规律,因五年级的学生已经具备了一定的预习能力,所以刘老师把认读生词放在这一环节,对易读错词"含情脉脉""渗透""粗犷""湛蓝"的读音也进行了强调。 　　理解生词:让学生运用不同的方式理解词语,采取联系上下文的方式,对"粗犷"进行了理解,符合"字不离词,词不离句,句不离文"的原则,尊重了学生差异。		

（续表）

教学目标描述	教学环节	教学目标达成情况分析
重点批注描写植物色彩斑斓的段落，抓住关键词语感悟体会。有感情地朗读这段话，领悟文章的表达方法。	批文入情，重点感悟	批注感悟：此目标是刘老师重点处理的部分。作者从四个方面介绍了非洲是彩色的，而描写植物的部分用词生动、准确、形象，因而刘老师将教学重点放在了该段，对其他几部分的处理则比较简单，只是让学生简单地交流。在处理该段时，学生通过抓关键词句，如"含情脉脉""星星点点""金灿灿""玉杯""一棵似一团火，一排似一片霞"等，谈了学习体验，感受深刻，批注完整。在学生体验的基础上，刘老师又辅以精美的图片让学生欣赏，使学生充分感受到非洲的植物世界是彩色的。从学生的交流中，可以看出学生掌握了基本的学习方法，对语言文字的感悟能力也比较强。
		有感情地朗读：在学生充分体验的基础上，刘老师采取了多种朗读方法引导学生有感情地朗读，如抓关键词句读、自由读、指生读、齐读等。经过师生的通力合作，学生的朗读水平较上课前有了明显的提高。
		领悟表达方法：这是本课的难点。刘老师循序渐进，首先让学生批注体验，然后有感情地朗读，在此基础上让学生感受为什么作者会写得这么美。因学生已经有了充分体验，所以归纳总结出本课用词准确、生动，运用比喻等修辞方法恰当则水到渠成了。
通过拓展阅读、收集资料，加深对非洲独特的自然景观与风土人情的了解，体会作者对非洲的赞美之情。		为加深对非洲的了解，刘老师采取了"谈天说地，初步感受；细读文本，感悟体验；拓展阅读，加深了解"的方法，尤其拓展引入了《大地非洲》，使学生进一步感受非洲人乐观的生活态度，增强了对非洲的赞美之情。
学习作者的写作特点，并积累优美语句，通过"妙语连珠"的方式拓展运用。	总结写法，研究表达	在学生对非洲有所了解的基础上，刘老师又引导学生对文章的写作特点（首尾呼应、总—分—总结构、承上启下）进行了总结归纳，并体会这种写法的好处。
	积累运用，"妙语连珠"	教学中，刘老师有意识地安排了学生积累文中的优美词句，并采用"妙语连珠"的形式进行运用。学生结合在文本语境中对词语的感悟，再创语境，并恰当运用词语，加深对词语的理解。

二、几点建议

综观刘老师的课，可取之处甚多，特别是"目标—过程"的一致性，把阅读教学过程变成学生语文实践的过程，给了我们很多启示。但该课也存在一些问题，现在提几点建议。

（一）关于生字词的处理

对文中易读错的字和多音字，教师处理得过于简单，只让学生读了一遍，尤其对"含情脉脉"中的"脉"和"殷红"中的"殷"都没有进行重点教学；目标中"能用喜欢的方式理解词义"落实不到位。本课中需要理解的词语很多，而学生只联系上下文处理了"粗犷"，"强悍""炽热""湛蓝"等词语理解也有难度，而教师却未处理。

（二）关于内涵的处理及教学程式

本课的教学重点是"领悟文章的表达方法"，为有效落实这一目标，教师确实做了大量工作，重点抓住了"植物世界是彩色的"进行了难点的突破，但感觉程式不够简约，兼顾太多。是否能考虑根据学生的喜好，直接切入重点段落的学习。对本课的核心问题可以这样提问："同学们，你们感觉文中写得最美、最令你心动的是哪一部分？"（大部分学生会选择植物这一部分）"下面让我们走进植物世界，用波浪线画出最令你心动的一处描写，结合你收集的资料，用自己喜欢的方式谈谈体验，并简单地把批注写在旁边。"学生充分自学后，让学生谈体验，然后进行有感情的朗读，加深体验。在此基础上，让学生思考：作者为什么会描写得这么美？运用了什么表达方法？有什么好处？然后引入《密西西比河》的片段描写，让学生进一步感受其表达方法的好处。在此基础上，再让学生积累运用。而其他三部分比较简单，学生易于理解，让学生相互谈一下学习感受即可。这样处理，思路会比以前更加清晰，能节省下大量的时间用于学生积累运用，教学重难点会更加突出，实现了"教课文"向"教语文"的转身。

语文新课标对学生学习活动的效度已经提出了明确的要求，即知识与能力、过程与方法、情感态度与价值观三位一体教学目标的达成度。其实，学生参与学习活动的效度体现在教学的每一个环节中，每一个环节都应该有明确的教学目标，只有各个教学环节的目标达成了，整体教学目标才能达成。实践告诉我们，针对具体的教学环节实施课堂观测，可以及时发现教学中的不足，检测教学目标的达成情况。

二、教学内容的重建

教学内容是教师开展课堂教学的主要凭借，语文新课标的开放性为教师自主选择教学内容提供了广阔的空间。什么样的教学内容是有效的呢？我们认为符合语文新课标的要求和学生发展的需要，能培养学生健康的情感，能很好地进行教学资源的开发与利用，并有利于学生构建合理的知识体系的内容，都是有效的。这对于差异教学视野中的学科课程的课堂教学而言，则意味着应该充分考虑学情差异，对学科课程内容进行灵活而有效的处理，在教学内容的取舍上下一番功夫，进行精心选择和有效重建。

教学内容的重建主要包括三方面：一是文本重组，包含单元重组、课时重组等；二是资源优化，包括课本资源、课堂生成资源、学科整合等；三是信息集约，包括学情信息、教材内在信息、教材外延信息等。此处想重点谈一下文本重组及基于差异的作业的设置。

(一) 文本重组

文本重组，即教师根据学科课程标准，针对自己所任教班级学生的心理特点及学习差异，在教学目标的指导下对文本进行个性化解读后重新组合，改变原有的叙述顺序，以求更好地达成目标，使课堂更加适应于班内学生的认知及情感的体验。文本重组可以多渠道进行，既可以课时为单位，也可以单元为单位，还可以整册为单位。近几年，我们重点就课时内容及单元内容的重组进行了系列研究。

1. 以课时为单位的文本重组

以课时为单位的文本重组也就是依据课时教学目标，对课程教学内容或呈现顺序进行必要的调整。教师要善于挖掘文本的重组点，创造性地使用教材，真正变"教教材"为"用教材教"。如《钓鱼的启示》，课文前面部分讲钓鱼，后面谈启示。在进行文本设计的时候可以对教材进行重组，先谈谈这条鱼该不该放，理由是什么，然后再回到那个月光如水的夜晚发生的事情。这样安排的目的是激起学生对那晚钓鱼事件的好奇心，让一件普通的钓鱼事件显得不普通，从而引导学生更深入地理解"我"当时道德抉择的不容易。

下面着重以语文学科为例谈一下我们的尝试。首先看下面关于《彩色的非洲》一课的研讨实录。

研究主题：如何进行文本重组，实现有效拓展阅读（"一拖三"）

研究过程：

……

杜晓丽：刚才大家就教学目标和教学程式谈了一些修改建议，非常好！要想实现课内拓展阅读，我始终觉得教师对文本的把握和解读很重要，下面可以就这一问题谈谈自己的看法。

刘晓玲：近期，我也反复考虑这个问题，我觉得教师对文本的解读非常重要。《彩色的非洲》是一篇略读课文，学生对非洲的风土人情仅需要了解，学习课文时不用处处细致、面面俱到，而应抓住文章的表达特点。但这么长的课文，怎么处理，我一直也没想出好办法。

刘杰：本课的重点是"领悟文章的表达方法"，而刘老师的教学设计中过多关注了人文主题，我觉得不要把大量的时间放在感悟理解上，是否应该在整体感知的基础上，让学生抓住反映非洲色彩的词语，通过朗读的形式感受到非洲的色彩斑斓就行了，其他时间应该让学生感受文章的写作方法及这样写的好处。

温晓莉：是啊。记得韩兴娥老师对"拓展阅读"与"文本细读"的关系是这样阐述的："细读是老师应该做的事，但教学应该化繁为简，现在最主要的事就是让孩子利用宝贵的童年时光多读点书。"所以我觉得刘老师对教材的处理还是过细，每一部分都让学生谈感受，并抓住关键词句进行理解，这和精读课文没有什么差别了。因为是略读课文，只要学生能感受到非洲的美丽即可，不需要深入体验感悟。

张梅春：对，这样处理文本就比较合理了，把教学的重点由人文性转到工具性上来，也体现了"教课文"向"教语文"的转身。

杜晓丽：大家说得都很有道理。本课从四个方面对非洲进行了介绍，如果每一部分平均用力显然不行，所以在教学时就要有所取舍，"囫囵吞枣"式的理解在一定程度上不愧是一种好的阅读方法，它压缩了文本解读的时间，这样就可以"一拖三"，学生就可以有时间进行课内拓展阅读了。

刘晓玲：大家说得很有道理，我接下来在教材的取舍上再下功夫，重点让学生领悟文章的表达方法，同时"拖"进语文基础训练和配套练习册中关于非洲的文章，让学生增强对非洲的了解。

……

这是我校围绕《彩色的非洲》开展的一次研讨实录节选。为有效开展课内拓展阅读，教师们在反复解读教材的基础上，对文本进行了有效的重组，最大限度地增加了学生的阅读量，这是我们在语文新课标引领下对语文学科进行尝试的缩影。

语文新课标在"课程基本理念""课程设计思路""教学建议"部分分别指出："语文课程的建设应继承我国语文教育的优良传统，注重读书、积累和感悟，注重整体把握和熏陶感染。""语文课程应注重引导学生多读书、多积累，重视语言文字运用的实践，在实践中领悟文化内涵和语文应用规律。""要重视培养学生广泛的阅读兴趣，扩大阅读面，增加阅读量，提高阅读品位。提倡少做题，多读书，好读书，读好书，读整本的书。"如何落实好这一学习任务呢？自2011年起，我们在语文学科中提出了课内"一拖三"、课外"一拖一"的思路，以实现对文本的有效重组。

（1）课内"一拖三"

即利用20至25分钟的时间有侧重地抓住1～2处重点段落或语句对语言文字进行品读感悟，剩余时间留给学生，拓展阅读2～3篇与文章人文主题或工具主题相关的文章，以最大限度地培养学生广泛阅读的兴趣，扩大其阅读量，提高其阅读品位，使他们能够感受到阅读的幸福，为他们的终身幸福奠基。下面是刘晓玲老师执教《北京的春节》后撰写的说课稿，从她朴实的说课稿中，将看到我们的研究团队是如何对文本进行有效重组，满足学生的阅读需求的。

《北京的春节》是老舍先生写的一篇散发着浓郁乡土气息的散文，语言通俗易懂，字里行间流露出传统节日的魅力，内容贴近学生的生活实际，所以学生比较感兴趣。鉴于此，我选择了这篇文章进行尝试教学。

本课教学是在我校教师多次集体研讨的基础上，围绕着"去伪存真，走向真实"的原则进行研究的，在一次次磨课中我收获了很多……

记得，第一次备课，我仍按照以前的常规教学，一上来就进行检查预习、生字词过关、概括课文主要内容、整体感知等环节，虽然程式清晰，但是过于环节化。一堂课看似顺理成章地结束了，但当观课教师对学生的朗读进行抽查时，我才发现有的学生读错了好多字。我在教学中对生字词的过关有些流于形式了，只顾跟着自己的预设走，而忽视了学情。作为教师，应该对教学目标予以关注。所以，当发现学生对字词掌握不够扎实时，我就应该随时调整教学策略，针对学生在朗读中出错的字进行重点教学，这是课堂走向真实、高效的第一步。我在远程研修中感受到了随文识字的魅力。于是，我们将识字和朗读加以整合，从学生实际出发：课的开始，教师直接抽查学生的朗读，把学生在朗读中读错的字板书下来，进行正确认读。在教师们的帮助下，我完成了第二次备课。之后我们又开展了第二次研讨，我以说课的形式展示了我的教学设计，这次又暴露出了问题：检查预习虽能从学情入手，但教师引领过多，没有充分体现学生自主。

当时的教学环节是这样安排的：

师：同学们，让我们伴随着喜悦的春节乐曲一起跟随老舍先生去看看老北京人的春节吧。请认真看老师板书课题——北京的春节。

师：请大声齐读。

（生齐读。）

师：同学们，熟读课文是预习中一项必要的任务，现在来展示一下你们的这项成果吧。

（生读课文。）

师：通过读课文，老北京人的春节给你留下了怎样的印象？

（生回答。）

师：文章里都写到了哪几个时段的活动？哪位同学能按顺序说出来？

（生回答。）

（这个问题没有思考价值，这个环节是无效的。）

师：作者用心描绘的这些情景，你最喜欢哪一个，为什么？

（生回答。）

设计过程显然又过于环节化，出现了一个个框框，把学生拘泥在里面，限制了学生自由展示。我们的语文课堂应不着痕迹，浑然一体。于是在集体研讨后，我把上面一连串的问题进行了有机的整合，只检查了一项内容：文章哪个画面给你留下了深刻的印象，用自己喜欢的方式进行展示。这真正从学生的能力入手，将文章的朗读、复述，简约而又高效地体现了出来，如果长期这样扎扎实实地训练，学生的能力怎么会得不到提升？反思本节课这一环节，学生在"间断"的读音上出现了问题时，我没有写在黑板上进行纠正。

以前教语文时，教师对文本的解读、内涵的把握会面面俱到，哪一点都不放弃，放不下这个，丢不下那个，找不准教学重点，思路一直在这个框框里转，均衡用力，总觉得这样就放心了，但事实上学生收获的和我们付出的根本不成比例。现在提倡在课堂上实现"一拖三"，这样做显然是不可能的了。这就需要教师在文本的解读上下功夫，细读文本后做出取舍，不能把读到的东西都作为教学内容。我们要精心设计一些需要的问题，把文章简单化，找准知识点，让学生自己感悟，而不是由教师把知识强加给他们。我们依据单元整体课例、单元主题和我们的个性化解读，选取最有价值的一点，这一点可以是体现工具性的，也可以是体现人文性的。这一课，我选择了元宵节的部分，一是让学生感受到老舍先生对词语的妙用，二是让学生进一步感受老北京的春节的魅力。

在第一次课堂教学中，学生在体验元宵节这一部分时不够深入，只是谈了粗浅的感受，我没有引导学生深入作家的语言文字中去细细地品味，这影响了后面的运用表达，即使学生绞尽脑汁地想，也很难形成丰富的想象和真实的体验。在研讨过程中，教师们认为结合直观形象的图片和对关键词的讲解，以及相关资料的辅助，能加深学生对元宵节美景的体验及对老舍先生语言文字的感悟，从而使课堂更具传统文化的魅力。这样我们真正的教学目标也就自然达到了，实现了对文本的恰当处理，使课堂更真实、更简约了。最后通过对比阅读梁实秋的《过年》和斯妤的《除夕》，课外拓展阅读自读课本中的《难忘那年元宵节》《本命年的回想》等四篇文章，体会不同的写法，感受不同地区和民族的风俗，从而激发学生的阅读兴趣，扩大阅读面，增加阅读量，有效地实现了"一拖三"。

……

一节课里要学习包括课文在内的3～4篇文章，教学就不可能面面俱到，所以教师要从学情入手，抓住重点，突出要点，把握难点。一句话，要学会放弃。

需要指出的是，因为学生的阅读能力和知识储备不同，所以我们对不同水平的学生提出了富有弹性的要求，不搞"一刀切"，给予学生自主选择的时间和空间。如学生根据自己的喜好从一些阅读篇目中选择文章进行阅读，有能力的学生可以多读一篇。再如，依据班内学生不同的阅读感悟风格，引导他们以适合自己的阅读方式进行，即实施分类复式教学，关照学生差异。可选择自读自悟的方式，可以是边读边做批注，记录下自己的所思所感；可以是边读边想象，在脑海中再现画面；也可以是通过朗读体悟，以准确的语气、神情来表达自己的理解。这样的要求实现了"人人都能读""人人会发现"的目标。

（2）课外"一拖一"

在尊重学情的前提下，教师通过"名著导读课"向学生推介与单元主题内容相关的一本经典书，学生运用2～3周时间完成阅读。阅读书目由教研室统一推荐（见附录），如人教版小学语文五年级下册第二组的主题是"多彩的童年生活"，我们在进行文本学习的同时，推荐学生阅读《城南旧事》，进一步丰富学生的阅读体验。以下是张洁老师执教的《爱的教育》名著导读教学设计。

在爱中读书

——《爱的教育》名著导读教学设计

【教学内容】

鲁教版小学语文三年级下册第七单元推荐阅读名著《爱的教育》

【教材分析】

《爱的教育》是意大利作家亚米契斯在1886年写的一部儿童小说。小说以一个小男孩安利柯的视角，从10月份4年级开学的第一天写起，一直写到第二年7月份。全书共100篇文章，包括发生在安利柯身边各式各样感人的小故事、父母在他日记本上写的劝诫启发性的文章，以及十则老师在课堂上宣读的精彩的"每月故事"。每篇文章都把"爱"表现得淋漓尽致，大至对国家、社会、民族的爱，小至对父母、师长、朋友的爱，处处扣人心弦、感人肺腑。

《爱的教育》在写作上没有乏味的说教，也没有豪言壮语。它只写了一些平凡而善良的人物及他们平凡的日常生活。正是这些看似平凡的记叙，把读者带入了一个真实的爱的世界。

【学情分析】

三年级学生已经有了一定的阅读能力，因此本课主要是把阅读的主动权交给学生，让学生借助已有的知识与能力，通过自读、自悟和合作学习来体会文章的思想内涵。

【教学目标】

1. 知识目标

（1）复习深入读书的方法。

（2）学会读一本书的基本要求与方法。

2. 能力目标

（1）引导学生自读自悟，能将课堂所学应用于读书实践中去，并以合作交流的方式进行学习。

（2）注重学生的独特感受，培养学生的想象能力。

3.情感目标

（1）体会母爱的伟大。

（2）体味深入读书的好处。

【教学准备】

1.教师准备

制作多媒体课件，打印40份例文《弗莱蒂的母亲》。

2.学生准备

阅读《爱的教育》。

【教学过程】

一、以爱导入，推荐书籍

（教师在黑板上画心形图。）

教师导问：看到它，你们想到了什么？

引出话题：

大家肯定得到过许多人的爱心，想想都有谁。

这么多人在爱我们，我们该怎么做？

教师小结：同学们，这种爱的传递，就是一种教育。这节课，老师要向大家推荐一本书（举书）——意大利作家亚米契斯写的《爱的教育》。

二、走进名著，感受母爱

教师导问：大家读过这本书吗？能不能简单介绍一下这本书？

（师生交流初读后的收获，对《爱的教育》有了整体上的了解。）

提示阅读：你所谈的内容，是从哪里知道的？

拿起一本新书，要先看序。

学习序言：

（请学生读一读，找其中的信息，了解此书的内容，以激发学生再读的欲望。）

教师提示：先读一篇例文，看看像不像序言说得那么好。

初读例文：师生交流浏览所得，以例文本身的魅力激发学生深入学习的欲望。

【设计意图：名著导读的成败，很大程度上取决于例文选择上。教师讲得天花乱坠，不如例文本身的情真意切。所以教师一定要选择自己被深深感动并有信心让学生和自己一起感动的文章。选对文章，课也就成功了。】

教师提示：怎样才能深入课文里面？想想你平时是怎样学习课文的。

师生交流：交流深入学习课文的方法。教师要出示读书提示，将学生曾经用过的方法系统地列出来，便于学生选择使用。

师生读书：学生读书，教师巡视。教师要低下身子平等地去给学生建议，而不能高高在上地指导他们如何读书。

【设计意图：尊重是这一环节的总要求，教师要发自内心地尊重学生，尊重他们的读书方法、阅读习惯，可提出建议，但不可强制。】

师生交流：请学生说说自己的感悟，并提示：别人发言，我们要认真听，还要用掌声表示感谢和鼓励，因为这些都是爱。

重点感悟：

母亲的三段话是感悟的重点，尤其是第二段。提示学生朗读与感悟第二段，教师要范读。通过动情的话语，让学生谈心情，引导学生表露对母亲的爱。

母亲的动作神态是体味重点。提示学生想象情景，体味母爱的伟大。

校长的话及学生的反应是发散重点。你想对弗莱蒂说什么？你想对他的母亲说什么？）

【设计意图：无论学生说什么，教师都应给予积极的回应。只要是健康、向上的，就应肯定。要展现个性，氛围就要轻松，教师要有意识地淡出学生的交流，生生互动，才能效率高。】

三、以情促读，激发读书欲望

品悟感动：同学们，我们一次次被感动着，为什么会这样呢？

（学生交流。）

师：是啊，课文给我们展示了多么感人的画面，我们怎能不感动？怎能不想去读？可像这样的文章，《爱的教育》中有100篇啊，怎么读呢？

交流方法：用心读、深入地读、用批注、一天读一篇。

提示学习：大家注意到没有，这目录挺特别，能看出什么？

师生交流：同学们，这不正是在表示，我们在一天天长大吗？让《爱的教育》陪伴我们度过充满爱的每一天吧！

【设计意图】目录是列读书计划的重要参考，这节课只是提示学生关注目录，以后导读课还应注意目录的学习指导。】

2.以单元为单位的教材重组

"尊重差异，开发潜能；自主学习，多元发展"是我校一贯坚持的办学策略，我们在"十二五"课题"基于学生差异进行的兴趣的导引与维持策略的研究"的指引下，在语文学科尝试进行了"高效课堂下的语文单元整体阅读及拓展研究"。

所谓单元整体阅读，即围绕某一个主题，将教材文本、课外拓展资源以及读、习作、口语交际等进行高度整合后实施教学，使整个单元的教学变成由几个模块组成的却又不可分割的整体。它强调学习资源的整合与生成，着眼于语文学习的综合性和实践性，重视学生"学"的过程。在单元整体目标的统领下，各模块、每个课时的目标也相对集中。（李怀源《小学语文：单元整体教学构建艺术》）李怀源老师的单元整体教学构建方式、韩兴娥老师的海量阅读、李虹霞老师的统合教学法等，都为我们提供了可供借鉴的经验。我们依据学校的现状及学生实际，进行了系列研究，已经探索出了几种课型，即低年级的集中识字课、整体感知课、朗读训练课、口语训练课等，中、高年级的单元导读课、精品赏析课、批注交流课、单元整合课、习作指导课等。进行单元整体教学时，我们重视对学生预习能力的培养，将学生自学、分组教学相结合，有助于学生的全体参与与整体提高。下面是我校季凌杰老师在这方面的探索成果。

基于差异教育下的主题单元整体教学研究成果

一、课程体系的基本要求

语文新课标对第二学段（三、四年级）识字与写字的要求是"对学习汉字有浓厚的兴趣，养成主动识字的习惯""有初步的独立识字能力。会运用音序检字法和部首检字法查字典、词典"。可见，主动识字的习惯、独立识字的能力是三年级学生应该具备的，是学生进行主动阅读必不可少的前提之一。再者，学生经过一、二年级的学习，到了三年级，已经掌握了不少识字方法，有了较强的识字能力。

经过整合的单元整体教学，识字量加大了，如人教版小学语文三年级下册第二组课文，要求认读的有"秆、绣"等生字，要求会写的有"翠、秆、腹"等生字，对这部分内容的教学，我采用了"集中识，分散写"的策略。对要求认读的生字，以单元主题为纲，整合课本内容，要求学生在整体预习本单元课文时，能够自主正确认读，扫清阅读障碍，并在单元导读课中进行检测，集中识记；对要求会写的生字，在分课预习中，要求学生自己会写；对比较有难度的生字或是学习有困难的学生，教师在课堂上重点指导。

二、课程体系的基本内容

（一）教科书内容

（二）拓展阅读："一拖三""一拖一"

（三）语文实践活动

（具体见后面"单元整体教学设计"）

三、课程体系的基本策略

（一）培养习性，提高效率

习性是效率课堂的一个重要指标，它从课堂教学中学生的角度出发，是衡量学习质量的重要标准之一。就现阶段小学语文来说，每周7节语文课，去掉一节写字课，每学期按16周计算，一学期上课时间约有96课时，时间有些紧张，所以说，学生是否养成良好的学习习惯，直接影响着课堂教学的效率。

我们主要从以下几方面培养学生的习性：预习、听（倾听）、说（表达）、读（朗读和阅读）、写（书写和作文）、批注等，并就每项习性做了详细的规定。

（二）尊重差异，开发潜能

对学生来说，课前预习既是一种科学的学习方法，也是一种良好的学习习惯；对教师来说，课前预习也能帮助他们有效掌握学情，便于以学定教。在进行单元学习时，我们安排了两轮预习，充分尊重学生已有的学习基础，给学生自主学习的空间。同时，我们也尊重了学生的差异，如在作业的设置上，我们坚持分类布置，让学生按照自己的能力自主选择。

A 类：①我会读。能正确、流利地朗读课文。②我会标。在读的过程中，画出生词，标出自己不明白的地方（词、句子、段落皆可）。③我的收获。主要是概括课文的主要内容，理解课后问题，批注 1～2 处最感兴趣的部分。

B 类：在完成 A 类作业的基础上，完成有关积累的作业：一是积累生字词，二是积累好词佳句。

C 类：在完成 B 类作业的基础上，完成收集有关资料的作业。

（三）习作教学，未雨绸缪

单元整体教学旨在打通生活、阅读、习作的通道。每一单元的习作教学都和单元主题息息相关，事实上，对于单元整体感知的第一个环节，当师生开始围绕单元主题进行讨论的时候，演说就已经开始了，习作训练也已经悄然酝酿了。

1. 结合主题，重视演说

单元主题让学生找到了话题，使学生知道该说什么，而课文又给学生提供了说的例子，使学生知道该怎样说。我们把每一节课的演说看成学生习作的第一步。

2. 紧扣文本，指导仿写

如人教版小学语文三年级上册第一组习作的主题是"自己的课余生活"，进行单元学习前，我就布置学生观察并记录自己的课余生活，甚至特意在下课后和学生一起玩老鹰捉小鸡的游戏，丰富学生的生活体验。在学习课文时，《我们的民族小学》中的上课和下课的情景，给学生们留下了美好的印象。我就引导学生观察自己学校上课、下课时的特点，然后仿照课文，写一个片段。再如人教版小学语文三年级下册第二组《翠鸟》一课，第一自然段对翠鸟外形的描写颇受学生喜爱。它的描写顺序、比喻手法的运用等，都值得学生仿写。就这样，我们紧扣文本，进行了一次次的仿写。

3. 积累运用，"妙语连珠"

"妙语连珠"是我校坚持的一个教学特色项目。学生读过的每篇课文、每本书一定都有值得积累的词语，我就让学生记下来，或用它们来概括课文的主要内容，或根据自己的观察，创造性地运用它们，将积累和运用有机地融合在一起。

经过这三步训练，对最后的单元习作，大多数学生就水到渠成了。

人教版小学语文三年级上册八组习作的主题分别是"自己的课余生活""熟悉的人的一件事""秋天的图画""观察日记""中华传统文化""自己去过的地方""编童话故事"以及自由习作。

本学期，"妙语连珠"，每课一练，共27次；小练笔，一个单元1～2次，共10次；日记每周1～2次，共21次。

四、课程体系评价的基本形式

在评价时，我们更多关注的是学生习性的养成，关注学生学习时表现出来的情感与态度，尊重学生的差异，针对不同层次的学生实行模糊评价。只要学生养成了良好的学习习惯，有积极的情感和态度，我们就及时给予激励性评价。在评价方式上，有学生自评、家长评价、小组互评等多种方式。

总之，主题单元整体教学给我们提供了一个动态的、整合的教学体系。我们以单元整组运转的方式综观一篇篇课文时，就能够很清楚地分析出它们之间的联系，就会在整合中找到一个个教学训练点的位置，并逐步落实。当然，我们还处在探索阶段，今后我们将不断学习，逐步完善我们的主题单元整体教学。

保护周围的环境

——人教版小学语文三年级下册第二组单元整体教学设计

【教材分析】

环境保护是 21 世纪人类面临的重大问题之一。本组教材围绕"保护周围的环境"这个主题进行编排，由《翠鸟》《燕子专列》《一个小村庄的故事》《路旁的橡树》四篇课文组成。其中，《翠鸟》和《燕子专列》讲述的是人与动物之间的故事，《一个小村庄的故事》和《路旁的橡树》反映了人们对待植物的不同态度以及由此引发的思考。前三篇属于精读课文，最后一篇是略读课文。

根据莱州市提出的"一拖一""一拖三"策略，我们已经引导学生拓展阅读了《我的野生动物朋友》整本书，以及诗文《月夜》《鸟》《襄邑道中》，美文《我家的园子》《失踪的森林王国》《那只松鼠》《向大树道歉》《一只小鸟》《还自然之美》《松树的遗书》《翠鸟搭窝》《瑞士人与鸟》《小鸟旅行记》《森林王国消失以后》等。

本单元的鉴赏点：通过精读与泛读，从不同的角度、不同的侧面，去感受保护环境的重要以及他人为保护环境所做出的努力，使学生在内心深处、在情感态度和价值观层面有所触动和感悟，进而在日常生活中付诸行动。

读写训练点：引导学生通过朗读和默读，领会关键词句的含义和作用，理解文章所蕴含的道理，学写批注，体会作者的表达方法，进行小练笔。

【设计理念】

以"一拖一""一拖三"策略为指导，以单元主题为依托，以课文为例子，引导学生在学习课文的同时进行拓展阅读；充分发挥各部分内容之间的内在联系，发挥其整合的优势，给学生搭设阅读的平台，让学生进行自主阅读，进一步培养学生的阅读能力。在此基础上，开展综合性学习活动，增强学生保护环境的意识，鼓励学生为保护环境做出自己的努力。

【教学设计】

一、课前预习，整体感知

在学完一个单元之后，利用双休日（考虑到时间比较充裕）让学生对即将学习的下一个单元进行整体的预习，像看课外书一样，通读四篇课文，画出生词，读准字音，扫除字词障碍，大体知道每一课写了什么。通读之后，能用知识树的形式整体把握这一单元的知识结构。这是第一轮的预习。

随着课文的学习，我们还要求学生进行第二轮的预习，精读课文，完成常规性预习作业，在书上进行第二轮的批注。

二、单元导读，激趣导行（1课时）

（一）交流预习收获，形成知识树

这是对学生常规习性的一项检查。根据学生情况，我主要确定了三个方面：一是对生字的掌握情况，二是对课文主要内容的了解程度，三是自己产生的疑问。先进行小组交流，使学生取长补短，然后进行全班反馈。

（二）学习单元导语，明确目标

引导学生通过单元导语的学习，明确本单元的学习目标，同时提出本单元的综合性学习任务"了解家乡的环境"，为本单元的演说、习作等埋下伏笔。

（三）推荐阅读课外书：《我的野生动物朋友》

三、学习课文，拓展阅读（6课时）

	《翠鸟》	《燕子专列》	《一个小村庄的故事》
整体教学要点	1.深入体会作者抓住事物的特点进行描写和说明，以表达感情的方法。 2.体会作者遣词造句的生动与形象。 3.拓展阅读，体会情感与方法。	1.深入体会作者采用具体事例，通过环境描写、点面结合描写以及倒叙手法等表达感情的方法。 2.拓展阅读，体会情感与方法。	1.通过批注、联系上下文和生活实际等方法理解含义深刻的句子，并体会其表达效果。 2.拓展阅读，体会爱护树木、保护环境、维护生态平衡的道理。
演讲	我喜欢…… （补充小动物）	夸夸贝蒂	说说我的调查活动

（续表）

	《翠鸟》	《燕子专列》	《一个小村庄的故事》
体验实践策略	第一课时 1. 精彩赏析：体会从哪些地方可以看出作者特别喜欢翠鸟，朗读展示，并结合课后习题体会作者的遣词造句，学会运用。 2. 背诵喜欢的部分。 3. 积累描写翠鸟外形、飞行、捕鱼动作的句子。 4. 拓展阅读：《鸟》《一只小鸟》《那只松鼠》。 第二课时 1. 进行生字的指导：重点观察"翠""秆""翁"等几个字，重点指导"翠""翁"等的笔顺。 2. 比较阅读《翠鸟》和《翠鸟搭窝》，体会作者抓住特点描写的写作方法，进行描写动物外形特点的小练笔。 3. 拓展阅读：《小鸟旅行记》。	第一课时 1. 精彩赏析：找出令人感动的句子。（可以采用小组合作学习的方式交流预习中的批注并练习读出感情） 2. 适时进行背诵佳句比赛。 3. 指导写字："骤""涉"。 4. 拓展阅读：《我的野生动物朋友》。 第二课时 1. 指导写字："瑞""舒"。 2. 积累动作描写的精彩片段。 3. 比较阅读《燕子专列》和《瑞士人与鸟》，体会写法。 4. 实践活动：把自己想对贝蒂说的话写下来；设计保护动物的广告语。 4. 拓展阅读：《我家的园子》。	第一课时 1. 精彩赏析：找出含义深刻的句子，用抓关键词、联系生活实际等方法，写写批注，体会文章的思想感情以及蕴含的深刻哲理。 2. 说说想对小村庄的人说的话，尽量运用收集到的保护环境的公益广告语。 3. 指导写字："葱""黎"。 4. 比较阅读：《一个小村庄的故事》和《路旁的橡树》。 第二课时 1. 积累文中含义深刻的语句。 2. 拓展阅读：《失踪的森林王国》《向大树道歉》《还自然之美》，体会爱护树木、保护环境、维护生态平衡的道理，并能学以致用。 3. 综合性学习提示。

四、单元回顾，回归整体（1～2课时）

学完本单元后，引导学生进行整体回顾与交流。

知识学习：我学到了哪些知识（识字，写字，词、句、段、篇的积累，课文内容的理解，等等）。

读书收获：我读了哪些课外书，有什么感想等。

我的展示：根据本单元综合性学习活动，学生展示自己的收获，如写的保护环境的建议书、设计的保护环境的标语牌、办的保护绿色家园的手抄报等。

这样，使学生获得整体性的认识，融会贯通，达到"会当凌绝顶，一览众山小"的境界，并带着成功的学习体验、浓厚的求知乐趣，积极投身到下一单元的学习中去。

下面是刘晓玲老师在单元整体教学方面的探索成果。

提高学生识字量的有效策略

——人教版小学语文一年级上册主题单元整体教学成果

根据语文新课标的思想和学生的发展规律，在一年级的语文教学中，我主要运用教材里的篇目和拓展的篇目，让学生在读的基础上，使用恰当的策略扩大识字量，同时鼓励学生将优秀篇目背下来，为以后的口语表达打下基础。下面汇报一下我在本学期语文课堂教学中的操作成果。

一、以单元做范例，梳理阅读篇目及识字量

人教版小学语文一年级上册第三单元的课文有以下几篇：《静夜思》，拓展的文章是《请星星》；《小小的船》，拓展的文章是《花和蝴蝶》；《阳光》，拓展的文章是《秋风的颜色》；《影子》，拓展的文章是《影子和身子》；《比尾巴》，拓展的文章是《猜一猜》。本单元要求学生识记的生字约有50个，如"静""船"等。

课外阅读材料，我们主要是以莱州市提供的"师生随文同读"阅读书目里的文章为主，利用早晨、课上、中午、大课间，师生同读，扩大学生的阅读量。在这些有趣的文章里，学生认识了大量的字。当我让他们读读自己喜欢的片段时，学生都能读得十分顺畅，而且很有感情。

二、以学生的变化，评价识字方法和识字量

既然一年级以识字为主，我在入学初就对每个学生的识字量进行了摸底，以便在接下来的课堂教学中找到一定的方法。我所谓的摸底不是很隆重地举行全班测试，我怕那样会打击学生学习的积极性，而是利用课堂，如语文课上让每个学生都站起来读读文章、儿歌、题目要求，或数学课上让学生读每道题的要求。通过这些细节，我了解到学生的识字量是有差异的，有的学生在只有20个字的句子中只能读出四五个字，而有的学生不用教师提示，都能顺利地读下来。我估计识字量最少的是200字左右，最多的是1200字左右。

为了提高他们的识字量，我在课堂上用了三种方法：一是让学生读题目要求；二是培养学生阅读的习惯，增加他们积极读书的意识，为了达到效果，我经常与学生一起读书，早上朗读，有时齐读，有时分角色读，有时在朗读中穿插评价，中午和学生一起在教室里看书，为了避免学生出现疲劳、乏味的现象，我们看累了就讲讲自己觉得有意思的地方；三是保证学生的识字效果，如随着每一课的学习，遇到生字，我都会给学生找到快速而有效地记住生字的方法，如结合图片识字、展示生字的古今演变、说说识字方法、字谜识字等。

采用这些方法后的确有所收获，经过一个月，学生都能自己读题目要求了，尤其是开学初识字量少的学生进步很快。看到他们有了这样大的变化，我心里特别高兴。学生也能自己读文章了，但是开学初识字量少的学生读起来还是不太流利，需要继续努力。

对识字量的测验，我还是将其融合在课堂教学中，不特意进行这项。在学生读读说说中，我随时随地给予鼓励、表扬，让他们感觉到识字能给他们带来方便。总之，由于我对每个学生的识字情况了如指掌，在教学中有的放矢，所以学生都能有所收获、有所成长。

三、在阅读背诵中，增加学生的识字量

一年级上半学期学生要背诵的篇目是自读课本中的第一单元至第七单元，课文和语文园地中的儿歌、古诗。阅读的书目包括自读课本中所有的儿歌、故事，莱州市小学"师生随文同读"阅读书目中的《蝴蝶·豌豆花》《安徒生童话》《第一次发现：濒临危机的动物》《百岁童谣》。在本学期中，学生的阅读量是5本书。

学生在大量的阅读背诵中，识字量大了，词汇量多了，口语表达流利了。

我觉得最有效的识字方式是多读：一是课上通过多种活动，让学生多读生字，扎实记忆；二是让学生多读书，既巩固了学习过的生字，又认识了新的生字。课上拓展文章时，我非常重视生字的处理，我会标上拼音，指名朗读或让学生自由朗读、课后学生读书时遇到不会的生字用笔圈出来，通过便捷的方式找到答案。就这样，学生的识字量在逐渐增多。俗话说"一回生，二回熟"，多读多认，学生对每一个生字都不再陌生了，识字量自然就大了，而且有了丰厚的积累。

"小学语文单元整体教学由单篇教学走向单元教学，由内容分析为主的阅读教学走向以培养学生能力为主的教学，由只注重教科书走向注重阅读与实践，由重视教师作用走向培养学生自学能力。"（崔峦《李怀源，单元整体教学的推进者》）虽然以上提供的案例尚存在许多瑕疵，但我们已经意识到应该从整体入手，走出语文教学低效的阴影，走上高效课堂的坦途。今后，我们要思考和研究怎样突破识字关，怎样落实自主阅读，怎样培养学习、生活所需的作文能力……真正跳出研究一篇课文的小圈子，站在提高语文素养、促进学生发展的高度，用整合的理念，探索高效的语文教学。

（二）基于差异的作业的设置

作业是一种以课程标准为指导，以提高课堂教学效率为核心，以提高学生学习能力和学习质量为最终目的，在教师主观能动作用下的学生自主活动的载体。它是课堂教学的重要辅助手段，服务于高效的课堂。基于差异的作业的设置，更注重学生的个性差异。因为学生的学习水平、学习能力、学习习惯、学习方法是有差异的，教育者要坚持差异教育理论，重视学生的个性发展。作业的设置既要面向全体，又要兼顾个别差异，给不同层次的学生创造成功的机会。在设计作业时一定要注意分层，不要"一刀切"，不要只提一个要求，而要确保"学优生吃得精，中等生吃得好，学困生吃得饱"。我校自2008年便尝试在各学科中进行"三段式全景作业"及假期学科实践性作业的设置的研究，试图通过研究，使学生真正喜欢做作业，并从中体会到成功和快乐。下面主要以语文学科为例介绍我们的做法。

1."三段式全景作业"的设置的研究

语文"三段式全景作业"包括课前预习性作业、课中巩固性训练和课后延伸性作业。

（1）课前预习性作业

预习是学生在教师教学课文之前的预先学习，它是学生自学的一个重要组成部分。预习效果的好坏，直接影响到课堂教学的效率和质量，因此，我们要求学生先预习后上课。

① 课前预习性作业的设置

低年级：

尝试给低年级学生布置一系列口头性、实践性作业。低年级学生预习的主要任务是读熟课文，正确拼读生字词，扫清生字障碍。所以我们可让学生在家中读对、读顺、读好课文，借助拼音读准字音，并尝试一字组多词。有条件的学生可把自己朗读的课文录在磁带上，还可以把家长的建议也录上，然后带到学校来展示，教师随时抽查，学生可以互相交换、互相评价，还可以说一说自己的感受。这种作业培养了学生的朗读能力、评价能力，可谓一举多得。另外，还可以根据课文需要布置收集资料、小观察等实践性作业。

中、高年级：

指导学生运用"读—标—问—搜—记"的方法，完成识记字词、朗读课文、搜索资料、质疑、积累等几方面的预习任务。我们可以设置以下几个板块的预习内容。

A. 朗读课文

读在预习中是最不容忽视的一个首要环节。因此，要让学生至少读两遍课文，力争把课文读通顺、读正确，为后面的预习打下扎实的基础。

B. 我的积累

一是积累生字词（抄写生字词，理解词语、多音字、同义词与反义词等）；二是积累好词佳句，把应该积累的词语、句子和自己认为值得学习和借鉴的词句摘录下来。

C. 我的收获

概括课文的主要内容，理解课后习题，另外可以批注 1～2 处令人最感兴趣或最感动的部分。

D. 我的疑惑

对理解有困难的词语或句子做出标记，或就有关问题提出疑问。在质疑的过程中，教师要教给学生质疑的方法。

E. 我的资料袋

要求学生收集与文本有关的图文资料，如作者、时代背景等，可以写下来，也可以剪贴。

预习要体现自主性及差异性特点，学生可以根据自己的能力自主确定预习内容，教师也可以根据课文特点对预习内容进行适当调整。为了让学生很快地通过引桥驶入自学的快车道，我们注重对学生课前自主学习的指导，使学生明确自学的方法、要求和目标，在此基础上充分考虑学生的智力水平、接受能力、知识基础，设定不同的学习目标。下面是原志花老师设计的"《白鹅》自主学习小研究"。

《白鹅》自主学习小研究

一、展示自我

1. 我会读（会读的标上对号，不会读的标上拼音，多读几遍）

左顾右盼　引吭大叫　局促不安　大模大样　毫不相让　从容不迫

扬长而去　架子十足　厉声呵斥　厉声叫嚣　脾气　窥伺

姿态　高傲　郑重　傲慢　京剧　净角　奢侈

2. 大声朗读课文

由同桌指定一部分内容进行朗读，做到朗读正确、流利，如果做到了有感情朗读，就画个笑脸奖励一下吧。

二、发展自我

1. 我会理解（借助工具书，联系上下文和生活积累等理解词语）

2. 我会概括

课文写了一只（　　　　）的白鹅，作者是从白鹅的（　　　　）、（　　　　）、（　　　　）来表现它的特点的。

读了课文，我体会到了作者（　　　　　　）的感情。

三、挑战自我

我会批注

用"＿＿＿"画出你感兴趣的句子，并能做简单的批注。

②课前预习性作业的使用

叶圣陶先生说过："预习原很通行，但要收到实效，方法必须切实，考查必须认真。"检查是对预习效果的检验，因此它也属于课前预习中不可分割的一部分。课前预习可分为口头预习和书面预习两种类型。口头预习作业，如朗读、背诵等，可以通过三种方式进行检查：一是家长监督签字，二是课前小组内互查，三是课堂教学中检查、评价。为避免预习作业流于形式，我们要求教师课前5分钟或课堂伊始首先要检查学生的预习情况，然后梳理问题，从问题入手，开展教学活动。书面预习作业，可以通过两种方式进行检查：一是教师收上来查看，但不需做细致批改，可盖朵小红花或进行等级评价；二是让学生小组内互查，组长及时将预习情况反馈给教师。课前预习检查为学生创造了一个分享成果、表现自我、展示个性、体验自己和他人成功的喜悦的平台，让学生的辛勤劳动得以展现，同时也有利于学生学习主体地位的确立、预习习惯的养成和自学能力的提高。

原志花老师对课前的预习和课堂上的预习反馈交流有一些成功的体验，下面是她执教《白鹅》一课后关于"检查预习、了解学情"的说课。

经过一段时间课堂改革的摸索，我们对学生课前的自主学习和课堂上的反馈交流，也就是学情的前测，有了更深入的理解与实践。

前期，我们注重对学生课前自主学习的指导，使学生明确了自学的方法、要求和目标。然后充分考虑学生的智力水平、接受能力、知识基础，设定不同的学习目标。自主学习是让学生通过"吃自助餐"的方式，根据自身学习情况和设定的目标自由地选择应该完成的任务，满足不同层次的自学需求。学困生可以花更多的时间完成自学任务中的基础内容，如可以只选择认读字词部分，只要通过查字典、请教别人或标注拼音的方式，能够正确地读准生字、词语，学习目标就基本达成了。当然，如果再通过多次朗读课文，做到正确读课文就更好了。学生每完成一项任务就用对号标注。

中等生和学优生在完成基本的任务后，可以进行学习拓展，完成"发展自我"和"挑战自我"部分。如理解词语部分，要求学生对自己不理解的词语，选择合适的方式（如查词典、联系上下文、联系生活经验、查资料、请教他人等）去理解，并且在交流展示时不仅要解释词语的意思，同时要说明自己是用什么方法理解的；概括课文内容要求学生在读懂课文内容的基础上来进行，并且要求学生有一定的概括能力，学生可以根据自主学习情况决定是否选做；批注体会一题是对学有余力的学生提出的更高层次的要求，学生在读懂课文、画出感兴趣的语句之后，能够圈出重点词语，并用几个词简单写出自己的感受。这种"吃自助餐"式的自主学习避免了以前预习的盲目性与统一性，学生有自主选择的权利，预习更加有的放矢。学生可以根据自身学习情况，自主选择其中的题目来完成，同时又可以根据学习内容及时调整学习状态，向更高的目标发起挑战。这就增加了预习的针对性与挑战性，学生很乐意完成。如在朗读课文一题中，我们提出了正确、流利、有感情三个要求，学生根据自己的朗读水平圈出自己所达到的目标，然后在小组检查中由小组成员结合学生的自我设定目标和检查情况再次给予评价。

课堂上，我们先让学生根据自学情况在小组中交流展示（需要说明的是，我们的小组划分是费了一番心思的，同位同质，组内异质，以便于让同质学生增强自信心，形成竞争，又可以发挥异质小组互帮互助的作用），每个学生都有充分展示和交流互动的机会，先是同质的同位进行交流展示，然后在异质的小组里交流，实行学习互助，真正做到学生自己能学会的教师不教，学生在小组里通过互帮互助能学会的教师不讲。若学困生存在问题，便由小组合作解决，组长督查，实现人人达标，体现"兵教兵""兵练兵"。最后组长统计本组成员的自学交流情况，汇报给教师，以便于教师准确把握整体的学情，而组长简短而真诚的总结评价能让大家看到同伴（尤其是学困生）的进步与成长。同学的努力、同伴的互助、教师与同学的真诚称赞与鼓励，都会成为学生成长的动力。

当自主学习成为习惯与模式，学生已经驾轻就熟时，我们让高年级学生在自主学习后自主设计检测题，用以检测同质的同位，这样学生的自主学习能力、语言表达能力、组织协调能力、合作能力等均能得到提升。

在小组展示交流自学成果时，教师要鼓励、促进学生高效地完成交流展示，及时表扬速度快、效果好，特别是创造性强的学生；可对"走错"或"迷路"的学生说几句悄悄话，给他们"指南针"。更关键的是，教师要通过行间巡视、个别询问、提问等形式进行调查，最大限度地暴露学生自学中的疑难问题，并认真分析它们是共有问题还是个别问题，把主要的共有问题进行梳理、归类，然后根据学情进行二次备课、三次备课，变课前的预设备课、静态备课、想象备课为生成备课、动态备课、真实备课。因为无论教师如何精心备课、预设，都无法准确测知学情，只有通过展示交流，每个学生的真实情况才能一目了然，才能真正做到"以学定教"。

（2）课中巩固性训练

语文课要加强语言文字实践，让学生在动态的语言实践中掌握语言运用的规范，感受、体验优秀作品的语言魅力。课中巩固性训练的目的在于培养和发展学生的主体意识，为学生创设展示的平台，激发学生的创新意识。课堂中，我们除了进行朗读、复述、批注、听写、积累等常规性训练外，还善于发现并挖掘文本中的空白点、读写训练点、拓展延伸点来对学生进行训练，以此提高他们的想象能力、表达能力、读写结合能力、创新能力。

①利用空白点，设计练习

为了表达的需要，好多文章留有空白的余地，我们就要抓住这些空白点，设计一些说一说、想一想、演一演、写一写的练习，对学生进行思维的训练，从而促进学生情感的升华，训练学生的想象能力、表达能力、创新能力。

在《跨越海峡的生命桥》一课中有这样一句话："经过一次又一次的努力，利用大地震动暂停的间隔，台湾青年的骨髓，终于从身躯里涓涓流出……"在学生饱含深情地朗读后，教师可设计一个说话练习，让学生想象：此时此刻，从台湾青年身躯里涓涓流出的仅仅是骨髓吗？在交流中，学生加深了对文本的理解，他们深深体会到：海峡两岸的骨肉同胞心连心，那血脉亲情，如同生命的火种，会一代一代传下去，永远不会熄灭。在课文的最后，还可以设计这样一个想象练习：假设一年以后的某一天，小钱和那位捐骨髓的台湾青年相遇了，会是怎样的场景？在和其他同学演一演的过程中，学生再次感受到海峡两岸人民心连心。

②读写结合，设计练习

《七颗钻石》是一篇童话故事，讲述的是在大旱年间，一个小姑娘为她生病的母亲找水，在爱的作用下，水罐一次又一次发生变化的故事。选编教材的主要目的是让学生感受爱心的伟大力量，懂得献出自己的一份爱。文章通篇闪耀着人性的光辉，凡是阅读它的人，都会为那种人间的真情、亲情而动容。在本课结尾处，就是学生感情达到高潮时，可以设计一个想象练习：小姑娘去给她生病的母亲找水，在路上，她累得倒在沙地上睡着了，假如这时她做了一个梦，在当时的情况下，这么一个富有爱心的小女孩，她会做一个什么样的梦呢？在爱心的作用下，现在地球上有了一股永远也喷不完的清泉，想象一下，地球发生了什么样的变化？对第一个问题，教师主要是引导学生入情入境地想象，做到想象合理。因此，教师应特别强调"在当时的情况下"和"一个富有爱心的小女孩"。对第二个问题，教师可以准备几张很好看的山水及人物、动物图片，目的就是让学生充分发挥想象力，通过对地球美好景象的想象，进一步感受到爱的巨大力量。在交流反馈中，教师会发现，学生的想象力是丰富的，他们的愿望也是美好的。此时，教师应抓住时机，让学生深情地读一读，这样既渗透了情感，又再一次有力地抓住了语言文字训练的契机。

③利用延伸点，设计练习

学生在阅读课文的过程中，在感受课文内容的同时，也会以自己全新的创意去延伸课文内容，教师应引导学生合理地展开想象，去发展课文情节、超越文本，产生新的效果。《钓鱼的启示》主要讲述的是小詹姆斯与爸爸出去钓鱼，他们在不允许钓鲈鱼的时间里钓到了一条大得简直令人难以相信的鲈鱼，经过爸爸的教海，原先不肯将鲈鱼放生的小詹姆斯终于把鲈鱼放回湖里了，这次钓鱼的经历让小詹姆斯懂得了不论在什么时候，不论有没有人监督，都要遵守规则，这是一个道德问题。尽管课文描写的是发生在外国的事，但借助文本的学习，我们可以引导学生以国际视野审视我们中华民族的精神。因此，教师可以在最后结尾处设计这样一个环节：给当地渔政所的叔叔阿姨写一封建议信。这样有助于培养学生积极的规则意识、环保意识和责任意识。

（3）课后延伸性作业

课后延伸性作业包括巩固性作业、拓展性作业、实践性作业、积累运用性作业和口语表达性作业。

①巩固性作业

主要是一些基础题，每位学生必须完成。可以是基础知识和基本技能的练习，如写生字、词语，背诵等，也可以是体现单元训练重点、课文重点的练习，如填空练习、按要求改写句子、摘抄好词佳句等。

②拓展性作业

我们可以针对课文内容及单元主题，设计相关的练习，如拓展阅读、广告创作、课文续写、方案设计等。如学习了李白的诗后，可以让学生查找他的代表性诗歌（至少6首并会背诵），再从中选择自己最喜欢的一首，详细解释诗句的含义，并根据诗句的含义为诗歌配上图画，有感情地配乐朗诵诗歌。当然，学生可以根据自己的特长、兴趣，自主选择作业的形式和完成方法。这类作业旨在让学生从文本中走出来，以达到"语文教学课内外联系、校内外沟通、学科间融合"的境界。

③实践性作业

语文学科是实践性很强的课程，应着重培养学生的实践能力，而培养这种能力的主要途径也应该通过实践去完成。实践性作业是连接课堂与社会生活的桥梁。实践性作业设计要体现几个结合：一是与课文及单元主题相结合，学完课文后，根据单元主题及文本特点布置适当的实践性作业。如教师在讲完"我们的画"后，可让学生走出教室，寻找秋天，选一处自己喜欢的景物画下来，然后在小组内介绍自己的绘画。二是与学生生活相结合，让学生在生活中学习语文，在语文中学会生活。如每逢节假日，建议学生做社会调查，帮助父母做家务，和父母去旅游；从广播中、电视上、报刊里和街头收集广告用语，自己尝试为某种产品拟写广告；开展调查错别字、调查环境污染活动；开展民俗大搜索活动。假期结束后，让学生汇报假期中的所见、所闻、所感。每到特殊纪念日，还可随机布置一些有意义的作业。如教师节，让学生给教师做一张贺卡，和教师说说悄悄话等。学生在完成实践性作业的过程中，能运用新知识、新理念去理解和解决各种实际问题，从中增加学科知识、增长才干。

④ 积累运用性作业

如学生在学习完一篇课文后，写上自己的学习心得、收获、体会，摘抄好词佳句名段，续写课文，仿写精彩片段，选择喜欢的词语连词成句，背诵课内外积累的优美句段、古诗词、自读课本中的小诗歌，收集与单元主题有关的故事，进行讲故事比赛等。这样的作业最具语文学科特点，也是最常见的作业，可以引起学生浓厚的学习兴趣和探求知识的强烈欲望，丰富知识，开阔视野，使学生的阅读范围越来越广，为更好地进行写作打下基础。

⑤ 口语表达性作业

这类作业适合于低年级学生，形式包括课本剧表演，看图说话，课文内容的补说、续说，优秀诗歌、散文等佳作的欣赏吟诵等。这类作业使学生的口语交际活动融入生活、融入社会，使学生的口语交际能力、待人处世的能力、言谈举止、表达水平等在实践中得到锻炼。

请看以下作业样本。

《九寨沟》作业

一、巩固性作业（必做题）

1. 选出带点字的正确读音，画对号。

咀嚼（jué   jiáo）　　　　窜出来（cuàn   cuān）

窥视（guī kuī）　　　　　松潘（fān pān）

2. 比一比，再组词。

宛（　　）　从（　　）　规（　　）　敢（　　）　离（　　）　令（　　）

碗（　　）　纵（　　）　窥（　　）　憨（　　）　禽（　　）　羚（　　）

3. 将下列词语补充完整。

清澈（　　）底　　色彩（　　）斓　　五彩（　　）纷

白练（　　）空　　（　　）无其事　　诗情画（　　）

4. 根据课文内容填空。

由此形成的一道道高低错落的瀑布，宛如（　　　　），（　　　　），（　　　　）。

雪峰插云，（　　　　），（　　　　），（　　　　）……九寨沟真是个充满（　　　　）的人间仙境啊！

二、自主性作业（选做题，从以下题目中自选 1～3 题）

1. 欣赏了这么美的风光，你想说什么？请你帮旅游公司给九寨沟写一句广告词。

2. 画一幅九寨沟风景图。

3. 以九寨沟为题材的文章还有很多，课后收集一下，举行"九寨沟美文朗读赛"。

4. 唱一首赞美九寨沟的歌。

5. 设计九寨沟的旅游路线图，并配上解说词，当一次小导游。

6. 作文：我心目中的九寨沟。

以上是季凌杰老师设置的课后延伸性作业，学生除了完成练习册上的基本题，还可以根据自己的特长、兴趣自主选择作业，或唱，或画，或写，通过阅读报纸杂志、上网查阅等方式来完成作业。这样做旨在让学生从文本中走出来，以达到"语文教学课内外联系、校内外沟通、学科间融合"的境界，丰富、完善学生的知识结构，同时充分发挥小组、家长、教师的力量。评价时，教师要关注学生巩固性作业的正确度，关注学生完成自主性作业的方法和技能，关注学生的情感和态度，及时发现学生的亮点，给予激励性评价，同时给学生必要的指导，使不同水平的学生都有所提高。

对作业的设置，不少教师都进行了探索。比如，温晓莉老师在教授《草船借箭》后，设计了这几项作业：①复述"草船借箭"的故事；②（以自己或诸葛亮的名义）给曹操写一封信；③（以同学或家长的名义）采访曹操、周瑜，并写下采访记录；④以"假如草船借箭可以重来"为题写一篇作文；⑤选读《三国演义》或有关三国的故事。学生根据自己的兴趣、特长来选择题目，提高了自主创新意识。

教师必须充分尊重差异，充分尊重每一个学生，信任每一个学生，帮助不同能力的学生，通过不同作业的训练引导他们吸取、探究知识，让每一个学生在不同的起点上获得最好的发展。

2.改革作业的评价方式

（1）评价方式的多元

要打破单一的等级评价方式，形式要活泼多样。一是评语激励，如对进步快的学生的作业，我们可以写上"你进步得真快啊，相信你能超过更多的同学"；对出现错误的作业，我们可以写上"如果你再仔细一点，会更棒"。二是符号评价，如奖励给学生一颗五角星、一朵小红花等。一周结束时，将这些五角星、小红花进行累计，评出本周的"作业能手"，还可以以小组为单位进行累计，评出本周的优胜组。另外，也可以把获奖的作业给学生相互传阅，并在橱窗内张贴，学生有了学习榜样，在完成作业的过程中也会更加自觉、认真。

① 分层评价，鼓励为主

对分层布置的作业，应采用分层评价的方式。只要学生完成了相应层次的作业，在自己原来的基础上有所进步，便可以得到肯定。这一颗颗五角星，一朵朵小红花，一句句充满期待、鼓励的话语，使学生产生了成就感，变得更加喜欢做作业。

② 亮点评价，激励当先

要尊重每一个学生，尤其是尊重他们的学习成果。评价时应尽量捕捉学生作业中的亮点，如有些学生的字写得好，有些学生的理解与众不同、富有创新精神，有些学生的作业质量高。对这些亮点，教师可以根据特点写上"好""你很聪明""你真棒"等评语，肯定学生的成绩，鼓励学生继续努力。

③ 多向评价，共同参与

传统的作业评价是教师单向的评价，学生处于被动地位，不利于学生纠正错误与培养学生自主学习的精神。我们将过去这种单一的评价形式改为学生自评、小组互评、教师总评等多向的评价方式，让学生也参与到作业评价中来，及时纠正自己的错误，指出别人的错误，正确评价自己与他人，掌握评价权，培养主动探索的主体意识。

（2）评价主体的多元

教师要把评价权交给学生、家长，要将教师的评价、学生的自我评价与学生之间的互相评价相结合，强调学生自我评价和相互评价。

布置作业是教学过程的重要环节之一，在教学过程中我们关注学生的个体差异和不同的需求，主动探索作业的设置方式并开展实践，取得了一定成效，但在把握作业的度和学生完成作业的方式方面，还需继续完善。

以下是几个优秀作业样本及案例。

全景作业　自主学习

【导学案】

《自己的花是让别人看的》全景作业方案

学习内容	《自己的花是让别人看的》	学习人		备课人	温晓莉
学习目标	1. 能够正确认读"脊梁""莞尔一笑""花团锦簇""姹紫嫣红""应接不暇""耐人寻味"，并结合具体语境理解其意思。 2. 了解一些德国的民族风情特点，有感情地朗读课文，积累优美的语言。 3. 在语言文字的训练中潜移默化地受到"人人为我，我为人人"的思想教育。				
学习重难点	1. 理解作者所介绍的德国风景与风俗特点。 2. 结合上下文与生活实际体会含义深刻的句子，从中受到启发与教育。				

学习内容	《自己的花是让别人看的》	学习人		备课人	温晓莉

| 课前预习 | 一、读课文
我已经把课文读了（   ）遍，做到了正确、流利。
二、学字词
默读课文，边读边用圆圈和横线分别画出生字及带生字的词语。
（一）我会读：下面的词语我都会读了。
家家户户　脊梁　莞尔一笑　花团锦簇　姹紫嫣红　应接不暇　耐人寻味
（二）我会记：下面的字我都会写了，还分别组了三个词写在了书上，并且不看书我也能给每个字组词。
脊　尔　锦　姹　嫣　暇
（三）词语理解：下面词语的意思我都理解了，有的写在了书上。
脊梁　莞尔一笑　花团锦簇　姹紫嫣红　应接不暇　耐人寻味
（四）了解主要内容：我会用简洁的语言概括课文的主要内容。
（五）词句积累：课文里有些优美的词语和句子，我用特殊的符号把它们画了出来，并做了简要批注。
三、收集作者季美林的资料 |

| 整体体验 | 一、体验导入，揭示课题
请学生读课题，抓关键字眼，分别读出个性化的体验。
二、检查预习，整体把握
（一）检查学生认读及理解生词的情况，课件出示词语。
脊梁　莞尔一笑　花团锦簇　姹紫嫣红　应接不暇　耐人寻味
（二）请学生根据课前预习的情况，说一说课文的主要内容并谈一谈阅读后的初步感受。
（三）请学生介绍作者季美林的相关资料，教师补充，引导学生找出课文的中心句："多么奇丽的景色！多么奇特的民族！"
（四）请一个学习小组读课文，其他组学生进行评议。
三、细读课文，批注文本
（一）学生根据自学提示细读课文，围绕"奇丽"和"奇特"两方面边读边在书上做批注，写一写自己的感悟，画出不懂之处。
（二）小组内交流自己的读书感悟，互相质疑解难。
（三）小组合作汇报展示学习成果，分别运用抓关键字眼、边读边想象、对比体会法、资料辅助法等不同的方式展示朗读和体验。
四、结合图片，朗读背诵
走过_____，抬头向上看，_____都是_____、_____。许多窗子连接在一起，汇成了_____，让我们看的人_____，_____。
五、巩固字形，指导书写
脊　尔　锦　姹　嫣　暇 |

(续表)

学习内容	《自己的花是让别人看的》	学习人		备课人	温晓莉
综合实践	一、听写词语，检查反馈 （一）听写本课词语。 （二）同桌互相检查、纠正。 （三）教师根据听写情况进行重点指导。 二、研读语句，深化感悟 （一）引导学生仔细阅读课文中含义深刻的语句，并认真揣摩其含义。 　1.人人为我，我为人人。我觉得这一种境界是颇耐人寻味的。（为什么说这种境界"耐人寻味"？生活中你有没有感受过类似的境界？） 　2.变化是有的，但是美丽并没有改变。（你是怎样理解"美丽并没有改变"的？） （二）引导学生总结理解句子深层含义的方法。 三、感悟方法，读写表达 （一）引导学生有感情地朗读课文第二、三自然段，体会作者是怎样写出景物、风情的特点的，揣摩语言文字的精妙之处。 （二）请学生围绕身边的一处景物写一段话，要求运用本文的写作方法及优美的语言文字，写出景物的特点，表达真情实感。 （三）交流评价。 四、总结收获，拓展阅读 （一）请学生谈谈学习课文之后有哪些收获。（从思想内容、表达方法、学习方法等多角度来谈） （二）阅读链接：《重返哥廷根》《海棠花》。 深入解读"美丽并没有改变"的含义。				
课后延伸	积累语言： 赠人玫瑰，手有余香。 有一份快乐给两个人分享，就变成了两份快乐。 分享是一种博爱的心境，学会分享，就学会了生活。 …… 继续收集德国民族风情的文字、图片资料等。				

【设计说明】

1.指导思想及设计意图：本导学案涵盖了全景作业的课前预习、课中巩固与课后延伸三部分，对学生学习本课具有重要的指导意义。

课前预习重在让学生在预习的过程中清除字词障碍，对文章的主要内容、写作方法等方面有初步的感知，并发现问题，带着问题进入课堂，这样学生听课时有目的性，讨论、解决问题时有针对性，能使学习目标顺利实现，学习重难点得以突出和解决。课中巩固的主要目的是在教师引导、学生小组合作基础上让学生"单干"，让他们发挥最大的能量，得到最大的收获。课堂上的学习是扎扎实实定了一个圆心——让学生真切地感受到德国景色的奇丽、民族的奇特。以此为圆心，课后就要画一个大圆——阅读《重返哥廷根》《海棠花》，继续收集德国民族风情的文字、图片资料等。应该说，课前预习真正培养了学生的自主学习习惯和自学能力，达到了"以学定教，同案协作"教学模式的追求目标，起到了举足轻重的作用。

2. 学生操作方法：学生在前一天晚上自学导学案的课前预习部分，在整体体验课与综合实践课上随机进行巩固性练习，课后进行延伸学习。

3. 评价标准：

（1）评价方式：语言与符号相结合。

（2）评价主体：教师、小组与学生相结合。

（3）评价内容：

① 关注学生对待本次作业的态度（书写为主）与完成的正确度，通过课堂内字、词、句训练与阅读课文来达成。

② 关注学生在完成作业的过程中（小组合作交流）表现出来的思维方式与合作能力，把握思维对话的效度与广度。

③ 关注学生在完成作业的过程中表现出来的情感与态度，及时给予激励性评价，力求使学生心智、品行获得全面发展，达到人文教育的目的。

【学生作业样本呈现】

1. 学生已做过的作业（学生代表的作业图片）。

2. 教师的批改及评语（针对不同层次的学生呈现两份小练笔，上有教师的批改及评语）。

【作业样本评析】

1. 学生作业质量的评价（将学生的书写与正确率相结合，针对点滴的进步及时给予激励性评价，分为优、良、中三个等级）。

2. 学生实际作业中表现出来的特征（不同层次的学生表现出不同的特征，教师根据学生的特点让学生有选择地做作业）。

3.肯定优缺点或提出改进意见（见实例）。

（1）课前预习作业部分实例材料

① 学生正在朗读课文，每人至少读两遍，力求做到不添字、不丢字、不错字、不回读。学生边读边用圆圈圈出生字，用横线画出生词。

② 学生将课本上每个生字分别组三个词。

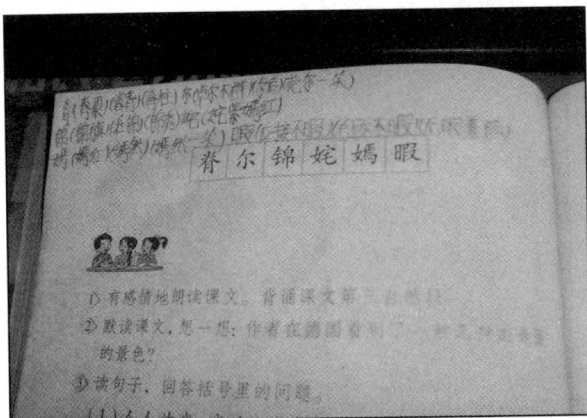

③ 学生将优美的词句用自己喜欢的特殊符号画下来，并做简要批注。

④ 学生正在收集作者季美林的资料。

（2）整体体验与综合实践作业部分实例材料

① 学生在自学过程中做的批注。

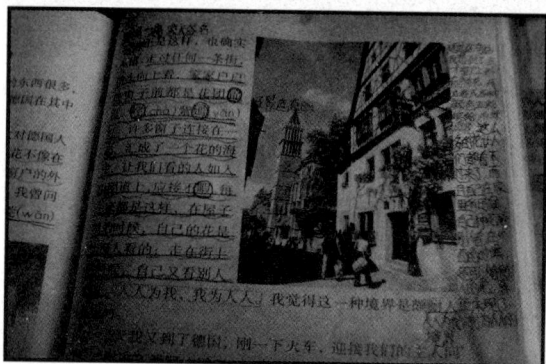

② 小组合作展示朗读（边读边想象、组员齐读）。

③ 学生做的课堂小练笔（两份不同层次学生的作业）。

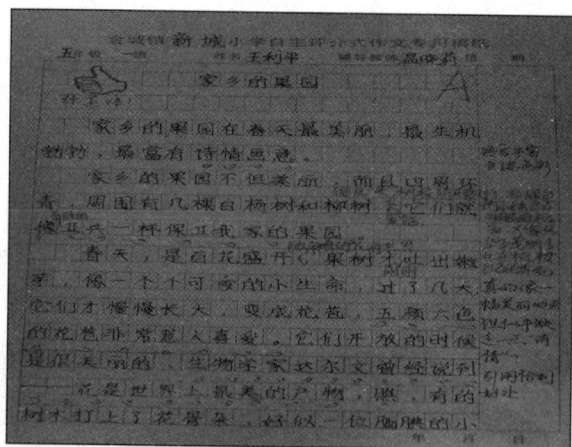

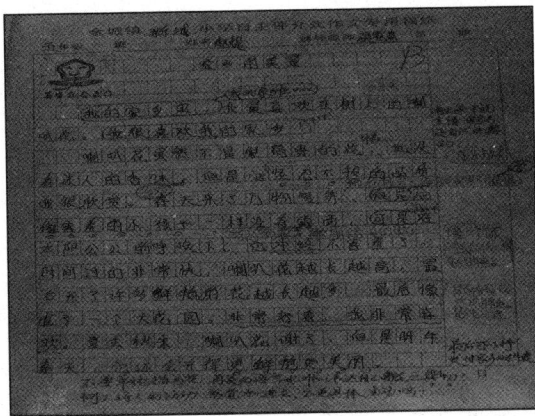

（3）课后延伸作业部分实例材料

① 阅读《重返哥廷根》《海棠花》，深入理解"美丽并没有改变"的含义。

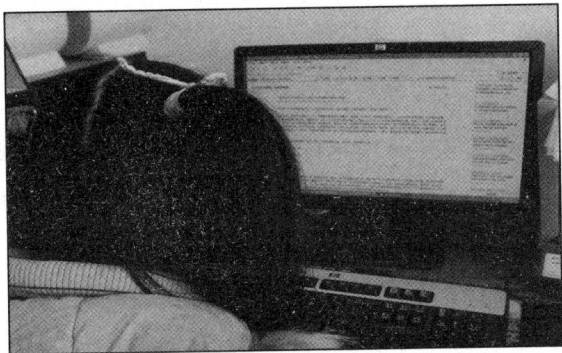

② 学生课后收集的有关德国民族风情的文字资料。

风格各异的酒吧

在德累斯顿的广场两侧，有许多风格各异的酒吧，每家酒吧都装饰得古色古香、清雅宜人，整洁的小桌上摆放着精致的小花。休闲而放松的人们，一边喝啤酒一边聊天。老板穿着古典民族风情服装，热情地接待每位客人。在易北河畔的凉亭上有许多艺术家：有画师，在描绘易北河沿岸的美丽风光；有卖艺的艺人，如果你投了钱，他们就会开始表演……在这里，古雅气氛和现代文明融为一体。

奇特的婚俗

在街上，我们在几天内有幸碰到三位准新娘。每位准新娘都穿着便装，只是在头上戴着简单的婚纱头饰，她们周围都有一群女友相伴。遇到第一位准新娘时，我们正在街上拍照，她和她的女友主动走过来和我们打招呼，并且介绍她就要结婚了，按照当地的习俗，这是她在结婚前最后一次和她的闺中好友在一起，她们在介绍时异常激动。随后她们邀请我们和她们拍照，并让我们在准新娘的白色T恤上用汉语签上我们的名字。另外两位准新娘都是在街上拿着一个小篮子，里面有各种小东西，有饮料、女孩子用的小饰品等，你只需出1欧元，就可以随意挑选篮子中的一件东西。通过交谈，我们了解到，这里的人常常在婚礼前把自己简单打扮一下，然后准新娘和自己的女友、准新郎和自己的男友上街将自己单身时用过的一些东西摆个摊、提个篮子出售，路人一看就知道他们要结婚了，很多人会出钱买，买的人越多预示着准新娘或准新郎的兆头就越好。另外，按照德国的风俗，结婚的前一晚，准新郎或准新娘的朋友会给他们布置一个奇怪的任务，然后男人们陪着准新郎或女孩们陪着准新娘去完成这个任务。比如，准新娘扮成魔鬼的模样去收集陌生人的袜子，以花1欧元得到准新娘的一个吻的方式来收集青年男子的吻等。

小门大窗户的建筑

在德国，我们发现居民住宅建筑有一个特点：门小，窗户特别大，而且在建筑物的顶侧有一个很大的铁钩。这种独特的建筑方式来源于很早的习俗，为了方便家具进出，有利于通风照明。另外，一直以严谨著称的德国人，对窗户也要求严谨，家家户户基本上都是用八字形白纱窗帘，在窗台上摆放着各种各样的小花和一些别致的小装饰，而且基本都是面朝外的。在街上，你可以随时欣赏到这种别致的装饰。居住在高速公路旁的居民们还把厨房、卫生间、浴室这些不需要太多阳光的房间都造在靠马路一侧，配上特制的窄小密封式窗户，而卧室、起居室则面向背对公路的一侧，开大窗户。这样，建筑物内部的院子在躲开噪音的同时也得到了充足的光线。

涂 鸦

在德国，在一尘不染的城市街头，在风光秀丽的旅游胜地，甚至在停靠车站的火车车厢外壳上，都时常会出现一处处刺眼的乱写乱画图。原来德国人爱乱写乱画，涂写的内容五花八门。我们发现，德累斯顿几乎所有废旧的建筑物上都有乱写乱画的"点缀"，这让人不禁想起德国统一前柏林墙上的各种图画，西边的人民希望在那道灰色水泥墙上大肆"粉饰"，以发泄他们的不满。"冷战"虽已过去，建筑物上的"创作"却变本加厉：有的是奇形怪状的卡通造型，有的是愤世嫉俗的宣言，有的是各种各样的德文字母，还有一些人把乱写乱画作为向人示爱或表达仇恨的手段。但是，似乎所有路人对这些建筑物上的乱写乱画都满不在乎，看都不看一眼。在德国，涂鸦有很多"规矩"，如政府、宗教、公共、历史建筑及明示"严禁涂鸦"的建筑物不能喷，而灰不溜丢的粉刷墙、水泥墙以及样子丑的废旧建筑物则必须喷。可以说，正规的涂鸦都会适时、适地地出现，而随便在墙上签个大名或违反上述规定的，大多是不守规矩之辈。支持涂鸦的是德国文化中一个十分重要的词——容忍，只要不违反法律，不干涉他人自由，每个人的思想都会得到尊重。这就是涂鸦行为得以生存，并被很多人冠以"涂鸦艺术"的原因。

弹性作业　灵性收获

【引子】

师：今天的语文作业是……（教师还未说完，学生已经接上了话）

生：（异口同声）第136页的生字抄写三遍。

师：（甚为满意）对了，回去好好抄。

生：（边收拾书包，边说）唉！每天都要抄生字，真烦！

【启示】

千篇一律的作业设计模式，使学生已经在无形中形成了一种思维定式。作业布置对学生而言，毫无新奇感，他们所需做的仅仅是按部就班地把作业完成，没有热情，更没有创新。曾几何时，语文作业被机械而枯燥的抄写所占据，学生在名目繁多的抄写作业中渐渐失去了学习语文的兴趣与热情，甚至有的学生对语文学科产生了厌烦心理。由此，也引发了我的一些思考：我们的作业设计到底怎么了？由作业的枯燥乏味而引发学生学习热情的降低，这样的作业还有存在的理由吗？语文作业在语文教学中究竟扮演着怎样的角色呢？

课程改革的深入开展引发了教育者对作业设计的反思，一些新的作业设计理念也呼之欲出。而语文新课标中"以学生发展为本""激发学生兴趣，发展学生潜能，发展多元智能""关注学生的终身可持续发展"等理念的提出，更是给我们沉寂的作业设计注入了新鲜的血液。在实际的教学实践中，我也尝试着改革旧有的作业设计模式，探索出让学生真正喜欢语文学习、发展语文能力的作业设计新思路。

【探索】

我在教授《美丽的小兴安岭》一课时，设计了如下作业：

A. 摘抄我最行：我要把课文里的好词好句抄一抄。

B. 朗读训练营：我要把这篇课文流利地读给爸爸妈妈、老师同学听。

C. 免费旅游团：今天我做小导游，带大家去游览美丽的小兴安岭吧！

D. 习作大考验：这篇课文把小兴安岭写得多美啊！我也要用自己的语言写一写它的美丽。

E. 资料大收集：小兴安岭还有好多有特色的地方呢，我们一起查查资料，一起走进小兴安岭吧！

A 类作业属于基础知识类作业。语文的音、字、词、义等基础知识是学生进一步学习语文知识的基础和前提条件，因此布置此类作业有利于学生进行语文基础知识训练和形成系统的语文知识。语文新课标指出，语文教学要丰富学生的语言积累，使他们具有初步的听说读写能力，养成良好的语文学习习惯。祖国语言博大精深，教材中更是蕴含着丰富的语言词汇，因此，注重语言的积累与运用能使学生打下坚实的语言根基。

B 类作业属于朗读感悟类作业。低中年级正是形成良好的语文学习习惯的最佳阶段，而朗读对培养语感、领悟作者感情基调起着非常重要的作用。

《美丽的小兴安岭》一课，语言生动优美，词汇丰富，是训练朗读的好文章。然而仅靠课堂教学中有限的时间进行朗读是远远不够的。由此，我让学生把课文流利地读给爸爸妈妈、老师同学听。低中年级学生自制力较差，需要家长与教师的指导和监督。由此，我在平时的教学中特地为他们的朗读作业设计了一张《学生读书情况登记表》，每天对学生朗读情况做好统计：读给教师听，得五颗星；读给爸爸妈妈听，得四颗星；读给同学听，得三颗星。这张有着竞争机制的朗读情况反馈表，大大提高了学生的朗读积极性和朗读水平。

C类作业属于口语表达类作业。这类作业旨在让学生将从课文中习得的内容融入自己的语言体系中，向他人介绍美丽的小兴安岭，借此培养自己的创新能力和口语交际能力。语文新课标提出："口语交际能力是现代公民的必备能力。应培养学生倾听、表达和应对的能力，使学生具有文明和谐地进行人际交流的素养。"因此，我巧妙地利用教材中的口语交际情境，激发学生进行交际的兴趣，有效地利用家庭环境这一教学资源，让学生把所学知识与现实生活情境相联系，从教材走向社会，进而使学生感悟生活，将文中的话变成自己的话，使语言表达能力得到提高。

D类作业属于写作训练。从语文新课标对学生写作的要求来看，注重培养学生的写作兴趣和自信心，鼓励学生写想象的内容已成为低中年级语文写作教学的倾向。《美丽的小兴安岭》一课优美的语言、丰富的词汇，让学生产生无限遐想，也给学生的写作训练提供了鲜活的范本。而引导他们将所学知识内化为自己的语言，将阅读与写作有效地结合起来，不但可以培养学生的想象力，还可以培养学生的创新思维。

E类作业属于拓展性作业。随着我国基础教育课程改革的深入发展，人们逐渐把教材作为引导学生认知发展、生活学习、人格构建的一种范例。语文教材应是人类文化积淀中最具代表性、最有价值的精华部分，而学生的认知并不是仅仅停留于此，他们需要体认更博大的文化内容。这就要求教材的编写具有生发性、范例性，以利于学生由"一叶"而联系到"秋"。这正是我们所应持的教学观。基于这种认识，我设计了"资料大收集"这一项作业，让学生通过自主学习、合作探究，走进祖国的秀美河山，进而产生对祖国的热爱之情。

在本课的作业设计中，我力求体现层次性、选择性、合作性，考虑每一个学生的语文能力发展需要，既有基础性作业，也有提高性作业，努力发展学生的潜能。学生在多样化的作业中，兴趣盎然地投入富有创造性的活动中，乐做爱学，语文能力也得以提高。也正是在开放性的作业中，学生才擦出了创新思维的火花，写下"小兴安岭的葡萄像无数闪着光芒的珍珠挂在翠绿的叶子下，让我忍不住想把它们捧在手里"等充满着灵性的文字。

【反思】

语文学习的外延应是宽泛的，学生应在更深广的语文学习领域里提高自己的语文能力，遨游于语文知识的广阔海洋。因此，我认为，作业设计要发挥广阔的教学资源优势，体现层次性、选择性、合作性的原则，努力为发掘每一个学生的潜能服务。唯此，语文作业才能走出机械重复、单调封闭的怪圈，学生才能获得充满着创新精神的灵性。

2.假期学科实践性作业的设置的研究

假期学科实践性作业是日常教学工作的重要组成部分，不能游离于教学之外。每个假期的前两周，学校都要根据教学需要、学情及假期特点等制订学生假期生活指导意见，年级学科教研组拟订具体的作业主题、作业内容及作业形式。我们要求假期学科实践性作业设计要本着实践性、开放性、拓展性、应用性的原则，立足课程标准与教材，满足学生的发展需求和社会需求，在社会与生活的大环境中培养学生的各种能力。教师要加强假前指导，让学生明确作业内容及操作方式。教师要以行政村为单位划分学生学习小组，为学生提供方法指南等。假期学科实践性作业讲求关注生活、关注时事、关注历史、关注文化、关注地理、关注天气。语文实践性作业要在细化阅读研究课程标准、系统研究学生学段教材、严谨分析当前学生学习需求的基础上进行设计。数学实践性作业设计要注重引导学生发现与认识生活中有趣的数学现象，尝试用数学思维方法解决生活问题，从中体会数学的价值和意义，做到内涵丰富，形式活泼，具有实践性、求索性、趣味性。下面通过学生寒假实践性作业设置方案来展现我们的具体做法。

一年级语文寒假实践性作业设置方案

亲爱的同学们：

寒假即将开始，为了在假期中巩固你们所学的知识，又能让你们得到更多的新收获，请在家长的帮助下认认真真地完成下列作业吧！记住，开学时一定要把丰硕的成果带回来，和伙伴们交流分享呀！

一、争做"诵读星"

1. 我爱读书

请从以下推荐书目中至少任选3本，同家长一起，坚持每天阅读半小时，并做好3～5份"亲子阅读卡"。

推荐书目见"亲子阅读推荐书目"。

评价标准：A：4～7本；B：2～3本；C：2本以下。

2. 我爱背诵

请用心背诵下面的古诗，比比谁背诵的古诗最多。

（《九月九日忆山东兄弟》《静夜思》《古朗月行》《望庐山瀑布》《赠汪伦》《黄鹤楼送孟浩然之广陵》《早发白帝城》《望天门山》《别董大》《绝句》《春夜喜雨》《寒食》《江畔独步寻花》《枫桥夜泊》《滁州西涧》）

评价标准：A：15首；B：12～14首；C：12首以下。

二、争做"写字星"

1. 习字内容：一年级语文下册1～3单元中的生字。

2. 习字方法：

（1）选择《司马彦字帖》(一年级下册)，直接在字帖上练字。

（2）每天拿出10～15分钟的时间进行练习，每天选取两个字，认真练写两行。

3. 开学后把你的成果带来，在全班展示和评比。

评价标准：A：8～10 张；B：5～7 张；C：5 张以下。

二、争做"识字星"

办一份认字剪贴报。

要求：准备一张八开的白纸。从没有用的报纸、广告或者说明书上剪下自己新认识的字贴上去，做成剪贴报，如果能稍做装饰更好。然后在右下角写上班级和名字，开学初带到学校参加评比。注意，每份剪贴报剪贴上去的字不少于 20 个，而且要能读出来。

评价标准：A：18～20 个；B：15～17 个；C：14 个以下。

四、争做"写话星"

自由选择内容（可围绕假期的生活来写，如和妈妈一起采购年货、去给长辈拜年、出去玩所看到和想到的、读书的收获等），完成写话练习。要求：书写认真，内容详细，写在新发的田字格本上，不会写的字用拼音代替。

评价标准：A：8～10 篇；B：5～7 篇；C：5 篇以下。

一年级语文寒假实践性作业完成情况评价表

项目	自评	评价标准	家长评价	教师评价
争做"诵读星"	我共读了（　　）本课外书，分别是《　　》《　　》《　　》《　　》。其中我最喜欢的是《　　》，因为＿＿＿＿＿＿	A：4～7 本 B：2～3 本 C：2 本以下		
	我共背诵了（　　）首古诗，我最喜欢的诗句是＿＿＿＿＿＿	A：15 首 B：12～14 首 C：12 首以下		
争做"写字星"	我共练习了（　　）个生字，瞧，这是我最满意的 12 个生字。	A：8～10 张 B：5～7 张 C：5 张以下		

（续表）

项目	自评	评价标准	家长评价	教师评价
争做"识字星"	我又认识了（　　）个生字，不信就考考我吧！	A：18～20个 B：15～17个 C：14个以下		
争做"写话星"	我共写了（　　）篇观察日记，这篇是我写得最好的。	A：8～10篇 B：5～7篇 C：5篇以下		

说明：请根据评价标准对孩子的作业完成情况进行评价，评价等级为A、B、C。

三年级语文寒假实践性作业设置方案

"黄龙辞旧岁，金蛇迎新春。"亲爱的同学们，我们中华民族的传统节日——春节，正在向我们招手呢。你打算怎样度过寒假呢？老师希望你们在享受快乐节日的同时，认认真真地完成老师布置的任务，成功闯关，老师在假期后期待着你们。

第一关：天天习字

能写一手漂亮的好字是一个人的骄傲，你想拥有这份骄傲吗？描一描，写一写，只要坚持，相信你一定能成功。开学后，我们要在全班展示和评比哟！

评价标准：能认真、规范地临摹并书写60个字，可得A。

第二关：亲子阅读

"读书破万卷，下笔如有神。"我们读书的方法有三到，谓心到，眼到，口到。让我们多读有益的书籍，丰富自己的知识吧！

评价标准：养成每天读书的习惯，能阅读规定的书目，写两篇以上的读后感，认真做好3～5份"亲子阅读卡"，可得A。

第三关：日积月累

"不积跬步，无以至千里；不积小流，无以成江海。"同学们，让我们养成积累的好习惯吧!

1.背诵10～15首古诗。

(《乌衣巷》《鹭鸶》《赠道者》《秋夜曲》《哭晁卿衡》《山中送别》《题李凝幽居》《归雁》《画眉鸟》《孤雁》《十五夜望月寄杜郎中》《秋夕》《月夜忆舍弟》《望岳》《忆西湖》《长城》《送友人》《赠范晔诗》)

2.收集描写春天、冬天的词语或优美段落,各8～10个(段),并背诵下来。

评价标准:能积累并背诵有关内容,让家长按要求检查,可得A。

第四关:拓展运用

评价标准:能留心观察生活,写出1～3篇语句通顺的观察日记,可得A。

三年级语文寒假实践性作业完成情况评价表

内容	作业要求	完成情况	家长评价	教师评价
天天习字	每天练写2个字:先在字帖上把每个字临摹一行,再在田字格本上把每个字写4遍。	我一共练写了(　　)个字。我对自己的评价是＿＿＿＿＿		
亲子阅读	每天安排1小时阅读时间:从推荐阅读的书目中至少选3本书,并完成3～5张"亲子阅读卡"。	我共读了(　　)本书,其中我最喜欢的是《　　》,因为＿＿＿＿＿		
日积月累	请按要求完成积累内容。	我背诵了(　　)首古诗,(　　)个句段。		
拓展运用	假期生活丰富多彩,请你留心观察,选择印象深刻或感兴趣的人和事来写一写,并用上自己积累的好词好句(1～3篇)。	我共写了(　　)篇观察日记,我认为最好的一篇是＿＿		

二年级数学寒假实践性作业设置方案

亲爱的同学们:

祥和而又充满喜庆的寒假如期而至,为了让大家能度过一个愉快又充实的寒假,老师为大家准备了一份数学实践性作业,你能圆满完成吗?老师相信你一定能行!

一、操作类

选择一个你喜欢的地方,按实际方位绘制一张平面图,并向你的朋友介

绍一下这个地方。（画到 A4 纸上，并涂上颜色）

二、实践类

在家长的陪同下，到附近的超市去购物，写出购物的过程，然后根据实际问题进行计算。请仿照下面的例子在作业纸上填写表格。

日期	购物过程描述	计算
1 月 20 日	今天，我拿了 10 元钱去超市买卡纸，每包卡纸 2 元钱，我买了 2 包，还剩多少钱？	$2 \times 2 = 4$（元） $10 - 4 = 6$（元）

三、计算类

假期中坚持每天进行 5 分钟口算练习，每次 40 道题，整个假期中不少于 20 次。书写规范认真，计算细心正确（专门做到一个本子上）。标准：5 分钟内做对 35 道题以上者为"口算明星"，能做对 40 道题者为"口算大王"。

开学前，将自己的寒假实践性作业进行整理，并和家长一起对寒假作业做出合理的评价。

二年级数学寒假实践性作业完成情况评价表

内容	作业要求	完成情况	家长评价	教师评价
操作类	选择一个喜欢的地方，按实际方位绘制一张平面图。	我是这样向朋友介绍这个地方的：_____ _____		
实践类	和家长去超市购物，写出购物过程，并进行计算。	我和家人一共购物（　　）次。通过这个活动，我的收获是___ _____		
计算类	每天进行 5 分钟口算练习，每次 40 道题。	这个假期我共进行了（　　）次口算练习，5 分钟内我能做对（　　）道题。		

说明：请根据作业完成情况对学生进行评价，优秀为 5 颗星，良好为 3 颗星，一般为 1 颗星。

四年级数学寒假实践性作业设置方案

亲爱的同学们：

快乐的寒假开始了！在假期中，请你们在家长的指导下完成下面的活动，相信你们一定会有所收获。

一、小小采购员

1.同学们，和家长一起去采购吧！请记录下采购的商品的真实价格。

（1）常见肉、蛋及蔬菜价格统计表（每500克的价格）

物品名称				
单价				
物品名称				
单价				

（2）其他生活用品的价格统计表（单位：盒、袋、个等）

物品名称				
单价				
物品名称				
单价				

2.在购物的过程中关注一下物品的单价、数量和总价，感悟一下生活中的数学，在记录数据的同时，至少写一篇数学日记，写在作业纸上。

二、口算小明星

1.坚持每天进行小数口算练习。买口算本的同学每次一页，共计完成30页；抄在纸上做的同学每次至少20道题，共计30次。注意记清日期、口算时间，同时要保证正确率。

2.在下学期开学初，老师将对你进行口算测试，并将根据以下标准，评出"口算明星"和"口算大王"。

标准：5分钟内做对35道以上小数口算题者为"口算明星"，能做对40道题者为"口算大王"。

打造以人为本的教学文化，开启生命智慧

四年级数学寒假实践性作业完成情况评价表

内容	作业要求	我的收获	家长评价	教师评价
小小采购员	和家长采购，并记录商品的真实价格。	通过购物，我的收获是_____ _____		
口算小明星	每天坚持口算练习，记清日期、时间，确保正确率。	这个假期我共完成了（　　）次口算练习，5分钟我能做对（　　）道题。		

说明：请根据作业完成情况对学生进行评价，优秀为5颗星，良好为3颗星，一般为1颗星。

三年级英语寒假实践性作业设置方案

亲爱的同学们：

一年一度的寒假又如约而至。除了要和家人过一个愉快而温馨的新年，也不要忘记英语这位好朋友啊。希望大家学与玩相结合，认真完成实践性作业，并填好以下表格，开学后与作业一起交上。大家努力啊！开学后我们可要进行大比拼哦，看看谁的作业最棒！

祝愿大家都拥有一个多姿多彩的寒假！ Best wishes for you！

一、做一做。做一张英文贺卡送给你的亲人或朋友。

二、贴一贴。收集英文商标、有趣的字母组合，剪贴或画在16开纸上。

三、学一学。预习1～3课的内容，学唱其中的一首歌曲。

三年级英语寒假实践性作业完成情况评价表

周次	作业内容	自评	家长评
1	做一张英文贺卡送给你的亲人或朋友。		
4	收集英文商标、有趣的字母组合，剪贴或画在16开纸上。		
5	预习1～3课的内容，学唱其中的一首歌曲。		

说明：评价时，优秀请画5颗星，良好请画3颗星，一般请画1颗星。

第三节　尊重个体差异，打造生本课堂

课堂永远是学校教育教学的主阵地。以前我们的课堂是教师的讲堂，教师在上面讲，学生在下面被动地听。全班统一进度，统一作业，统一授课内容……由于这些统一是基于中等生的，久而久之，课堂上教师讲得津津有味、头头是道，而学生呢？要么死气沉沉，要么乱动不听讲。造成这种现象的原因有两个：学优生"吃不饱"，早学会了，就不愿意听讲，甚至做出违反纪律的事情；学困生"吃不了"，听不懂，要么昏昏沉沉，要么乱动乱说违反纪律。

传统的课堂是以教师为中心的"师霸"课堂，而新的教育思想和教育理念呼唤以人为本的课堂。当差异教育被引入中国，我们在"九五"期间大刀阔斧地进行了课堂教学改革，开展了异步教学实验研究，组织实验教师编写了教材，全校每个班基于学情将学生分为A、B、C三类进行班内异步教学。这项改革遵循了教育规律，尊重了学生的主体地位。随着时代的发展，教育也要顺应这种发展，差异教育要走出单一的显性的课堂形式，进入隐性的多样的课堂形式。这时的差异教育更注重基于学情的内涵的把握，更重视生命个体的发展。我们在课堂教学改革的路上且思且行，且行且思，与时俱进，践行学校"让每个生命像鲜花一样怒放"的办学理念，提出了"生本课堂"的概念。

学生是教育的对象，是一个个鲜活灵动的生命个体，是千差万别的。我们的教育要以学生为本，满足学生学习和发展的需要。"差异教学追求的价值不是考试分数和升学率，而是每个学生的最大限度的发展，是全体学生都接受有效的高质量的教育，追求的是真正意义上的教育机会均等。"（华国栋《差异教学策略》）多年来，我们一直正视差异、尊重差异、发展差异，全力打造生本课堂。生本课堂是一种教学形态，体现了以学生的发展为本的教育理念，体现了以学定教的教学理念，重视了学生的差异。

我校着力于构建生本课堂教学策略。这里所指的教学策略是以学生的学习共性及个性差异为出发点和着眼点，也就是要适合学生的学习共性和个

性，适应他们的学习现状及差异需要。

一、范型构建，承载生本课堂

近几年，我们一直致力于研究生本课堂。所谓生本，就是以学生为本、以生命为本。我们始终把促进每个学生最大限度的发展作为宗旨，在差异教学领域，班级课堂教学可概括为分类复式、点式互动两种基本范型（课堂教学组织形式或学生课堂活动状态）。为了有效地开展和进一步规范班内差异教学，多年来我们在班内差异教学实践的基础上，结合当前学科课程的教学实际，提出了分类复式教学和点式互动教学的实施建议。

（一）分类复式教学

分类复式教学，是在教师分析和把握不同认知能力的学生对具体学习内容的适应程度的前提下，将班内学生划分为不同学习发展类型，并采取不同教学速度、不同教学方式、不同教学质效的教学范型，也可以称为"班内异步异式异质教学"。

在数学等知识逻辑性强、具有明显的线性教材结构的学科课程的教学中，尽管教学内容（如起始性教学内容、并列性教学内容、递进性教学内容、后继性教学内容）的性质不同或教学活动（如新授课、练习课、整理复习课、矫正补偿课）的性质不同，但都应遵循"三不教"原则（学生已经知道或者一学就会的，教师不教；学生通过深入思考能够独自学会的，教师不教；学生通过相互研究探讨能够学会的，教师不教）。教师应在系统地把握教材、深入透彻地理解教学内容、尊重并摸清学生认知能力差异的前提下，实行分类复式教学。

1. 分类复式教学需把握的四个要领

分类复式教学这一范型最突出的特征可以概括为"分类分组复式、异步异式构建"。在实际教学过程中，教师应做好分类调控，保证"面"的有机统筹与"点"的有效观照。具体地讲，教师要灵活把握以下四个要领。

（1）学生分类

分类复式教学应根据学生对不同的新授课学习内容的适应程度的差异而

灵活地进行，一般可以以新授课前对学生必备的认知前提的测查结果为主要依据，将学生分成 A 类（认知缺陷较严重的学生，一般情况下，这部分学生应该是少数）和 B 类（非实质性认知缺陷的学生）。不提倡在学期或学年内将学生固定在某一个类别中。课前分类至关重要，这是良好的开端。

（2）复式教学

进入学习情境（问题情境），师生共同梳理、提炼出要解决的新的知识点之后，教师组织分类复式教学。B 类学生可以根据教材中的相关学习提示（或者专门的导学提纲）自主学习新知识，并完成教材上的基础性练习，同类学生之间可以相互交流学习成果。A 类学生可以在教师的重点关照下，从必要的铺垫题目开始，采取低速度迈进、小步子攀升的方式，自主学习新知识。

（3）差异融合

在 B 类学生自学并完成基本练习、A 类学生顺利学习新知识之后，应搞好两类学生的差异融合。比如，组织 A 类学生展示学习成果，同时让 B 类学生交流学习方法，师生共同针对学生提出的有价值的问题或者围绕核心话题展开讨论，在师生对话、生生思维碰撞的过程中梳理思维方法，建立新知识网络。

（4）课堂练习

教师可以布置分类练习，促进学生差异转化、课内达标。比如，A 类学生可以完成教材上的基础性练习，进行巩固强化；B 类学生可以进行适当的提高或拓展练习。

2. 分类复式教学需关注的六个问题

分类复式教学旨在引导学生在正确地认识自我的前提下，通过课内的量力而学和差异达标，增强学习的自信心，培养自主学习能力，逐渐养成合作、反思的意识和习惯。在教学中除了把握以上四个要领外，教师还应关注以下六个方面的问题。

（1）确定适用范围

并不是所有教学内容都适合或必须采取分类复式教学，只有当新的教学内容与已有的知识点或经验之间存在着密切的逻辑关系时，才可以结合学生的认知差异，实行分类复式教学。

（2）应在课前做好备课

备课的重点有三方面内容。一是测查题的设计，新授课前测查目标要明确，测查点要准，测查题目应精要。二是给 A 类学生的铺垫题应起到"补""铺""导"等作用；如果有必要给 B 类学生设计导学提纲，则一定要体现引导性、趣味性。不管是铺垫题还是导学提纲，其自主探究的要点都应明白、准确，应真正触及学生的思维，真正有利于生成并推进课堂中的思维对话。三是练习题的设计，全体学生都应完成的巩固性基本练习题应以教材提供的为主，给 B 类学生准备的提高拓展题应把握好难度和数量，不可无原则地拔高。

（3）分类不应固定

新授课前的学生分类要以与课内新知识点相关的认知水平为依据。因为不同学生对不同单元甚至不同性质的教学内容的适应程度是不同的，所以不要搞学期或学年的固定性分类。

（4）分类复式不同于严格意义上的复式教学

第一，分类复式并非绝对的分化式、隔绝式教学，教学过程中应注重 A、B 两类学生必要而有机的融合；第二，在教学方式和学习方式上，相对于 B 类学生独立性较强的自主学习，A 类学生实质上进行的是低起点、低坡度、低速度、小步子的自主学习，教师只是给予重点关照而已，即采取相对集中的小组教学的形式，以个别启发辅导、关键处点拨的方式，引导 A 类学生开展适合其认知现实的自主学习。这样，对 B 类学生的自学干扰也可能会小一些。

（5）应注重课堂教学过程中的学情调研与调控

课堂教学过程中的学情调研与调控包括新授课前的认知前提测查与即时分类，分类复式教学中 A、B 两类学生的学习活动进程及其具体情况掌控，差异融合中学生学习差异的现场把握与关照，A、B 两类学生达标情况的掌握及重点辅导等。教师要全程关注认知能力之外的其他差异因素，如方法、需要、性格、气质等，最大限度地实现两类学生的异步异式异质学习。因此，这种差异教学范型更适合于"经验—智慧"复合型教师。

（6）合理安排学生的座次

教师可以根据分类复式教学需要，在新授课之前对学生的座次做适当的小幅度调整。原则上，既要保持学生座次的相对稳定性，又要有利于进行分类复式教学。

3.尊重差异，调整课堂教学策略

（1）文本重组，拓展外延

教学过程中，教师时常感觉时间紧张，不能按计划完成教学内容。其实在课堂上，有时我们在不经意间浪费了许多时间，一些简单的知识点占用了不少的时间，如B类学生已经掌握的知识等。那么我们如何能够集中更多的时间和精力研究那些有深度的问题呢？如何能让学优生的学习内容得到最大化的拓展呢？这就需要创造性地使用教材，并适当进行文本重组。杨晓玲老师在运用导学提纲，进行"大单元差异教学"时进行了尝试。

第一课时，在引导A类学生借助导学提纲矫正补偿，低起点、小步子学习的过程中，放手让B类学生借助导学提纲，将各知识点联系比较紧密的两到三个信息窗或单元，在一节课内整体感知，在教师的指导下完成学习任务，自主构建知识网络。

例如，在教授"分数加减法"时，教师通过课前检测发现，B类学生对分数的基本性质、求最小公倍数等知识掌握得很扎实，完全可以进行通分知识的自学。并且，他们掌握通分知识后，发现两个分数的分数单位相同，就成了同分母分数，还可以进行加减法的运算，便顺理成章地学会了异分母分数加减法的知识，将这两部分知识融合到一起，在头脑中形成了知识之间的纵向联系。而A类学生对分数的基本性质、求最小公倍数等知识掌握得不好，因此需要进行补偿性练习，教师为他们出示一份矫正补偿导学提纲，让他们在矫正补偿之后再进行新课的探究。

第二课时，在B类学生已经掌握基础知识的情况下，放手让他们进行拓展提高练习，教师适当点拨。同时可以进行生教生的活动，这样，既培养了学生的自学能力和合作技巧，也提高了学优生的能力，增强了他们的发展后劲，并且还可以让他们协助教师对学困生进行辅导，使教师从烦琐的讲解中解放出来，将教师的教转变为学生的教。

借助导学提纲进行大单元差异教学，大大缩短了课堂授课时间，而且便于学生加强各知识点之间的联系。

在课堂教学中做适当的延伸或者对文本进行二度开发时，可以进行文本重组，让学生的潜力得到最大化的发挥，使学习变得更有乐趣、更具挑战性，让课堂真正成为跃动着学生智慧和灵气的沃土。

（2）尊重差异，顺势而导

课堂教学不能仅仅按照教师课前的备课进行，而应该在充分了解学情的基础上进行，这样才会使不同层次的学生学有所获。教师用适合学生的方法进行教学，让学生获得更好的学习成果，从而使教学效果达到最优化。下面是杨晓玲老师在进行这方面研究时的一则教学案例——《导学提纲的设计要充分依托课前检测结果》。

教授"比例的意义和基本性质"一课前，我通过对学生进行课前检测，惊讶地发现居然有将近一半的学生对比的知识有所遗忘，最严重的是连求比值的方法都不记得了。既然检测结果很不如人意，那这堂课的导学提纲设计还是要尽量放缓坡度。

尤其在设计 A 类学生（探索队）的导学提纲时，我决定对比的知识做进一步的引导，帮助他们在头脑中对所学知识进行充分的回顾、再现。我首先设计了这样一道题："一架客机 3 小时飞行 2400 千米，写出这架客机飞行路程与时间的比，并求出比值，试着说说比值表示的意义。"然后引导学生观察信息窗，设计出如下导学提纲。

1. 你能提出两个以上有关比的数学问题并写出答案吗？

2. 求出你写的比的比值，看有相等的吗？

3. 如果有比值相等的两个比，试着填在下面的括号里。

（   ）:（   ）=（   ）:（   ）

4.阅读课本，认识比例的各部分名称。

5.再举几组比值相等的比写在下面，组成比例。

（　　　）：（　　　）=（　　　）：（　　　）

（　　　）：（　　　）=（　　　）：（　　　）

6.仔细观察各组比例，可以通过计算的方法，看看两个外项和两个内项之间有什么关系。

温馨提示：可以通过观察，采取分别算出两个外项和两个内项的和、差、积、商的方法进行研究。

7.用你刚才所写的比例验证一下上面的发现。

8.你能根据比例的基本性质求出 $20:25=4:x$ 中的未知项吗？这个过程叫作解比例。

而B类学生（创新队）的导学提纲依然充分放手，发挥他们的最大潜能，使他们的思维得到锻炼与提升。设计的导学提纲如下。

1.你能提出哪些有关比的数学问题？请写出答案。

2.挑出比值相等的两个比，试着填在下面的括号里。

（　　　）：（　　　）=（　　　）：（　　　）

3.阅读课本，认识比例的各部分名称。

4.再举几组比值相等的比写在下面，组成比例。

（　　　）：（　　　）=（　　　）：（　　　）

（　　　）：（　　　）=（　　　）：（　　　）

5.仔细观察各组比例，看看两个外项和两个内项之间有什么关系。

温馨提示：可以通过观察、计算的方法进行研究。

6.再举几个比例验证一下上面的发现，并总结出规律。

7.判断两个比能否组成比例有几种方法？完成课后练习第4题。

8.自学课本中的例题，说说是根据什么把比例转化成方程的。

两份导学提纲，从课前检测出发，依据学生不同的认知能力，训练的侧重点各有不同，使他们在各自的基础上都有所收获。尤其是A类学生，如果不帮助他们把前面欠缺的知识做好必要的复习铺垫，那不就相当于地基还没打好，就让他们盖二楼吗？而对 B 类学生来说，再跟着 A 类学生重复复习，显然是在浪费时间。两份不同的导学提纲，使学生各取所需，在自己的最近发展区内进行有效学习，获得最大收益。

只有在充分了解学生的认知水平和情感需求之后进行的教学才是最有效的，才能更好地发挥教学目标的导向功能，激发学生的学习动机，激活他们的求知欲，使他们在自己的最近发展区内得到最充分的展示。

（3）发展差异，体验幸福

苏霍姆林斯基曾说过："人的心灵深处，总有一种把自己当作发现者、研究者、探索者的固有需要，这种需要在小学生的精神世界中尤为重要。"教育不在于能告诉学生多少真理，而在于善于教会学生学会怎样去发现。

对这方面，原春艳老师在进行研究时深有体会。

一次上课，我根据学生课前检测的情况，将学生划分为 A、B 两类，不同的是不再直呼 A 类和 B 类，而是亲切地称之为"幸福队"和"快乐队"，并为他们搭配了两种不同口味的"科学营养套餐"，请学生根据"套餐"中的自学提示来进行研究。

学生表现得异常兴奋，A 类学生的小脸上洋溢着那种久违了的自信，全体学生全身心地投入了学习之中……

在这节课上，我关注到学生学习的幸福指数，没有像以前一样简单直接地将学生分为 A、B 两类，而是根据学生的心理特点，让学生易于从心理上接受他们之间的差异，将 A 类学生称为"幸福队"，将 B 类学生称为"快乐队"，并为学生设计了不同的导学提纲，分别为"幸福套餐"和"快乐套餐"。"幸福套餐"重在让学生在教师的重点关照下，采取低速度迈进、小步子攀升的方式，自主地学习新知识，有目的地解决问题。"快乐套餐"重在引导学生自主学习知识，并掌握基本的学习方法。

其实，起这样的名字换汤不换药，但我只是想让每一个学生都能体会到学习的幸福与快乐，这其中蕴藏着一名教师的真心——培养学生的自信心，呵护学生的积极性，这是教育成功的关键！

差异教育应该从关注每一个学生开始，从尊重每一个学生开始，从善待每一个学生开始，从提升每一个学生的生命质量开始。自主探索和发现规律并不是学优生的专利。学生的差异需要我们尊重，需要我们关注，更需要我们去发展。只要教师从发展差异的原则出发，充分考虑学生的认知特点和思维特点，设计出最适宜学生思维发展的导学提纲，打造出最适合学生成长的教学课堂，学困生也能自主探索，也能发现规律，也能在愉快的课堂中快乐地成长！

（4）差异融合，多向思维

在数学课程的教学过程中，让不同类的学生在汇报展示的过程中，互相学习，产生多种思维的碰撞，能为他们今后在解题时寻求不同的思路打下基础，让学生从小就对数学知识的运用有清晰的认识：数学有用，学数学是为了用数学。怎么用呢？可以有不同的方法。教师应借此鼓励学生用不同的思维去思考问题。王秀玲老师的教学案例《差异融合，绽放美丽》诠释了这一点。

在综合复习"长方形的周长和面积"一课时，我将学生分成了"阳光队"和"雨露队"。除了正常创设情境，复习了长方形的周长＝（长＋宽）×2以外，在进行练习时，为了拓展学生的思维，我又出了一道拔高题："有一天，小明去爷爷家玩，看见爷爷正在给靠墙的一块长方形菜地围篱笆，已知这块菜地长6米，宽2米，长的一面靠墙。爷爷请小明帮忙算一下，他需要围多长的篱笆？"

题目一出，我问："这道题求什么？"有的学生说求周长，也有学生说求面积，从中可以看出一些学生缺少生活经验，他们对围篱笆不明白。于是，我和学生拉起家常："同学们，谁家围过篱笆？谁知道围篱笆是怎么回事？"这时，有几个学生举起了小手，其中也有刘斌同学。他平时不愿意写作业，上课不认真听讲，属于典型的学困生。所以我想把机会留给他，于是请他起来介绍。他说："我家种果树，爸爸将果树四周用棍子围起来，这就是围篱笆。"我一听，立刻表扬了他，夸他真是生活的有心人，善于观察、善于联系。他听了，身子坐得比刚才直多了。"那同学们说，这是求长方形的周长还是面积？"这回大家达成了一致意见，这道题是求周长。我不失时机地引导："同学们，长方形的周长公式是什么？这道题与前面做的求长方形周长的题一样吗？"有的学生说一样，有的学生说不一样，双方争论的焦点是墙这边用不用围篱笆，我让学生联系已有的生活经验去想："应该怎样求篱笆的长呢？有什么好办法？"

我请学生先自己动脑思考一下，然后同桌互相讨论（提前让"阳光队"成员和"雨露队"成员成为同位），平时基础知识掌握得较扎实的学生听了我的提示，能很快想出答案，而那些平时学习较吃力的学生，做这道题有点难度。我建议学生运用课前准备的几条绳子进行演示。最后全班交流时，我不满足于一种解法，我认为数学是培养和发展学生思维能力的学科，所以在这一环节中我利用学具、多媒体，采用小组合作互助学习和竞赛抢答等各种方式激发学生学习数学的热情，"阳光队"和"雨露队"的成员争着站起来交流，学生给出的答案有如下几种。

（6+2）×2-6=10（米）

6+2×2=10（米）或 2×2+6=10（米）

6+2+2=10（米）或 2+2+6=10（米）或 2+6+2=10（米）

学生想出了多种解法，而且把每种解法的道理都讲了出来。这节课，刘斌通过自己的思考，也想出了6+2+2=10（米）这个答案，我表扬了他。

整节课学生的情绪都非常高涨。原来，一道数学题可以帮我们引导学生从不同的思维角度去想问题，能收获许多感动。我感动于学困生的主动发言，感动于学优生的多向思维，更感动于学生将数学与生活联系，学以致用。

对这道题的多种解法，我没要求学生全会或是必须用哪一种，我只是让学生选择自己喜欢的方法，再鼓励他们学习别人的方法，这样对自己的思维发展会更有帮助。这些方法，学优生可能全部都理解，而学困生可能只理解一种，不过这就够了。

采取差异融合，寻求一题多解，培养多向思维，正是差异教学中尊重差异、发展差异的体现，促进了不同学生之间的和谐交融、共同发展。课堂因关注了差异、发展了差异、尊重了生命而变得更加精彩。

4.分层教学，分课型构建课堂教学模式

为了充分发挥教师在教学活动中的主导作用，充分体现教学目标和教学内容对教学方法的导向性和制约性，我们结合教材内容及学生的特点探索出了以下几种课型的教学模式。

（1）数与代数新授课基于并列性教学内容的分类复式教学流程和操作要点

① 教学流程

根据尊重差异、发展差异、差异融合的原则，本范型的课堂教学流程包括六个环节：一是课前检测，了解学情；二是针对差异，分类自学；三是汇报展示，差异融合；四是异步作业，分层达标；五是回顾整理，反思提高；六是布置作业，拓展延伸。课堂上导学提纲的设计要基于差异、发展差异，以期让学生得到共同提高，实现差异融合，提高学生的自主探究能力。同时，教师要对A类学生做好必要的点拨、引导。

② 操作要点

第一个环节：课前检测，了解学情。

利用课前检测，首先对学生已学知识的掌握情况进行简单了解。从知识、情感、学习方法等方面深层次地了解学生，便于对学生进行分类，制订适合学生特点的导学提纲。下面是杨晓玲老师设计的一份课前检测作业。

（错题数目少于4个得5颗星，4个及以上得3颗星。）

1.口算。

$$\frac{4}{5} \times \frac{1}{2} = (\quad)\qquad \frac{3}{10} \times \frac{1}{5} = (\quad)\qquad \frac{4}{9} \times \frac{1}{8} = (\quad)$$

$$\frac{8}{7} \times \frac{1}{4} = (\quad)\qquad \frac{6}{11} \times \frac{1}{3} = (\quad)$$

2. 写出下列各数的倒数。

$$\frac{2}{3} \qquad 1\frac{1}{4} \qquad 0.5 \qquad 3 \qquad 1$$
$$(\quad) \qquad (\quad) \qquad (\quad) \qquad (\quad) \qquad (\quad)$$

3. 计算。

$0.8 \div 0.2 = (\quad) \div 2 = (\quad) \qquad 0.8 \div 3 = 8 \div (\quad) = (\quad)$

4. 填空。

$30 \div 5$ 表示把 30 平均分成（　　）份，求其中的（　　）份是多少；其中的 1 份是 30 的 $\dfrac{(\quad)}{(\quad)}$，也可以看作求 30 的 $\dfrac{(\quad)}{(\quad)}$ 是多少，列式为 $30 \times (\quad)$，所以 $30 \div 5 = 30 \times (\quad)$。

教师通过课前检测，了解了学生的知识掌握情况，在进行教学时，对旧知识已经掌握得很好的学生没有必要再做重复性训练，可以放手让他们自学，教师可以有的放矢地对部分学生进行查漏补缺，然后引导他们"低速度迈进、小步子攀升"。

第二个环节：针对差异，分类自学。

高年级学生已经具备了一定的自学能力，因而教师根据课前检测情况将学生暗分为 A、B 两类，让学生在学习过程中分别领取不同的、适合他们各自学情的导学提纲，在各自的最近发展区进行学习，有利于增强他们学习的兴趣和自信心。下面是杨晓玲老师教授"分数除以整数"一课时设计的两份不同的导学提纲。

"探索队"导学提纲

1. 要研究 $\frac{9}{10} \div 3$ 的结果，请你从以下三种方法中，任意选择你喜欢的一种或多种方法进行探索吧！

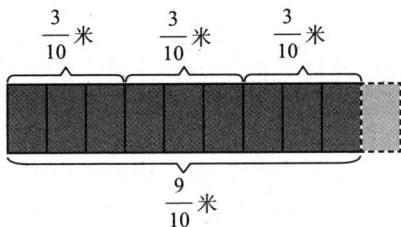

方法一：仔细看图，把 $\frac{9}{10}$ 米的布平均分成相等的 3 份，数一数，每份是（　　）个竖条，就是（　　）米。借助老师为你准备的学具，你也试着折一折吧！

方法二：根据平均分的思想，把 $\frac{9}{10}$ 米平均分成 3 份，也就是把（　　）个 $\frac{1}{10}$ 米平均分成 3 份，每份是（　　）个 $\frac{1}{10}$ 米，应该是（　　）米。

方法三：根据分数乘法的意义，把 $\frac{9}{10}$ 米平均分成 3 份，求每份是多少，也就是求 $\frac{9}{10}$ 米的 $\frac{(　　)}{(　　)}$ 是多少，即 $\frac{9}{10} \div 3 = \frac{9}{10} \times \frac{(　　)}{(　　)} = （　　）$（米）。这样，就像复习题中把整数除法转化为分数乘法计算一样，我们把分数除法也转化为分数乘法来计算了。

2.计算。

$\frac{6}{7} \div 3 = （　　）$　　　　　　　　$\frac{8}{9} \div 4 = （　　）$

"创新队"导学提纲

1.你能借助学具或运用画图的方法，研究 $\frac{9}{10} \div 3$ 的结果是多少吗？

2.多进行一些研究吧！发挥你的聪明才智，试着运用平均分的思想或者分数乘法的意义等方法来解决这个问题，好吗？

3.回顾刚才解决问题的过程，你比较喜欢哪种方法？为什么？

4.自己再试着写几道分数除以整数的题目并计算出来，好吗？

"探索队"学生知识储备、自主探究能力等稍有欠缺，他们的导学提纲体现了"低速度迈进、小步子攀升"的思想，将需要他们掌握的知识尽可能地细化，并表述直白，便于他们研究、理解。教师更多地运用直观教学法，借助学具帮助他们理解。"创新队"学生的导学提纲则更加注重算法多样化及学习方法、探究能力的培养。为他们设计的导学提纲比较灵活，都是大板块设计，以给他们更多展示自己才华的空间，让他们通过自主探究解决问题。

下面是原春艳老师在进行导学提纲设计研究时的一则教学案例——《发

现是快乐的》。

在"公因数和最大公因数"这节课上，我力求营造一种激励思考和探索的氛围，为学生提供有启发性的思考模式，围绕教学重难点，设计了以下导学提纲。

"幸福套餐"（A 类学困生）

1. 做一做：长 24 厘米、宽 18 厘米的长方形，能剪成边长是多少的正方形而没有剩余？

温馨提示：可以分别用边长是 1 厘米、2 厘米、3 厘米等的正方形纸片摆一摆。

2. 想一想：24 的因数有哪些？18 的因数有哪些？24 和 18 的公因数有哪些？

这些正方形的边长与长方形的长和宽有什么关系？

3. 试一试：你能找出 12 和 18 的公因数吗？在这些公因数中哪一个是 12 和 18 的最大公因数？

"快乐套餐"（B 类学优生）

1. 做一做：长 24 厘米、宽 18 厘米的长方形，能剪成边长是多少的正方形而没有剩余？

2. 想一想：为什么能剪成这些正方形，没有剩余？

3. 试一试：1，2，4，6 是 24 和 18 的公因数，其中 6 是 24 和 18 的最大公因数。你能找出 12 和 18 的公因数和最大公因数吗？

4. 你能行：用什么方法能求出 12 和 18 的最大公因数？

在这节课上，我首先用激励性的语言鼓励学生要勇于挑战自己，然后我出示了为学生精心设计的导学提纲，没有限制学生的思维，而是为两类学生分别提供了自主探索的时间和空间，并在自学过程中对有困难的 A 类学生及时给予了帮助。结果比我预想的还要好，几个学困生都顺利地完成了导学提纲上的题目，在班内交流时高高地、自信地举起了手，我也毫不犹豫地让他们来回答，他们的思路也是比较清晰、正确的。从学生兴奋的眼神中，我发现学习是幸福的、快乐的！

导学提纲的设计，要尽可能地符合每一类学生的认知基础，启迪每一类学生的思维，让他们都能学得会，从而都体会到学习的快乐。本环节中，导学提纲的设计是使分类教学得以有效进行的保证，一份合适的导学提纲可以充分调动每类学生的学习积极性，做到学优生"吃好"，学困生"吃饱"。

第三个环节：汇报展示，差异融合。

在学生进行完自学探究之后，教师在汇报展示环节将两类学生有机融合，使他们在本环节互相学习、取长补短。教师在引领学生交流的过程中，注意在提问时关注学生存在的差异，将一些基础性的问题交给A类学生回答，将归纳总结性的问题交给B类学生回答，使他们各有所得，都体会到成功的快乐。

第四个环节：异步作业，分层达标。

设置差异性作业的目的是要给学生一个自主选择、自由发挥的空间，避免简单的强化练习。为使不同的学生得到不同程度的提高，教师通常设计两个板块的达标作业，学生根据自己的能力自主选择完成，A类学生只要完成必选题即过关，B类学生可以根据自己的能力完成自选题。当然，A类学生在完成必选题的基础上也可以向高难度挑战，选做巩固提高的题目。

第五个环节：回顾整理，反思提高。

引导学生分别从基础知识的掌握、学习方法的获得、学习状态的改变及学习习惯的形成等方面对自己进行客观评价，使各类学生的个性都得到张扬，差异达到有机融合。教师进行激励性评价，增强学生学习的信心。

第六个环节：布置作业，拓展延伸。

教师布置课后作业时改变以往"一刀切"的形式，让学生根据自己的能力、兴趣自主选择完成作业。

（2）数与代数复习课分类复式教学流程和操作要点

① 教学流程

根据尊重差异、发展差异、差异融合的原则，本范型的课堂教学流程包括五个环节：一是课前检测，导入新课；二是自主整理，梳理认识；三是差异融合，构建网络；四是分层达标，拓展深化；五是自主评价，完善提高。课堂上关注差异，转化差异，共同提高，充分体现学生是学习的主人，教师只是学习的组织者、引导者和合作者。

②操作要点

第一个环节：课前检测，导入新课。

整理与复习课，不是对已学内容的简单重复，而是一个加深对数学知识的理解，加强数学知识间的联系，进一步提高数学知识掌握水平、应用能力的过程。在这个过程中，了解学生对知识进行回顾与整理的能力显得尤为重要。教师应该先让学生自己完成回顾与整理，然后对学生的整理情况一一了解，并做出评价。下面呈现的是原春艳老师的一段教学实录。

师：同学们，我们已经学习完了由直线围成的平面图形。课前老师让同学们对这些图形的有关知识进行了回顾和初步的整理，老师也对同学们的掌握情况有了了解，下面我们先一起来看一下课前检测。

我们都学过哪些平面图形？学习了这些图形的哪些知识？

为了便于对知识进行比较，发现它们的联系和区别，我们可以抓住每种图形相关知识中的共同点用表格进行整理，你能试着设计一份表格吗？

师：同学们，看来你们已经具备了一定的自主整理知识的能力。那么这些平面图形之间有什么联系和区别？怎样才能发现它们之间的联系和区别呢？这就需要我们对这些图形的有关知识进行回顾和整理。刚才老师通过课前检测对同学们的回顾和整理情况有了一定的了解，根据你们的需要，老师为你们搭配了两种不同口味的"科学营养套餐"，请课前检测得5颗星的同学到组长手中领取"快乐套餐"，其他同学领取"幸福套餐"。

复习的目的是构建知识结构，明确了回顾和整理是把握知识间联系的方法，从而让学生带着这个目的去整理知识，可以使学习的目的性、方向性、针对性更强，使学生的思维能够更快地聚焦到知识间的联系和区别上来，有效地激发学生的学习动机。

第二个环节：自主整理，梳理认识。

这是一个回忆的过程、一个提取的过程，也是一个记忆和巩固的过程。只有尊重差异，以学定教，才能使课堂焕发创新活力，才能提升学生的幸福指数。教师要为学生设计不同的导学提纲：B类提纲重在引导学生对知识进行回顾与整理，并掌握基本的整理知识的方法，初步构建知识结构；A类提纲重在引导学生对知识进行回顾后，进行简单的梳理，在教师的重点关照下，采取"低速度迈进、小步子攀升"的方式，自主地回顾知识，有目的地整理知识。

第三个环节：差异融合，构建网络。

在学生小组交流整理的基础上，进行点拨，引导学生发现和整理，使知识系统化。在这个环节中，要给学生充分交流展示整理成果的机会，主要目的是为学生创造更多的学习资源，让那些不一样的认识、不一样的学习成果、不一样的学习方式、不一样的思维模式得到充分的碰撞，使学生在交流碰撞中相互矫正、相互补充、相互借鉴，达到最佳的差异融合。下面呈现的是原春艳老师的一段课堂实录。

师：下面我们来回想一下平行四边形、三角形和梯形的面积公式是怎样推导出来的。

（主要请A类学生展示交流平行四边形、三角形和梯形面积公式的推导过程。）

师：谁还记得我们是按照什么顺序来研究长方形、正方形、平行四边形、三角形和梯形这五种图形的面积公式的？

（主要请B类学生用简练的语言进行概括，同时将这五种图形面积计算方法之间的联系用图表示出来。引导学生观察并总结：根据长方形的面积公式，可以推导出其他图形的面积公式；我们在探讨一种新的图形面积时，都能把它转化成已学过的图形。）

师：在推导过程中，我们都用到了同一种数学思维方法，是什么？（转化）

师：在推导面积公式的过程中，我们分别用什么方法实现转化？（剪拼、

旋转、平移）

师：同学们，这些数学思维方法非常有用，在以后的学习中我们还要经常用它们来探究未知的领域。

在本环节中，让学生对探究过程进行反思，提炼出数学思维方法，这是对数学知识的更高价值的追求。在两类学生基本完成知识整理后，可先让 A 类学生交流，然后让 B 类学生交流学习的思维方法，及时做好差异间的相互补充、相互融合，让学生在师生对话、生生思维碰撞的过程中梳理出数学思维方法和探究的方法策略。

第四个环节：分层达标，拓展深化。

通过布置分类练习，促进学生差异间的转化，实现课内达标。学生的差异决定了课内达标的标准应该是不同的，可为两类学生设计不同的达标练习：A 类学生要完成教材规定的基础性练习，进行巩固强化；B 类学生在完成基础性练习后进行适当的提高或拓展。原春艳老师在上课时是这样处理的。

师：同学们，在生活中处处有数学，学数学的目的是要会用数学。下面我们来进行达标练习。请同学们完成课内达标练习。（分为必做题和选做题）

组长带领组员对本组内学生的练习进行评价，全部做对者为"你真棒"，有出错者为"继续努力"。

第五个环节：自主评价，完善提高。

可引导不同学生分别从知识的掌握情况以及学习方法、学习状态、学习习惯等方面对自己进行评价，这样做有利于各类学生的有机融合，为不同的学生今后能够轻松地学习数学提供全方位的保障，让学生真正体验到学习的快乐。同时教师要对学生进行鼓励，增强学生学习的自信心。

（二）点式互动教学

点式互动教学，是在教学过程中，针对学生不同的学习情况，即时地、适当地进行分类点拨、个别指导、个性激励的教学范型。

点式互动教学的操作弹性较大，对不同学生的个性（心理特征和心理倾向）的悉心把握，对学生学习差异的关照和开发节点、方式等的选择，可以由不同教学风格的任课教师依据教学内容、课堂情境以及自身教学个性等因素灵活地进行，因此它适用于所有学科的教学。我校将莱州市教科所彭慧老师提出的三个"把握"和三个"关注"作为此教学范型的操作指南。

1.点式互动教学需把握的三个要领

点式互动教学最突出的特征可以概括为"点式关照、个性互动"。尽管在对学生个性的把握、对学习差异的关注和开发等方面是无形的，没有也不可能有一个具体、严格的"度"和"量"的标准来考量，但点式互动教学有利于促进不同类型学生的差异并进，有利于包含高层次目标在内的梯级教学目标的有效达成以及现场生成。教师在教学中应该把握好以下三个要领。

（1）立足新知的逻辑起点，设置弹性目标

就认知领域的目标而言，教师可以依据教材新知内容的逻辑起点，结合不同类型学生的"已知""未知"及"可能"，设定弹性目标，既要保证学习要求的划一性，又要照顾学生的学习差异。

（2）关注学生的认知起点，实施学前缓冲

要特别关注学生的认知起点是否与新知的逻辑起点实现了无缝连接。当一些学生的实际认知起点还达不到新知逻辑起点的高度时，教师应在学生学习新知之前尽可能地挖掘与新知相关联的补救点，有策略地进行差异性补偿，以减缓他们学习新知时的坡度。

（3）尊重学生的个性差异，开发认知潜能

针对不同学生的学习情况，教师通过自主练习、个别辅导、反馈评价等，最大限度地开发学生的认知潜能，力促每个层面的学生都获得成功的体验。

2.点式互动教学需关注的三个问题

点式互动教学的关键在于教师要具有差异教学策略、差异教学智慧、差异教育情怀。在具体教学过程中，教师还应关注以下三个方面的问题。

（1）要对学情及其差异了然于心，因此在课前、课始、课中、课末对学情及其差异要进行深入了解、动态关注和全面把握。要通过多问多查，全程把握不同学生的学习情况，不失时机地进行基于学情及其差异的个别化指导，富有成效地推进课堂进程。要合理开发课堂上的学习资源，利用学习差异，促进差异性教学目标的顺利达成。

（2）点式互动教学并不意味着教师要对学生差异的关注面面俱到，而应以教学目标为核心，要让点式互动教学富有张力，且张弛有度，让课堂生动流畅、充满活力。切不可为了关照学生差异而人为地教复杂了，以至于束缚了学生的学，甚至垄断了课堂，简化了学生学的过程，这与以学定教的初衷是相悖的。

（3）点式互动教学说到底，就是一种浸润，这种弥散在教学全过程中的浸润，在很大程度上源于教师，是教师知识底蕴、教学智慧、人格魅力的综合体现。因此，教师要注重培养自己的人文情怀，在长期不间断的教学实践中逐步形成基于自身个性、专业经验和教育智慧的差异教学风格。下面是温晓莉老师的一则教学案例。

《一夜的工作》教学述评

一、导入课题，检查预习

师：（出示课文插图）你们知道他是谁吗？（周恩来）我们一起写下这个伟大的名字。（师板书，生书空）通过课前的预习，你对他了解多少？

（生交流课前收集的文字、图片等资料，初步了解周恩来。生展示了不同形式的预习成果：有文本展示，有报纸剪贴，有人物绘画，可谓内容丰富、形式多样，为后面的学习奠定了基础。）

师：（简介图画）这是周总理在中南海工作一夜的情景，让我们跟随作者何其芳走进总理办公室，看看总理这一个夜晚都做了些什么。

（师板书课题，生齐读。）

师：请同学们打开书，默读课文前的导语，看看提出了哪些学习要求，试着交流你的发现。

二、自主阅读，交流体会

师：你们真棒，自己总结出了学习目标。请同学们自由地读课文，读到你感动的地方就画出来，多读几遍，再与前后左右的伙伴们交流你读书的感受。开始吧。

【评析：教师在读书方式上适当地给予提示，关注了不同学生的差异，不仅在选择交流对象上拓宽了自由的空间，又避免了相互学习的盲目性，提高了学习效率。】

师：刚才老师看了一下，同学们在书上画了很多处让自己感动的地方，好多同学还做了大段的批注，很会学习呀！

【评析：教师不是一个旁观者，要及时关注学习过程中不同认知特点的学生的差异，关注学优生的能力发展，这才是和谐高效的课堂。】

师：下面我们就来自由地谈一谈，文中最令你感动的地方在哪儿？（主干问题）

生：最让我感动的地方是"总理让我跟他一起喝茶，吃花生米。花生米并不多，可以数得清颗数，好像并没有因为多了一个人而增加了分量"。虽然花生米并不多，但周总理还是慷慨地和别人一起分享。他是多么平易近人啊！

师：谁还有补充？

生：一个大国的总理，一晚上就吃这么一小碟花生米，这是非常简朴的，说明周总理是一个生活简朴的人。

师：作者说："好像并没有因为多了一个人而增加了分量。"这个晚上增加了花生米的分量没有？

生：我认为增加了，可能平日周总理吃得更少。

师：到底花生米有没有增加呢？请大家细读课文，看能不能找出答案？

生：文中讲到值班室的同志端来两杯热腾腾的绿茶，可见值班室的同志知道有其他人在，所以端来两杯绿茶，那么花生米自然也应该增加了分量，只是不明显，可见周总理往常吃的花生米就更少了。

师：很会读书和思考啊。还有什么想说的？大家可以再读读这句话。你又发现了什么？

生：句中的"好像"一词也能看出花生米的分量已经增加了，说好像没有增加，是说花生米实在太少了。由此可见周总理的日常生活多么简朴。

师：同学们，你们读到这儿，心里是什么滋味啊？

生：不好受，一个国家的总理居然这样简朴。

师：有点酸溜溜的感觉。你能把这种感觉读出来吗？（生读）我觉得你还没有读出这种酸溜溜的滋味，谁还想读？

（生读。）

（教学反思：关注学生阅读体验中的差异，将其转化为有效的语文教学资源，才能生成灵动的思想，碰撞出思维的火花，我想这就是"和谐高效、思维对话"型课堂，也正是切实提高课堂教学效率的体现。在课堂预设中我没有很好地理解教材、把握教材，只是引导学生抓住重点句子体会到周总理生活的简朴，并没有深究花生米的分量到底增加与否。学生也只能蜻蜓点水，对周总理生活的简朴认识肤浅、流于形式。经过反思，在新一轮的课堂教学中，我紧紧抓住学生的兴趣点，敏锐地捕捉差异所提供的教学资源，随即把问题抛给学生："到底花生米有没有增加呢？请大家细读课文，看能不能找出答案？"经过阅读交流，学生定能明白：花生米是增加了，因为工作人员准备的是两杯绿茶，句中的"好像"对此也做了暗示。说好像没有增加，是说花生米实在太少了。可见，周总理往常的花生米就更少了。此刻，再通过"繁重的工作"与"简单的晚餐"的比较，让学生交流感受，这就能形成情感体悟与语言发展融合的境界。可见，要保证差异资源的及时捕捉和有效运用，深入钻研教材是前提，认识差异价值是关键。）

师：大家接着谈，还有哪些地方感动了你？

生："他一句一句地审阅，看完一句就用笔在那一句后面画上一个小圆圈。他不是浏览一遍就算了，而是一边看一边思索，有时停笔想一想，有时问我一两句。"由此可以看出周总理做什么事都是很专心、很仔细的。

师：你能从这段话里看出周总理做事细心，你是怎么体会出来的？

生："一句一句地审阅""看完一句就用笔在那一句后面画上一个小圆圈"，

每一句都做上标记，表明周总理很认真、细致。

【评析：教师适时提出有价值的问题，引发了学生对文本内涵的个性思考，避免了学生学习体验的盲目和肤浅。教师关注课内外资源的协同，针对不同环境下的学情差异，引导学生谈出了自己的个性化理解，全面提升了学生的思维能力和表达能力。由于学生在课前预习中的环境差异，部分学生收集的资料不够充分，对周总理的事迹了解甚少，因此在这一思维对话过程中不少学生的思维空间太狭窄，对文本的解读不深入，只是停留在语句的表面意思上，而缺乏更深层次的思考。教师应该发挥作用，及时引领学生进行有价值的思考，丰富课堂内涵，提升学生的语文素养。】

师：你还体会到了什么？

生：周总理一晚上要批这么多的文件，每份都要一句一句仔细地审阅，可见这一夜的工作是多么辛苦。

师：请同学们看课文插图，夜深人静了，工作了一天的人们都沉浸在甜美的梦境中，只有我们的周总理还在灯下专心致志地审阅稿子。谁能把这种情境用你的朗读表达出来？（入情入境）

（生朗读，再读课文第三自然段的最后一句："夜很静，经过相当长的时间总理才审阅完，把稿子交给了我。"）

师：请同学们把声音放得低一点，读得再深情一点，把在座的老师和同学们也带到周总理的身边。"他一句一句地审阅"，一齐读。

（生读。）

师：还有哪些地方感动了你？大家接着谈。

生："我也站起来，没留意把小转椅的上部带歪了。总理过来把转椅扶正，就走到里面去了。"我觉得这里写出了周总理在生活上也很细心。"我"只是把小转椅的上部带歪了，周总理那么忙还要过来把它扶正，这说明他很细心。

师：很细心，这是他一生的好习惯。你也很细心呀，找到了这样一个小小的细节。不错！还有哪些地方让你感动？

生："那是一间高大的宫殿式的房子，室内陈设极其简单，一张不大的写字台，两把小转椅，一盏台灯，如此而已。"我体会到周总理非常简朴，室内陈设很简单。总理是我们国家的领导人，要处理很多事情，室内陈设应该好一点才对。

师：你是说像周总理这样的领导人，办公室陈设居然这么简单，超出了你的想象，是吗？谁还想补充？

生：周总理住的房间应该是很好的，可实际上却不是，他只是住在陈设极其简单的房子里，只有一张不大的写字台、两把小转椅、一盏台灯而已。这说明周总理是个很朴素的人。

师：那么，当你第一次走进周总理的办公室，看到这么简单的陈设，你会感到怎么样？

生：我会感到不可思议，这难道真的是周总理的办公室吗？

师：简直不敢相信呀！请你把这种感觉读出来好吗？

（生读，相互评价，再次读出自己的感受——意外、对总理的敬佩等。）

师：你们想读吗？自己练一下，然后我们一起来读。能不能读出你的惊讶、意外和对周总理的敬佩之情呢？

（生自由读、齐读。）

【评析：针对学生对文本的个性化解读的差异，加强个性化朗读和体验，引导学生入情入境地读，使不同层次的学生在相互评价和激励中能体验到读书的快乐、享受到成功的愉悦。学生中有的读出了惊讶，有的读出了意外，有的读出了对周总理的敬佩，学生的情感与作者产生了共鸣。】

师：文中还有什么地方让你感动？

生："总理见了我，指着写字台上一尺来高的一叠文件，说：'我今晚要批这些文件。你们送来的稿子，我放在最后。你到隔壁值班室去睡一觉，到时候叫你。'"通过这段话我感到，周总理一晚上要批这么多文件，还要批作者送来的稿子，非常辛苦。

师：你体会到周总理工作的劳苦，不错。同学们刚才把自己阅读以后的感受表达得比较充分，读得也很动情。的确，作者就是这样用朴实的语言抓住周总理一夜工作的点点滴滴，向我们展示了周总理平凡而伟大的形象。（板书：以小见大）他一夜的工作是那么劳苦，生活却是那么简朴，这样的好总理怎能不让我们敬佩和感动呢？

三、拓展延伸，升华情感

师：但是，咱们的周总理也是一个需要关心、需要体贴的人哪！看（出示插图），夜这么深了，我们的周总理还在灯下工作。要离开总理的办公室了，你们想对周总理说些什么呢？想不想劝劝周总理，让他生活得舒适一点、工作得轻松一点呢？

（生充分交流，劝说总理"多休息，别累坏了身子，有好多事情等着您去处理"等。）

【评析：关注不同的学情，设置学生的兴趣点——"劝说"问题，拉近了时代与历史的距离，拉近了学生与总理的关系，拉近了学生与文本之间的距离，使学生不断提升思维和表达能力，进而全面提升语文素养。】

师：你们为周总理想得真不少。其实咱们的周总理又何尝不想过轻松一点、舒适一些的生活呢？但是他做不到，我们国家有太多太多的事情在等着他去处理。你们看（出示课外资料），这是他在1974年身患癌症的情况下一天的工作，大家算一算，周总理这一天工作了多长时间？算出来了吗？（23个小时）接近一天一夜啊，这时的周总理已经是身患重病的76岁的老人了。所以，很多人都劝过周总理，毛主席劝过他，工作人员劝过他，外国的友人也曾劝过他，但周总理总是用八个字来回答：可以理解，很难做到。周总理到底在想些什么，做些什么？让我们一起跟随诗人柯岩寻找周总理一生的足迹吧。

（师播放视频《周总理，你在哪里》。）

【评析：由于时代和生活经验的差异，学生对周总理的了解和认识并不深刻。如何提升学生的情感体验，让学生真正被周总理伟大的人格魅力所打动，与作者产生共鸣，一直是教师在教学实践中努力的方向。如何在语文新课标的指引下，将课上出新意，也是教师努力的目标。在此环节中，教师虽然做到了课内外教学资源的协同，运用直观的多媒体手段使学生的情感在一瞬间迸发，使不少学生流下了感动的泪水，起到了很好的效果，但备课不够充分，没有有效利用资源，整段视频耗时过长，如果能适当压缩一下，再结合学生课前收集的资料进行引导，相信对学生的切实体验和能力提升效果更佳。】

师：同学们，面对这样的总理，你们想说什么？

（生交流。）

【评析：让学生面对着周总理说说心里话，这时学生在前面深刻感悟的基础上，感情的抒发水到渠成，同时学生能自然地引用课前阅读的资料发散地从周总理的其他品质来进行表达。这样做既关注了个体差异，又关注了共性发展。这一环节给予了学生开阔的思维空间，使学生在情感上和作者产生了共鸣，因而朗读最后两段时学生充满激情，发自内心的呐喊把课堂推向了高潮。】

师：同学们，你们都说出了心里话。周总理的劳苦、简朴，他所做的一切，都是为了我们的国家，为了我们的人民。(板书：为国为民)所以作者何其芳看到周总理一夜工作的情景后，便想到周总理每个夜晚都是这样工作的，再也抑制不住内心的激动写下了这篇文章。同学们，大声朗读吧。

（生朗读。）

师：你们读出了什么感情？

（生交流：敬爱、激动、自豪……）

师：同学们都想读吗？再来练一练，有能力的同学争取把它背下来。

【评析：这一环节关注了学情差异，让学生有足够的读书和思考的时间、空间，选择自己喜欢的方式，读出自己的个性体验，与文本产生情感共鸣；同时关注了学优生的发展，真正做到了面向全体学生。】

师：大家站起来，我们一齐读，让所有的老师都听到我们发自内心的声音，"在回来的路上"，读。

（生读。）

师：读得真好！你们充满激情的声音代表了你们对周总理的爱戴，读出了你们内心的激动和自豪。其实不光是周总理，这个单元中还有不少人物也让我们感动与骄傲，他们是谁？

生：李大钊、郝副营长、张思德。

师：他们都是永远活在人民心中的了不起的大写的"人"！同学们，我们做人就应该做这样的人啊。

四、设置作业，自主选择

师：课后选择你喜欢的方式表达你对周总理的爱戴之情，可以用你的语言来赞颂周总理，可以用你的朗读来表达你的心情，可以写一首献给周总理的小诗，还可以讲一个关于周总理的故事……

【评析：不同形式的作业，关注了学情差异，大大激发了学生的学习兴趣，使不同层次的学生都能体验成功的愉悦，找到属于自己的那片芳草地。处处关注每个学生的发展，时时激发每个学生的兴趣，语文教学还有什么难的呢？】

（三）实施班内差异教学的注意点

第一，不要将差异教学中的某一范型视为某一特定的教学模式。

差异教学范型是基于学情差异的教学组织形式或教学方式；而教学模式则是有效而稳定的教学流程，即遵循某学科课程性质和教学理念、符合教学内容特点或教学活动规律的课堂教学流程系统。对于某一课时的教学而言，教学模式几乎贯穿包括差异教学范型在内的课堂教学的始终。不要将差异教学范型与教学模式对立起来、割裂开来，应该明确差异教学范型与各学科教学模式的联系。差异教学范型是构建某一学科教学模式的必要条件，它的介入，不仅不会改变符合学科特点的学科教学模式及教学规律，而且将更有利于优化基于学科教学规律的教学模式，更有利于丰富学科教学的"形式内涵"和"过程内涵"，因而也更有利于落实学科教学理念，提高学科教学的"形式效度"和"过程效度"。因此，在教学中不可将其与包括学科教学理念、教学规律、教学方法在内的教学模式对立起来。在各学段、各学科的教学中，差异教学范型应与学科教学理念、教学规律、教学方法等融合起来，共同成为打造"和谐高效、思维对话"型课堂的必要元素。

第二，在教学实践中不能将某一差异教学范型绝对孤立化。

现实中的差异教学应该是多种范型的多元融合和有机统一，在教学实践中不能将某一差异教学范型绝对孤立化。或者说，在课堂教学中并非只有某一差异教学范型贯穿其中，而应该是以某一种差异教学范型为主，多种差异教学范型融合或者交替存在。我们之所以单独提炼每一种差异教学范型，主要是为了便于任课教师理解和把握，使教师实施差异教学时有"抓手"，即让任课教师实实在在地把差异教学理念落实到教学实践中去，经历一个"学习领悟（接受外在思想）—实践转化（构建实践理论）—理性内化（丰富个人理论）—灵活实施（合情合理地融入课堂）"的由外而内的过程。从这一点上讲，差异教学范型不是教学模式，并且每一种范型仅仅是基于理论的独立。或者说，从理论角度判定实践中的某一课堂教学到底属于哪种具体的差异教学范型时，一般是看该课堂教学的重点环节主要采取的是哪一种范型。这是开展差异教学实践必须明确的一点。

下面是我校原春艳老师为基于差异教学的数学课堂教学而写的工作随笔。

尊重差异，演绎课堂精彩

为了满足每个学生的不同需求，促进每个学生最大限度的发展，让每个生命都能像鲜花一样怒放，我校多年来一直致力于差异教学的研究。数学新课标中指出"人人都能获得良好的数学教育，不同的人在数学上得到不同的发展"，更加坚定了我们探索差异教学之路的决心。基于此，我们在数学课堂教学中确定了一个重点、一个中心，构建了"三让四步"差异教学模式。

"三让四步"差异教学模式的核心理念是"三让"：让学生主动参与，让学生主动探究，让学生主动合作。我们根据"基于差异—差异融合—差异推进—差异转化"的思路，确定了"四步"教学法：一是课前检测，激趣定标；

二是自主探究，交流点拨；三是练习巩固，变式提高；四是分层达标，反馈总结。

一、课前检测——确定合理的教学目标

学生原有的认知结构水平直接影响着新知识的学习和知识、技能的迁移。我们在进行新课教学之前，首先要进行课前检测，准确地了解学生的真实情况，基于学生差异，对课前预设的教学目标进行调整，为本节课确定科学、合理并有挑战性的教学目标，以更好地调动学生学习的积极性。课前检测要根据每节课的实际情况设计，可以是口答，也可以是笔答；可以是个别检测，也可以是集体检测。其设计对整节课来说非常重要，既要兼顾不同学生的需求，又要将学生的学习兴趣充分调动起来，还要为新课的学习打基础、做铺垫。

"多边形的面积"课前检测

图形	特征	面积公式
长方形	有四条边，对边相等，四个角都是直角	$S=ab$
正方形		
平行四边形		
三角形		
梯形		

课前检测情况分析：由于对多边形的特征及面积计算公式的认识跨越了3个年级6个学期，这部分知识点比较分散，有40%的学生整理的表格比较简练、有条理，有60%的学生表述的表格中语言不简洁，而且不完整，条理性也不强，证明他们对多边形的认识缺乏系统性、整体性，没有形成完整的知识结构。这说明学生对知识进行回顾与整理的能力的确有着很大的差异。

教学目标调整：

通过整理复习多边形的特征以及面积计算公式，引导学生掌握整理知识的角度、方法，培养学生自主整理知识的能力。

通过演示多边形要素变化引起图形的变化，引导学生发现图形间的本质联系，培养学生看问题的关联意识、可变意识及动态意识。

通过对多边形面积公式推导的回顾，培养学生解决问题的能力和反思习惯，渗透转化的数学思想，发展学生的空间观念。

教学重点：掌握整理知识的角度、方法。

教学难点：理清各种图形的本质特征和共性联系。

二、自主探究——满足不同学生的需求

只有尊重差异，以学定教，才能使课堂焕发创新活力，提升学生的幸福指数。在这个环节中，我们采取比较开放的教学方式，让学生在导学提纲的引领下进行自主探究、小组合作、班内交流。在学生自主学习的时候，教师要根据具体情况，进行有效的分类指导，让每个学生都有发展和创新的空间，鼓励学生把自己通过积极思考、动手实践得出的结论在小组内进行交流、辨析、调整。在班内交流时，要给学生交流展示的机会，创造更多的学习资源，让那些不一样的认识、不一样的学习成果、不一样的学习方式、不一样的思维模式得到充分的碰撞，使学生在交流碰撞中相互矫正、相互补充、相互借鉴，达到最佳的差异融合。

在教学"三角形的面积"时，教师通过两个问题的引入实现了开放式教学：一是"拼一拼，摆一摆，两个完全一样的三角形可以拼成什么图形"，二是"想一想，三角形的面积应该怎样计算"。这两个问题引发了学生的思考，此时教师的适时点拨与同伴间的互助，使每一个学生都能参与到学习中来，真正满足了不同学生的不同需求。实践证明，采取教师辅导、同伴间互相帮助的教学方式，能达到共同提高的目的。

三、练习巩固——促进不同学生的发展

在这个环节中，虽然我们设置了统一的练习题，但是我们要更多地去关注学生的差异。在让学生讲解解题思路时，不要只让学优生展示，而要让更多的学生说出自己的想法，并鼓励学生提出自己的疑问和困惑，使每个学生在原有的基础上得到发展，以达到巩固提高、稳步推进的目的。

四、分层达标——帮助每个学生获得成功

进行达标练习会大大提高课堂教学效率。我们对达标练习进行了弹性处理，为学生提供了更多的选择空间，促进差异转化，实现课内达标。达标练习一般分为必做题和选做题：必做题面向全体学生，重在巩固基础知识，培养初步的应用能力，达到学习的基本要求；选做题面向部分学生，重在发展智力和拓展思维，培养创新能力。

实践证明，只有关注学生的差异，课堂教学才能亮点频出、精彩纷呈，更有生命力，才能真正"让每个生命像鲜花一样怒放"。

二、细节观照，成就生本课堂

老子有句名言："天下难事必作于易，天下大事必作于细。"海尔集团原总裁张瑞敏说过，把简单的事做好就是不简单。伟大来自于平凡，往往一位教师每天需要做的事，就是重复着的所谓平凡的小事。"泰山不让土壤，故能成其大；河海不择细流，故能就其深。"所以，细节决定成败。教学亦是如此。

学习终归是学生个体的行为。因此，教师任何形式的教，都应最大限度地适应于、服务于学生的学，其间对学生的关照当然是不可或缺的。差异教学尤其如此。在差异教学过程中，每一个学生个体的学习情况，都不能被任何形式所掩盖，教师必须对学生个体予以关注，并采取合适的策略对学生进行关照。也就是要加强"形上"的细节投入。应该明确，"形上"的细节投入包含了一种实践逻辑：先有范型，后谈细节，细节以范型为前提和基础，范型因细节而丰满和生动。抛开了差异教学范型，孤立于"形上"的细节投入，将造成整体感不强的"只见树木，不见森林"；反之，如果仅仅止于差异教学范型的设计与组织，将会导致差异教学的形式化、平面化。也就是说，"形上"的细节投入是基于差异教学形式存在的，是以差异教学范型的实施为前提的，或者说是在明确差异教学形式的前提下，在实施差异教学范型的过程中进行的。

从"和谐高效、思维对话"型课堂的角度来讲，细节观照的核心是思维对话。生本课堂中的细节观照尤其要体现思维对话的适切度和和谐度，要体现思维对话的深度和广度。我们将从三个不同的角度，就差异教学实施过程中的细节观照策略进行探讨。

（一）习性的关照

1.认清意义，引起重视

"播种一种行为，收获一种习惯；播种一种习惯，收获一种性格；播种一种性格，收获一种命运。"人一旦养成一种习惯，便会化为半自动化的潜意识行为，对学习、事业、生活起着永久性的作用，甚至可以决定命运。好的学习习惯不但重要，而且影响巨大。专家研究表明，3～12岁是形成良好行为的关键期。12岁以后，孩子已逐渐形成许多习惯，新的习惯要想扎下根，就很难了。学生要学会学习，必须培养良好的学习习惯。无论是古人说的"养习于童蒙"，还是俄国教育家乌申斯基说的"好习惯是人在神经系统中存放的资本，这个资本会不断地增长，一个人毕生都可以享用它的利息"，终归是一个意思——要从小养成良好的学习习惯，即文中所指的习性。

我们的课堂把"习性效率"作为评价课堂效率的一个重要指标，它是从学生的角度出发的，是提高学习质量的重要条件之一，对学业成绩的影响是显而易见的。小学阶段正是学生养成良好行为习惯的黄金时间，学生是否养成良好的学习习惯，不仅直接影响课堂教学的效率，而且对学生今后乃至一生的学习和工作都会产生不可磨灭的影响。因此，培养小学生良好的学习习惯是教师应尽的重要责任。

为让教师对学生的习性关照具体到位，我们制订了《小学生课堂常规基本要求》，从课前准备，候课，问好，上课的坐、听、说、读、写、表达、操作、练习以及下课等方方面面提出了细化的要求。如表达方面既有总要求，又分学段将要求细化。

总要求：

（1）能说完整的话。

（2）自然大方，声音响亮，口齿清楚，语言亲切，态度诚恳。质疑时，学会用"为什么……""我有一个问题……""请问××老师（或××同学）……"等句式。回答问题时，学会用"我读了这段话，知道了（明白了）……""我是这样想的……""我体会到……""我还认为……""我有不同

让**生命**异彩纷呈　≫差异教育的构建与实施

意见……""我补充……""我们小组的意见是……"等句式。

分学段要求：

低学段：

能说完整的话，能大胆质疑，能用"为什么……""怎么样……""……是什么？"等句式提问。勇于发言，真实地说出自己的想法。

中学段：

能说完整连贯且规范的话。质疑时能提出有价值的问题，引起同学思考和讨论。解答问题时，有独到的见解，能用"读了这段话，我体会到……""读了这段话，我还知道（明白）了……""我还体会到……"等句式。

高学段：

能说完整连贯且规范的话，努力把话讲具体、讲形象、讲生动。善于质疑，质疑时能从不同角度提出有价值的问题，引起同学思考和讨论。讨论时能用"我认为……""我还认为……""我有不同意见……""我补充……""我们小组的意见是……"等句式，做总结性发言。

2. 制度保障，常规护航

习性培养对学生的影响是终身的，认识到它的重要意义，学校把学生习性的培养作为教学工作重点之一，纳入了教学常规，先后出台了《教学工作常规》和《小学生课堂常规基本要求》，将学生习性的培养制度化、常规化。教导处还专门组织人员对学生习性进行定期检查和不定期抽查，以督促和检查落实效果。

我校制订的学习常规，要求具体、细致，可操作性极强，使教师在对学生进行训练时，目标明确。

3. 习性培养，有据可依

（1）自编儿歌，引导习性

学校教师根据本班学生的实际情况，采取编儿歌、争常规星等各种形式来培养学生的良好习性。如针对学生养成良好书写姿势而编的儿歌，让学生在书写前对自己做一下提醒吧！

160

头正肩平，身直足安，"三个一"记心中。

再如，为了调动学生学习思维的积极性而编的儿歌，让学生一起读一读吧。

人有两件宝，双手和大脑。

双手会做工，大脑会思考。

用手不用脑，事情做不好。

用脑不用手，啥也办不到。

用手又用脑，才能有创造。

一切创造靠劳动，劳动要用手和脑。

教师通过儿歌的创设，潜移默化地培养了学生的习性。

（2）设计量表，测查习性

结合每学期的四次听评课活动，学校组织人员制订了《学生课堂习性观察量表》，有专人根据量表对学生的习性进行评价。用具体的量表来测查所听课班级学生的学习常规，同时反馈出现的问题，调整工作措施，做到有的放矢。

附：

学生课堂习性观察量表

时间：　　　　执教人：　　　　课题：　　　　被评班级：　　　　观察人：

项目	内容	学生习性描述
课前	将上课所需的书本、文具等摆放整齐。	
	保持安静，等候教师上课。	
问好	站姿笔直，声音干脆洪亮，动作迅速。	
坐姿	坐姿端正：身正，手放好，脚放平，眼睛看前方。	
	全神贯注地听讲，不说话，不做小动作。	
交流	声音洪亮、清晰，让全班同学都能听到。	
	站直身体讲话，眼睛注视对方。	
	认真倾听别人发言，要发言应先举手示意，不随便插嘴。	
读书	默读时，把书平放在桌上，两手扶书，身体前倾坐直，眼距书一尺。	
	齐声朗读时，两手拿书下角，书与桌面成45度角，身体坐正，眼距书一尺，不唱读，按照要求停顿。	
	指名朗读时，身体站直，左手捏书下端书缝，右手拿书右下角，放于胸前，眼距书一尺，声音洪亮，吐字清晰。	

（续表）

项目	内容	学生习性描述
书写	书写时姿势端正，要做到"三个一"：眼睛离书一尺远，手离笔尖一寸远，胸离桌子一拳远。	
	握笔方法要正确，书写工整，卷面整洁。	
练习	作业要整洁，格式要规范，不得乱涂乱画。	
	过程完整，在草稿本上进行演算，有检查、验算的习惯。	
	作图时用规定的作图工具。	
操作	实验或学具操作有序。	
	操作完毕后，要及时整理器具，并放归原处。	
课后	待老师宣布下课后再离座休息，并请老师先行。	
	整理书本、文具用品，将下节课的课本、文具和草稿纸在课桌上摆放整齐，不需要的文具用品收起来。	

4.制订目标，研究策略

习性包括学科常规性学习习惯和学科思维习惯。不同学科因为科目不同，需要培养与本学科相适应的习性。拿语文学科来说，它的常规性学习习惯包括听、说、读、写、批注等。每一类，我们都按低中高学段制订了培养目标和实施策略。语文学科思维习惯包括预习、巩固、思考、质疑、实践、操作、发现等。每一种，我们都按低中高学段制订了培养目标和实施策略，便于教师操作。

（二）兴趣的导引

伟大的科学家爱因斯坦曾经说过："兴趣是最好的老师。"兴趣是所有学科教学的生命力，是创造能力发展的必要条件。浓厚的兴趣是一种巨大的动力，能吸引学生的注意力，提高思维能力和想象力。学生一旦对学习产生了兴趣，就会产生自发汲取知识的要求，学习对他们来说就不再是负担。所以，兴趣是学习的内动力。教师的教学方法，将直接影响学生的学习兴趣。我们在教学过程中力求让学生感到愉快，力求激发他们的学习兴趣，从而提高课堂效率。怎样激发和维持学生的学习兴趣呢？教师进行了大量的尝试。

1.师生关系民主化

平等的教学氛围是师生关系民主化的体现。在学习面前，人人平等。在学校，使自己成为教师心目中的好孩子是学生一切行为的动机和迫切需要。一般来说，学生往往因为喜欢某位教师，而喜欢他所教的学科，正所谓"亲其师，信其道"。但要学生"亲其师，信其道"，首先，教师要尊重、信任每个学生，不放弃任何一个学生。尤其是学困生，对他们要多鼓励，从而营造和谐民主的教学气氛；要及时帮助他们，使他们产生学习的自信心，进而产生学习的兴趣。其次，教师要善于发现学生的点滴进步，善于用亲切的眼神、细微的动作、和蔼的态度、热情的赞语等来拉近师生间的距离，使学生获得精神上的满足，培养学习的自信心。最后，教师应以渊博的知识、娴熟的教学技巧获得学生的信任和喜爱。下面是王秀玲老师的一篇教学随笔。

约定差异课堂，守望学生的幸福

人与人之间，约定了许多美丽的诺言。是朋友，便约定了真诚与帮助；是亲人，便约定了保护与关爱；是师生，便约定了"人文理性之教，愉悦量力之学"。作为一名教育工作者，我在教育生活中也会与学生进行约定。

瞧，本学期开学初因工作需要，我代教五年级（1）班的数学。第一节课，可能是因为新老师来上课，学生听得非常认真，表现很积极，我想这源于学生被承认、被尊重的渴望。我要想方设法激发并维持学生对数学的兴趣，于是我进行了"保鲜"活动：先与学生约定了一个美丽的诺言——轻轻松松学好数学，共同守望学数学的幸福。为此，我在班上开展了"情感守望"活动，主题是"学生守望对数学的兴趣，在数学园地中快乐成长"。我告诉学生我每节课将根据他们的表现，采用画小红旗的方法对他们进行评价，如积极回答问题且正确的学生可获得一面小红旗；课堂练习做对的学生可获得一面小红旗；家庭作业完成得好的学生可获得一面小红旗；小组合作积极，组内成员每人可获一面小红旗；表现有进步的学生也可获得一面小红旗……攒够了十面小红旗，可到老师这里换取一颗"数学小星"，攒够了十颗"数学小星"，便可换得……

第一单元教学结束后，照例要进行单元检测，我发现学生都很期待这次考试。上午第一节课单元检测便完成了。因为工作忙，我没有及时批阅试卷。放学回家的路上，我们班的刘敬涛同学追着我问他考得怎么样。看他关切的样子，对这次检测肯定是胸有成竹了。他聪明好动，上课回答问题时总是抢答，有时还没想好，就说出来了，也闹过笑话。我很喜欢他。下午，有更多学生向我打听自己的考试成绩，我感到学生对学习充满热情，一股暖流流过我心田。

第二天，上课前一分钟，我走进教室，不少学生又急着问我检测成绩。其中声音最响亮的就是刘敬涛，他可能觉得自己考得很好，我真不忍心给他浇一盆冷水，因为他只考了 B。我感到很多学生自我感觉良好，自评能力不高。看到学生热切的眼光，听着学生不停地询问，我脑中突然冒出一个想法：这是一个培养学生自我评价能力的好机会。我抓住契机，走上讲台，踏着铃声，开始上课。我环视四周，说："同学们，发试卷之前，老师想做个测试游戏。"学生一听，愣了。"请各位同学在纸上写出本次检测你认为自己考得怎么样，同位交换保留。试卷发下后同位互相看一下，彼此预测得准确吗？测试的目的是希望同学们检测一下自己对知识掌握情况的自我评价能力。"我统计了一下，班里不到一半的学生对自己的学习成绩有正确的估计。刘敬涛对自己的评价失准了。借此，我告诉学生，做什么都要有目标，心中有数，学习也是如此。

这次考试大部分学生考得很好。我给考 A+（95 分以上）的学生每人颁发了一张喜报，给考 A（85 分以上，95 分以下）的学生每人发了一颗"数学小星"，给成绩估计准确的学生每人奖励一面小红旗，大家对得喜报的学生非常羡慕。当我宣布攒够十颗"数学小星"便可换得一张喜报时，全班学生一阵欢呼。我对学生说，攒够十张喜报还有惊喜。这是我为保持学生学习兴趣而制订的"十换一"活动策略。我们约定一直进行下去，快乐地学好数学。当我看到刘敬涛眼中的失落时，我不露声色地说："同学们，我们平时对自己的学习一定要有数，考得好的同学别骄傲，考得不好的同学也别灰心，一次测试只能说明这一阶段你的学习情况，并不能代表永远。从现在努力，争取下次考好，学习要持之以恒。"我看到他悄悄低下了头，我想他的心中一定很难受，但我相信这以后他会稳重许多，这对他的成长具有积极意义。

课后，我又与刘敬涛单独进行了一次谈话，围绕学习、生活、性格等，具体谈了很多，我分明感受到了他的成长。我和他约定：下一单元测试一定考A。又过了两周，第二单元教学结束，我照例让学生对自己知识的掌握情况进行评价，这次全班学生自我评价的准确率达到了三分之二。刘敬涛对自己的评价准确无误，他考了A+，我为他的成长而高兴。这次，我又依据学生的个体差异，为成绩进步的学生颁发了"数学小星"。

在进行差异教学的过程中，教师要多关注学生的情感。我很庆幸自己能够关注与捕捉到发放试卷现场的学生差异，并灵活地加以运用，使学生既关心自己获得了多少知识，又学会了准确地对知识掌握情况进行自我评价。

古今中外凡在学业中有成就的人，都始终保持浓厚的学习兴趣。华罗庚说："有了兴趣就会乐此不疲、好之不倦，因之也就会挤时间来学习了。"如果学生不能保持学习兴趣，就会视学习为一种苦役，就不可能心情愉快地进行学习，从而导致学习效率较低。兴趣是最好的老师，我从"十换一"这一活动中，感受到学生学习数学的兴趣越来越浓厚了，因为第二单元的检测成绩比第一单元提高了，这就是强有力的证明。激发和保持兴趣的方法有很多，让我们关注教学形式、教学方法、教学手段，结合知识的生长点、知识的形成过程、学生的认知水平等，为学生创设良好的学习氛围，激发学生的学习兴趣，变"要我学"为"我要学"，进而发展到"我会学"，提高学习效率。

在差异教学实践过程中，我与我的学生约定了美丽的诺言——轻轻松松学好数学，共同守望学数学的幸福。作为开展差异教学实践的教师，让我们也来约定，一起努力，引用莱州市教科所彭慧老师的话，"因差异而教，依差异而教，为差异而教"，演绎差异教学的精彩。让我们相约在差异教育这片沃土上，辛勤耕耘，守望学生的成长与幸福。

从上面的故事中，我们不难看出，教师与学生关系融洽，有助于培养与维持学生的学习兴趣。

2.教学手段多样化

教学手段是实现教学目标的主要措施。传统的教学，教师单靠粉笔和黑板进行讲解，势必影响学生学习的兴趣与质量。因此，要提高课堂教学效率，让学生对学习始终兴趣盎然，必须注意教学手段的多样化。

多媒体教学体现了教学手段的多样化。适时恰当地选用多媒体来辅助教学，利用形象具体的图、文、声、像等，使抽象的教学内容具体化、清晰化，有助于学生活跃思维，兴趣盎然地参与教学活动，科学地记忆知识，并且能发挥学习的主动性，积极思考，使以教为主的课堂变成以学为主的课堂，从而提高教学质量，增强教学效果。现在，电教器材等现代教学设备为课堂教学提供了新的教学手段，使教学方法改革如虎添翼。教师应该凭借多种教学手段，提高课堂教学水平，增强学生素质。如可以使用多媒体进行演示教学，因为在多媒体教学环境下，教学信息的呈现方式是丰富的，面对如此众多的信息呈现形式，学生一定会表现出强烈的好奇心，而这种好奇心一旦发展为认知兴趣，学生将会表现出强烈的求知欲，主动而高效地获取知识、发展思维、形成能力。如对圆的面积计算公式的推导，学生难以想象，将一个圆等分，等分的份数越多，拼成的图形越接近长方形，难以理解化圆为方的道理。我们就可以用多媒体进行演示，先把一个圆分成2等份，拼成近似长方形，并闪烁显示；再把一个圆分成8、16、32等份，并分别进行割补，使学生直观地看出等分的份数越多，拼成的图形越接近长方形。在此基础上，让学生观察、比较、归纳，推出圆的面积公式也就水到渠成了。而且学生在学习知识的过程中，受到美的熏陶，能力得到了提高。当然，教学手段的选择，还要从学生的实际出发，学生是人，是活生生的独立个体，教师必须以人为本，因材施教，不可千篇一律、万人一法。又如，语文课堂上运用电教器材，将画面生动地展示给学生，极大地调动了学生学习的积极性。有时，在一堂课上，要同时使用多种教学手段。俗话说："教学有法，教无定法，贵在得法。"只要所使用的教学手段能激发学生的学习兴趣，提高学生的学习积极性，有助于培养学生的思维能力，有利于学生掌握和运用所学的知识，就都是好的教学手段。教师运用恰当的教学手段进行教学，学生学起来就有兴趣，易于接受，就会使课堂教学效率得到提高。

3.学习知识情境化

美国教育家杜威提出"教育即生活"，启示我们的教学要紧密联系学生的生活实际，适应社会的发展需要。枯燥的知识，怎么才能变得让学生爱学、乐学呢？为此，我们想方设法来创设情境，激发学生的求知欲，让知识变得有趣起来，让学习变得快乐起来，让学生在玩中学，并且学有所用。笔者在教授"平行与相交"时，为培养学生的思维能力，让学生在情境中体验学习数学的乐趣，首先确立了教学目标：结合具体情境，认识线段、射线和直线，了解平面内两条直线平行与相交（包括垂直）的位置关系，会用三角尺和直尺画已知直线的垂线和平行线；在探索活动中，培养观察、想象、动手操作能力，发展初步的空间观念；结合具体情境，体会数学与日常生活的密切联系。整堂课我以学生活动为主线，让学生在动手操作中学习数学知识，通过想一想、画一画、分一分、悟一悟、辨一辨、找一找、数一数、折一折、摆一摆、玩一玩的过程，力图在教学过程中教给学生学习数学的方法，调动学生去自学、去合作、去判断、去分析、去表达，使他们在学习中亲身体验，理解并掌握平行与垂直的概念，感受数学源于生活的魅力，体会运用数学知识解决问题的乐趣。

下面我们来看原春艳老师教授"梯形的面积"时，是如何采用多种方法开启学生思维，让学生在动手操作中学习知识的。

一、探究梯形转化的方法

师：要想研究梯形的面积，我们首先应该把梯形转化成学过的图形。你想用几个梯形去转化？

（一）用两个完全一样的梯形拼成平行四边形

1.学生动手操作。

2.学生展示操作办法。

3. 教师进行课件演示。

4. 总结：只有两个完全一样的梯形才能拼成一个平行四边形。

（二）用一个梯形转化成学过的图形

1. 教师布置任务：将一个梯形转化成以前学过的平面图形，自己先想一想，然后小组探讨一下，比比看哪个小组想出的方法多。

2. 学生小组活动，教师巡视指导，参与到小组合作交流中。

3. 班内交流，教师引导其他学生质疑，并对有道理的想法进行肯定。

4. 教师对学生提出的方法进行总结。

二、探究梯形的面积公式

（一）课件出示合作要求

小组合作，从这些方法中选择一种喜欢的方法，借助组长手中的《自主探究记录单》，尝试推导一下梯形的面积公式。

（二）小组合作，教师巡视

（三）班内交流，投影展示

鼓励学生随时进行补充、质疑、评价，教师适时进行课件演示，并为学生介绍"出入相补"原理。

（四）总结梯形的面积公式

1. 教师板书梯形的面积公式，并让学生齐读。

2. 学生思考：要求梯形的面积，必须知道哪些条件？

【设计意图】：引导学生经历"建立猜想—实际操作—观察发现—推导公式"的过程，促使学生掌握研究问题的基本思路，感受数学方法的内在魅力，发展思维，促进解决问题能力的发展。在实际操作环节，教师引导学生充分发挥动手拼、割、补、转、移等能力，使学生在动手探究中推导出了抽象的公式。】

4. 认知冲突经常化

激发和维持学生兴趣的方法有"形"和"质"两类。上面的三种侧重于"形"；利用学生的思维差异，制造认知冲突，激发和维持学生的学习兴趣，则侧重于"质"。

辩证唯物主义告诉我们：世界上没有两片完全相同的叶子。同样，世界上也不可能有思维完全相同的两个人。教师要认识差异、尊重差异、利用差异，让课堂美丽起来。捕捉学生思维的差异，会给我们的课堂带来更多的精彩。

下面是我校王秀玲老师教学二年级数学时的一则案例。

许多教师在教学"有余数的除法"时，都感到余数在生活中的应用对于二年级的小学生来说，是学习中的难点。这段时间有剧组在我们学校附近的海边拍戏。上课后，我说："同学们，我们学校要组织同学去海边看剧组拍戏（运用生活中学生感兴趣的话题，调动学生的参与意识）。咱们班的36个同学，一个也不能少，都要参加。"学生听了，都欢呼起来。"这样吧，我们这节课就来商量商量有关的事项，好吗？"学生跃跃欲试。我接着说："拍摄地在我校往北三公里远的海边，离我们学校不太远，但需要用车接送，学校联系了一辆车接送我们，这辆车限乘5人。"我把这个条件写在黑板上，没等我回过身来，张佳已经按捺不住内心的激动："那得往返多少趟啊？"其他学生也跟着议论起来，学生的好奇心已经被充分调动起来，大家自觉地产生了解决问题的愿望。我边板书边说："对呀，全班36个同学，这辆车限乘5人，那得需要往返多少趟才能把我们都送到目的地啊？"有的学生已经开始默数全班学生人数算趟数了（这些学生还没有养成运用数学知识解决生活中的实际问题的习惯，人是有差异的，在探求新知的过程中，有不同的方法也是自然的），但绝大多数学生还是用笔算的，仅一会儿工夫，学生纷纷说出了自己的答案。"7趟！"回答错落有致，但答案大都是"7"。我不慌不忙地说："我非常佩服这些拿笔算一算的同学，他们能够借助刚刚学过的除法来解决我们班面临的这个实际问题，值得我们大家学习，这样能够加快解决问题的速度。那么，7趟是怎么得出来的？"刚刚得到表扬的学生更加积极了，开始详细地解释自己的算式，数学味更浓了："我们班不是36人吗！一次运5人，看看36里边有几个5就行了，36÷5=7（趟）…1（人），你们看，有7个5，那就运7趟就行。"精彩的发言，让学生情不自禁地鼓起了掌声，因为他说出了大家的心声。"对呀，我现在就打电话告诉司机，运 7 趟就行了。"我话音刚落，陈利站起来着急地说："老师，不行，7 趟运完后，还有一个同学怎么办？"全班学生顿时愣住了。"7 趟才运 35 人呢！""对呀，还有一个呢！"学生着急起来，好像不能参加活动的就是自己一样。"怎么回事？"我故意装作搞不懂，"刚才不是算得清清楚楚的吗？"我指着板书重温了刚才学生的发言，"36÷5=7（趟）…1（人）。哎？这不是 7 趟吗？有什么不对吗？"学生不约而同地指出了算式最后边那个不起眼的余数"1"。短暂的讨论后，有了结果：余下的一个人也要运一趟，所以，应该运 8 趟。为了加深学生的印象，我让全班学生 5 人一组，模拟了坐车的场景。"噢！看来，余数在生活中并不是多余的。"为了证明余数在生活中不是多余的数，学生还举了几个例子来证明。在证明过程中，学生积极而投入地练习着。

与传统"坐而论道"的学习方式不同，体验学习强调的是"行而体道""行而察道"。它是一种需要学习者进入情境、亲自参与其中的活动，并在参与中获得体验、形成结论的学习方式，具有亲历性的特点。古人云："纸上得来终觉浅，绝知此事要躬行。"学生在情境中的亲身经历，是获得体验的基础，是反思并生成知识和情感的源泉。

在我们的实践中，善于发现学生的差异，并及时利用差异，开启学生智慧的大门，在学生有了一些直观感受后，设置新的情境，使学生产生新的认知，进而制造矛盾冲突，不断加深学生对所学知识的认知，而对这些经验的再次感悟就是学生实实在在的成长。差异处处有，就看怎么用，通过这一课，我清楚地认识到：尊重并利用学生的差异资源，制造学生的认识冲突，能激发学生浓厚的学习兴趣，演绎更精彩的高效课堂。

总之，教师在课堂教学中要充分调动学生的好奇心、开拓学生的思维、挖掘学生的潜能、激发学生的兴趣，并采取一定的方式，使他们从内心对学习产生持久的动力。

（三）方法的选择

"教学有法，教无定法，贵在得法。"作为教师，在课堂上一定要掌握和善于运用教学方法。

教学方法是课堂教学中的重要组成部分，它和其他部分，如教学目标、教学内容等相互影响、相互体现，并对课堂教学效率产生重要影响，教学方法采用得恰当，对提高课堂效率、促进学生发展有很重要的作用。因此，教师要选择科学、合理的教学方法。教学方法要创新，不搞"一言堂""满堂灌"。

1. 依据学科选择适当的方法

学科不同，教学方法也不同。根据学科特点和学生特点，选择适当的教学方法显得尤为重要。为使教师更准确、科学地选择教学方法，我们确定了各学科的教学要求。下面以语文、数学、英语三个学科为例来谈一谈。

（1）总体要求

尊重差异，关注学生习性的养成，关注学生学习兴趣的激发与维持。师生在课堂上的状态积极、主动、健康、快乐，才能充盈着真挚的幸福感。

（2）具体要求

① 语文学科

阅读：继续研究"一拖三"课堂阅读、"一拖一"单元主题阅读。"一拖三"课堂阅读，即在课堂上进行一篇课文拖三篇课外文章的阅读，将有效的教学时间压缩为 25 ～ 30 分钟，剩下的 10 ～ 15 分钟，引导学生完成与文本人文主题或是体裁相关的三篇文章的阅读。"一拖一"单元主题阅读，即围绕单元主题，一个单元拖一本课外书的阅读。

习作：使作文教学内容生活化、趣味化，解决学生作文中说空话、假话的问题，要让学生言之有物、言之有序。

写字：重点加强书写的指导，挖掘汉字的内在含义，写好汉字。

口语：说完整的话，口语表达清楚、有条理。

② 数学学科

继续研究"三让四步"思维训练教学模式。这里的"三让"指让学生主动参与，让学生主动探究，让学生主动合作。"四步"指课前检测，激趣定标；自主探究，交流点拨；练习巩固，变式提高；分层达标，反馈总结。针对学生差异，从学生兴趣的激发与维持入手，以思维训练为重点，以学生为中心，构建适合不同层次学生发展的课堂教学模式。教师在课堂上关注差异、转化差异，与学生共同提高，充分体现学生是数学学习的主人，教师只是数学学习的组织者、引导者和合作者。

继续研究数学练习课的课堂教学方法，让学生在练习活动中充分展示自己的聪明才智，培养数学能力，使练习课在有限的时间内发挥最大效能，提高教和学的实际效益。

③ 英语学科

继续研究如何有效利用课堂时间提高学生的听说能力，确保达成度。根据此要求，学校教师以本班为基地，进行了实践探究，提高了课堂教学效率。

下面节选我校刘晓玲老师撰写的教学反思的部分内容，从中我们可以看出，刘老师师基于学情，对教学方法进行了深入研究。

依托课例进行实践，努力实现课堂提问的有效性

发现问题了，我就来解决问题。我将课堂提问分为三个环节：课前备课中设问、课堂实践中精问、课后总结中思问，把课堂提问研究的意识渗透在每个教学环节中，并落实到行动上。确立了教学目标，就明确了研究的方向——提高语文课堂提问的有效性。

为了提高语文课堂中提问的有效性，我们有计划地开展了多节课堂教学听课、评课活动，主要从提问的数量要少而精、提问的难易要适度、提问要切中要害等几个方面入手，对小学语文教学中课堂提问的有效性进行研究。我们在听课中特别关注语文课堂提问的质量，同时注重观察课堂中教师的提问技巧、学生的提问能力，从中吸取经验和教训。在评课中，每位教师都针对课堂提问发表了看法。

在课堂教学中，我首先转变自己的观点，努力增强学生的提问意识。①激发学生提问的兴趣。教师应相信学生的潜力，给学生提问的机会，对学

生提出的问题给予及时反馈，对提出有价值的问题的学生给予表扬。②鼓励学生大胆质疑。教师在课堂教学中应鼓励学生大胆表达自己的疑惑和见解，即使学生的问题很幼稚，也应给予肯定。③让学生参与课堂提问的设计。在预习、学习或复习阶段，均须安排学生参与到课堂提问的设计中来，因为学生提出的问题才是他们真正感兴趣和关心的问题。

2. 依据学情选择适当的方法

无论什么方法，只有适合学生的才是最好的。"实践是检验真理的唯一标准"，适合不适合，只有去学生中看一看了。教师应根据本班学生的特点，努力寻找出基于学生差异，适合学生最大限度发展的教学方法。

下面是我校宋少华老师的随笔。

寻求培养学生倾听习惯的方法

针对班级出现的情况，我通过查找资料和分析资料，最终制订了具体实施的方法，并在本班进行了实践。

低学段学生年龄小、好动，注意力集中的时间短。在数学课上要让他们学会倾听，养成倾听的习惯，寻找机会对学生进行专门的倾听教育，是非常必要的。

一、传授方法，培养习惯

低学段的学生表现欲望比较强烈，总喜欢自己说或是和别人抢着说。针对这些情况，要让学生了解：一个爱发言的学生是老师喜欢的好学生，但是一个乐于倾听的学生更是一个乐于思考的好学生，老师会更喜欢；发言是参与学习的表现，倾听也是参与学习的表现。我引导学生在倾听其他学生发言时要做到：①耐心细致地听完他人的发言，不随意打断或嘲笑别人；②要听清楚他人的发言，领会意思；③补充他人的发言时要先举手。

二、利用素材，激发兴趣

事实上，要求学生在课堂上每一分钟都全神贯注是不可能的。现代心理学证实，即使同一个人，在不同时期、不同环境下，注意力保持的时间长短及注意点分布情况也不同。兴趣永远是最好的老师，但倾听对于好动、活泼的学生来说无疑是无趣的。作为一名优秀的教师，就是要想方设法从这种无趣中寻找和创造乐趣。苏霍姆林斯基说："儿童是用形象、色彩、声音来思维的。"新教材中引入了许多小学生喜欢的图片，教师要充分利用这些素材，激发学生的学习兴趣，同时可以根据学生的生理、心理特点，结合课题引入一定的故事。

三、恰当评价，鼓励倾听

苏霍姆林斯基说："给儿童以劳动的快乐，取得学习成绩的快乐，唤醒隐藏在他们心中的自豪感、自尊感，这就是教育工作的一条金科玉律。"社会心理学家也认为，受人赞扬、被人理解和尊重能使人感受到生活的动力和自身的价值。正确、适当的评价是调动学生学习积极性的重要因素，也是培养学生倾听习惯的重要手段。所以在"听"的培养中，教师千万不要吝啬赞扬，要让学生品尝到成功的喜悦，获得满足感。

四、专项训练，巩固习惯

①听写训练。我们不再报一个算式，让学生写一个算式，而是连续报两个或三个，乃至更多，要求学生在听过两到三次之后一次性写出来。在训练了一段时间之后，再增加报的内容，缩短听的次数。此项训练有较强的挑战性，数次之后，学生的倾听能力会明显提高。②简要复述。学生先倾听老师的讲解和同学的表达，然后进行简要的复述。此项训练让学生明白倾听不仅用耳朵，还得用心、用脑，从而养成良好的倾听习惯。③"传话"游戏。在课堂中穿插"传话"游戏，学生是很感兴趣的。"传话"游戏轻松有趣，能拂去学习的疲劳，而且往往能在短时间内让学生集中精神、侧耳倾听。"倾听"一词的意义就在这一刻体现得淋漓尽致。

"磨刀不误砍柴工。"在上面这些项目上花一些时间进行专门训练，初看像是浪费时间，其实它们对学生倾听习惯的养成至关重要。

学生倾听习惯的养成，靠模仿、激发兴趣和集中教育是远远不够的，这需要一个慢慢的培养过程，不是一朝一夕的事，因此需要教师经常强调、反复提醒。在平时的数学课堂中，我们应把倾听习惯的养成教育贯穿始终，从大处着眼、小处入手，运用多种策略来促使学生养成良好的倾听习惯。

课堂教学方法多种多样，不同的内容、不同的课型，教法就不同。学生对学习方法的选择也是多样的，不同学科、不同内容、不同教师、不同思维，学法就不同。因此，在教学中要基于学情将各种教学方法进行组合，做到灵活多样、富有情趣、具有实效，并能体现时代的特点和教师的教学风格。只有这样，才能使教学方法科学化，才能提高教学效率，实现真正意义上的生本课堂。

（四）课堂的注重

我们倾力打造"五四三二一"生本课堂，激发学生的生命潜能。"五"是"五步"，指课堂教学的五个环节，即激趣导入、自学探究、合作互学、梳理提升、达标拓展；"四"是"四精"，指"三个精心设计"和"一个精讲"，即精心设计导入，精心设计问题，精心设计练习，在授课过程中教师要精讲；"三"是"三体现"，指在课堂教学过程中要体现学生的主体地位，体现和谐的师生关系，体现习性养成教育；"二"是"两个重点"，指以培养自学能力和发展思维为重点；"一"是"一个中心"，指以学生为中心。为此，我们做到了以下几个"注重"。

1.注重培养学生的自主学习能力，主要采取这几步来进行：在教学设计中设置"自主合作"环节，在教学实施过程中探索"自主合作"实践途径，激发和维持学生的兴趣，在课堂小结中反思"自主合作"的效果。

2.在教学方法的选择上，注重学生，重点做到"三关注"：一是关注各类学生的学习兴趣、爱好、知识、能力，做到因材施教，考虑如何针对学生的差异激发与维持学生的学习兴趣；二是关注学生的课堂习性养成，按照《学生课堂习性观察量表》对学生进行训练，并对教师进行评价；三是关注学生的学科素养，包括语文素养（演说、写字、朗读、积累、复述、评价），数学素养（运算、推理、应用），英语素养（听、说、读、写）等。

3.围绕高效课堂，注重研究价值、内涵、程式、时间、关系、协同、素养、习性八大效率。

4.注重分学科完善生本课堂操作策略。比如，语文学科构建了差异弥散性教学模式，即演说训练，导入新课；预习反馈，了解学情；个性读悟，差异共融；拓展阅读，巩固新知；作业超市，自主选择。数学学科构建了"三让四步"差异教学模式，核心理念是"三让"：让学生主动参与，让学生主动探究，让学生主动合作。我们根据"基于差异—差异融合—差异推进—差异转化"的思路，确定了"四步"教学法：一是课前检测，激趣定标；二是自主探究，交流点拨；三是练习巩固，变式提高；四是分层达标，反馈总结。英语学科构建了"三步五环"教学模式，"三步"指任务驱动、分类尝试、生活体验，"五环"指激趣导入、呈现新知、分类合作、运用任务、拓展延伸。

坚持以学定教，做到因差异而教、依差异而教、为差异而教，是构建生本课堂的首要教学原则。如果我们在课堂中只是为了差异而进行差异教学，那我们对差异教育的研究，则会流于形式。

（五）课堂的变化

在开展差异教学实践的过程中，我们进行了自主合作教学模式的探索。下面我们通过刘欣玲老师的教学设计来看我们实施了自主合作教学模式后课堂的变化。

《鱼游到了纸上》教学设计

【教学目标】

1.品读文章，感悟青年人的勤奋、专注、执着。

2.学习刻画人物的动作、神态、外貌等。

3.培养在学习中坚持不懈的品质。

【教学重难点】

学习刻画人物的动作、神态、外貌等，从中感悟人物的品质。

【教学过程】

一、导入

你能说出几句表达有志者事竟成的诗词或名句吗？

小组交流展示。

二、熟悉课文

快速阅读课文，思考：课文写了一件什么事？

学法提示：谁＋做什么＋结果。

生展示交流，师点拨引导。

三、感悟课文

（1）品读文章：你眼里的青年是怎样的一个人？说说你的理由。

学法提示：抓关键词或找修辞手法。

小组内交流，全班展示时应有所侧重，要围绕人物的动作、神态、外貌来研讨，做到重点突出。同时可以让学生有感情地朗读课文，以展示自己的理解。

（2）源头活水：交流学过的课文中有关人物描写的词句。

四、写作练笔

"围观的人越来越多，大家赞叹着，议论着。"人们是怎样赞叹和议论的呢？请同学们展开想象，把它写下来。

写法提示：运用以前学过的课文中有关人物描写的词句。

生生交流，共同点评。

五、点评小结

（1）课代表点评（从三方面进行：语言积累、坚持不懈的品质、团队意识）。

（2）各小组成员互相点评（组内交流）。

（3）师总结：学会观察，学会感受，学会思考，学做生活的有心人。

六、布置作业

（1）积累优美的语言。

（2）完成课堂练笔。

（3）阅读本单元的随读篇目《月是故乡明》。

学生的变化是我们工作最鲜活的验证。四年级（3）班原晓烁同学道出了学生的心声。

我是四年级（3）班的学生，我叫原晓烁。我与黄一、孙萌、高寒同学组成了一个小组，组名是"奋发进取"。我很高兴能站在这里，和大家分享我们的学习心得。首先，我代表全组成员，向深切关怀我们、辛勤培育我们的老师表示衷心感谢！今天我汇报的题目是"一分耕耘，一分收获"。

自从踏入四年级（3）班的殿堂，我便深深地体会到前所未有的温暖与幸福、快乐与感动……

优异的成绩背后是辛苦付出的汗水，"一分耕耘，一分收获"。在平常的学习与生活中，我们小组达成共识：强化集体荣誉感，所有成员齐心协力，共同建设一个团结、互助的小组；积极投入课堂，营造良好的学习氛围；成员之间互相帮助、互相监督，提高竞争意识；巩固所学知识，做到"温故而知新"。

一个好的集体，最重要的就是组员要团结、齐心协力，在这种理念下，我们小组行动着、努力着，一步步走向优秀。

课堂上，我们小组的精、气、神可是高得很。积极踊跃是我们组的主调，无论是谁，大胆举手回答问题早已是很平常的事。小组交流更是激烈，每个组员都有新颖的观点和别出心裁的看法。最值得一提的是，我们组会从多个方面思考问题，然后汇集所有组员的观点，一起梳理总结。只有小组中所有成员团结起来，才能共同成长、共同进步，不是说"团结就是力量"嘛。

团结，齐心，努力，这才是成功的诀窍。

学习，是我们最重要的任务。同样，小组的进步，自然是离不开学习的，而秘诀在于"温故而知新"，高效地完成课堂任务。

仔细听讲，是怎样也不能忽略的；积极也是必不可少的，只有积极面对课堂，才能高效地吸收知识。虽然小组探讨问题很重要，但也不能忽视交流，只有大家交流了各自的观点，才能找出不足，从而取长补短。我们组成员上课都非常"勇敢"，敢于亮出观点、大胆发言，久而久之，在一次次的磨炼中，我们的成绩也提高了。课间，我们小组经常进行激烈的比赛，将需要背诵的语文课文、数学定义、英语单词和课文等拿来较量一番。将游戏与学习融合，是提高学习效率的有效途径，我们小组正因有了这些良好的习惯，才能够名列前茅。

行动积极，温故知新，高效巩固，这才是学习的秘诀。

帮助，是一种良好的品质，也是提高小组整体素质的重要途径。而且，小组要想进步，组中成员必须有上进心。小组的竞争意识，也同样是必不可少的。

经过一次次的检测，我们发现，总是会有一两个"绊脚石"拦住我们通往成功的道路。我们小组在这方面做得很不错，都懂得互帮互助。因为每个人都有自己的长处与不足，只有互相帮助、取长补短，才能使自己变得更加完美。我们小组中，3、4号学生经常主动询问，那求知的神情让我至今记忆犹新；1、2号学生也热情帮助，互相探讨，在小组中形成一种良好的学习氛围。竞争意识能促使人迸发出巨大能量，催人上进。我们组的4个组员都积极参加各种比赛，这次趣味运动会我们组就有3人参加了比赛，并获得了理想的成绩，还增强了自己的竞争意识和集体荣誉感。也正因为这样，一个小组、一个集体才得以在激烈的竞争中脱颖而出。

互帮互助，积极上进，以集体利益为重，这才是进步的重点。

课后的努力也不能疏忽，尤其是家庭作业，更不能草草了事，我们组对家庭作业很重视，组员互相监督，努力做到一丝不苟。

每天早晨，组员到齐后，第一件事，也是最要紧的一件事，就是检查作业。开始，虽然大家都不太习惯，但也都明白，这是为了自己，因此也都赞同。时间长了，大家逐渐养成了好习惯。我们小组成员对待作业的态度都很认真，没有一个人为了应付而草草了事，书写认真自然不用说，疑难点也标注得一清二楚。我明白，这些好习惯的养成，正是促进我们小组整体进步的基本原因。

一切的一切，都是凭着大家的共同努力做到的。"一分耕耘，一分收获。"在今后的学习生活中，我们会一如既往地努力下去。

在教学相长的过程中我们一次又一次地飞跃，课堂教学迈出了坚实的步伐。下面是四年级语文教研组提供的教案。

"纯真的童年"群文阅读课教学设计

【教学目标】

1.阅读《梦里梦外尽是书》中"纯真的童年"部分的系列文章。

2.学会一些阅读的方法和技巧。

3.感悟童真童趣,激发阅读兴趣。

【教学方法】

自主、合作、探究教学法。

【教学课时】

一课时

【教学准备】

学生自制课件。

【教学过程】

一、国学三分钟

原文:见贤思齐焉,见不贤而内自省也。(《论语·里仁》)

译文:看到有德行、有才能的人就向他学习,希望能向他看齐;见到没有德行的人就要在内心反省自己的缺点。

注释:贤:有德行、有才能的人。齐:平等,向…看齐,与…平等。

近义词:力争上游、取法乎上、见德思齐

反义词:不思进取

意思相近的一句话:"三人行,必有我师焉。择其善者而从之,其不善者而改之。"(《论语·述而》)

二、童年故事导入

三、交流展示

1.第三组、第五组展示《为了看书不吃面包》

(1)他有一头浓密的头发,一双闪着智慧的大眼睛,苍白的脸色显示出他营养不良,他穿着单薄的衣服,在寒风中瑟瑟发抖。

交流:这是一段外貌描写,告诉我们这是一个生活艰苦但很聪慧的孩子。

（2）"《格林童话》还没有看完呢。"小伯尔熟练地走到书架前，拿起那本《格林童话》便急切地翻看起来。

交流：这是动作描写，写出他酷爱看书。

（3）小伯尔眼睛发亮，紧紧地盯着书本，全神贯注地看着。他完全沉浸在故事中了。《白雪公主》中 7 个小矮人有趣的生活、机智的谈话逗得他轻声笑了起来。

交流：这段神态描写写出他看书很入迷。

（4）他把那个小铁罐拿出来，把钱一枚枚地放进铁罐里，又小心翼翼地把铁罐藏起来。

交流：这一系列动作，展现出他珍惜钱，渴望有一本书。

（5）上学路上，他又经过那个面包坊。一阵阵的奶油面包味直扑鼻孔，他使劲地咽着口水。面包坊的老师傅看见他走过来，亲切地招呼他："小伯尔，今天想吃什么面包？我这里有奶油面包、火腿面包，还有新来的葡萄夹心面包。"小伯尔真想吃一个香喷喷的面包，但他喜爱的新书在向他招手呢。他慌忙撒个谎："谢谢您，我已经吃过了。"说完，他拔脚跑了起来。他想赶快离开这儿，逃离那阵阵香味带来的巨大诱惑。

交流：一系列的动作和心理描写，展现出他内心的矛盾，是温饱的物质需求和书本的精神营养的激烈斗争，最后读书的渴望战胜了。一个鲜活的爱书人跃然纸上。

2. 第四组、第六组、第八组展示《童年》

（1）朗读诗歌。

童　年

童年是妈妈甜而不腻味的催眠曲，

童年是爸爸粗而不扎人的胡茬儿，

童年是奶奶穿针引线缝制的小背包，

童年是爷爷摇头晃脑吟哦的千家诗。

……

（2）分角色朗读。

（3）感知诗意。

找出诗中的排比句和比喻句，并说说自己的感受。

（4）讲述童年的趣事。

3. 第二组展示《难忘的体罚》

通过情景剧展示故事情节。

4. 第一组、第七组、第九组展示《走进作者》

（1）冰心

① 冰心的颁奖词

她的名字亲切、优雅，她的文笔朦胧、潇洒。她那圣洁的言辞像母亲的手抚慰着每个读者的心房，她是天地间最美的图兰朵！

② 冰心散文的艺术风格

冰心是一位卓越的语言艺术大师，开创了属于她自己的"冰心体"散文语言。

她的散文多用生活化的语言，体现出朴实、自然的生活气息，文字飘逸，有清新隽永的诗意特征。环境描写多不加修饰，展现了一幅幅美丽、生动、鲜活的画面。

冰心的散文语言展示出的朴实、诗意和图画美让读者有适情适意、适神适志的感受，给人以美的享受。

③ 冰心的代表作品

冰心的代表作品有《繁星·春水》《超人》《寄小读者》《往事》《南归》《姑姑》《闲情》《去国》《平绥沿线旅行记》《冬儿姑娘》《关于女人》《陶奇的暑期日记》《还乡杂记》《归来以后》《再寄小读者》《我们把春天吵醒了》《小橘灯》《樱花赞》《拾穗小札》《晚晴集》《三寄小读者》《记事珠》等。

④ 作家评价冰心

一代代的青年读到冰心的书，懂得了爱：爱星星、爱大海、爱祖国、爱一切美好的事物。我希望年轻人都读一点冰心的书，都有一颗真诚的爱心。

——巴金

在这里，我们觉得冰心女士所谓"人世间只有同情和爱恋，人世间只有互助和匡扶"——这样"理想的人世间"，就指的文艺原素之一的"微笑"；而所谓"人生的虚无"就指"苦难的现实"，就意味着所谓"泪珠"。而且她明白说：她要讴歌"理想的"，她不愿描画"现实"，赚取人们的"泪珠"。

——茅盾

（2）亚米契斯

亚米契斯（1846—1908），意大利著名作家，自幼酷爱学习，喜欢军旅生活，青年时代就成了一名步兵军官。

亚米契斯游历过许多国家，发表过一系列游记，其中最著名的有《西班牙》《摩洛哥》《君士坦丁堡》等。亚米契斯以描写家庭生活、学校生活见长，其中最著名的就是《爱的教育》。

《爱的教育》是意大利人必读的十本小说之一，是世界文学史上经久不衰的名著，被各国公认为最富爱心和教育性的读物。该书自出版以来，始终畅销不衰，目前已有100多种文字的译本。

通过阅读《爱的教育》这本书，我们可以了解到如何为人处世，如何成为一个有勇气、充满活力、正直的人，如何敢于承担责任和义务——不仅是对家庭，还包括对社会的责任和义务。

（3）三毛

① 三毛是个以生命为代价，追求生存的最大价值的女人。

当我们在生活中被现实鞭挞得体无完肤的时候，我们总希望有那么一个地方令我们神往。生活离不开浪漫的支撑，虽然我们大多数的人都不可能像三毛那样背着行囊去远行，但我们却可以悟出：去追求，去冒险，去体验痛苦，总会有收获的。

② 名人看三毛

三毛不是美女，一个高挑着身子，披着长发，携了书和笔漫游世界的形象，年轻的坚强而又孤独的三毛对于大陆年轻人的魅力，任何局外人做任何想象来估价都是不过分的。许多年里，到处逢人说三毛，我就是那其中的读者，艺术靠征服而存在，我企美着三毛这位真正的作家。

——贾平凹

③歌曲《叫三毛的女孩》

那个叫三毛的女孩　她从远方来

飘飘扬扬的长发　带着淡淡的悲哀

那个叫三毛的女孩　她从远方来

画出温柔的夜晚　还有沙漠和大海

风悠悠地吹　浪轻轻地拍

她说家里太寂寞　独自走出来

独自走出来

那个叫三毛的女孩　她从远方来

留下天真的稻草人　祝福世界早康泰

风悠悠地吹　浪轻轻地拍

三毛告诉每个人　雨季不再来

雨季不再来

风悠悠地吹　浪轻轻地拍

三毛告别去远方　盼她能回来

盼她能回来

四、师生总结阅读文章的方法

板书：走进作者，品析、积累语言，演出你心中的文章。

五、拓展阅读《在路上》(节选)

师生共品、交流。

六、小结

让我们一起放飞心中的读书梦吧！

百舸争流，激情澎湃，热血沸腾，课堂中的感动随处都有。下面是刘欣玲老师的一则教学随笔。

花开·呢喃

什么叫快乐？我可以借用诗人艾青的一句话："去问开化的大地，去问解冻的河流。"

——温家宝

"我是0.5号，这节课我是曲新宇小组的成员，记住我不是老师了啊。"曲新宇小组力量有些薄弱，我一心想帮他们一把。

"为什么是他们小组的？"班里学生一片惊疑。

"老师希望你们都好，希望你们共同努力。谁希望咱们班的兄弟姐妹有困难？谁不想伸手帮一把？"我严肃地说道。

全班寂静无语，一片默许。

"先在小组内交流你们预习的内容，8分钟后你们给大家讲解，记住，讲解时你们就是老师。简而言之，我平时怎么上课的，你们就大胆地尝试，你们说了算。"鼓励之语一出，学生表现出满脸的兴奋和期待。

"抓紧时间！快！""说关键的啊！""4号先说，我们给你补充，快！"……我在教室里溜达了几圈，学生激烈地讨论着、争论着、比画着、书写着……我想和他们说几句，可又不想打乱他们的思维。

"现在开始讲解你想教给大家的，哪个小组先来？"一双双小手"唰唰"地举过头顶。

"同学们，请翻开课本，看第一自然段最后一行，'居然'一词是竟然的意思，我体会出当时收获花生时高兴的心情。"（季小雨）

"我补充，'高兴'还可以换成'兴奋'。"（原晓烁）

"还可以是'喜悦''喜出望外'。"（原瑞）

"同学们有没有补充和质疑的？把刚才这些记到书上！"（季小雨）

一旁的我第一次彻底放手让学生自己讲，心情颇不平静，来不及整理思路，就再次被学生引入下一轮的段落赏析中。

"同学们，请看第三自然段：'那晚上天色不大好。可是父亲也来了，实

在很难得。'从这段话中我读出了父亲再忙也要来参加我们的这个收获节。"（原子恒）

"我不同意你，原子恒，老师说过必须找词语和修辞手法，你这样分析整个段落不行呀。"（黄一）

"对不起，我忘记了。谢谢你的提醒。"（原子恒）

"我补充，'难得'这个词语让我体会出，在百忙之中父亲仍然要参加这个收获节，说明他要教给我们的道理对我们是很重要的。"（张昊杰）

"'可是'这个词语也能体现父亲很忙。"（张露）

学生有些羞涩，措辞有些不准确。

"我想给大家讲解第十自然段。父亲说的这段话通过对比，写出了花生默默无闻的精神。同学们有没有补充？"（庄文琦）

"我觉得是父亲希望我们成为像花生一样的人。"（冯伟琪）

"不只是默默无闻，还没有漂亮的外表，而且对别人要有用。"（周泰杰）

"0.5号要补充了……"我给大家讲解了由这段内容总结出的写作方法（借物喻人）。

"小老师"们讲解着，学生补充着、质疑着、记录着。我是0.5号，我骄傲！学生才是课堂的主人。课后，我问："咱们上课开始，季好说'起立'时，大家说什么？"

"老师好！"学生异口同声，回答得很响亮。

"从今天起，咱们改了，季好说'起立，我的课堂'，咱们大伙儿说'我做主'！"我兴致也来了。

"好！"学生清脆的声音在我耳边久久回荡。

最后吟诵一首感悟生活的词：冬未老，风寒吾在涯。试敲孩童兴浓处，半缕呼唤满腔喜，快乐心间滑。此课后，修道更修缘。最是花开呢喃时，且将新火试新茶，诗酒趁年华。

教师希望学生在课堂上表现活跃，就必须认真做好教学设计，对学生进行正确引导，并给予热情鼓励。下面我们来看刘欣玲老师的教学设计。

《古诗二首》教学设计

【教学目标】

1. 通过自主合作的学习方式进行课前预习，会读生字，会写易错字，了解作家和作品，朗读古诗，理解古诗的意思。

2. 采用抓关键字词的方法，借助想象、朗读、合作表演等形式，赏悟古诗的意境美，体会童真童趣。

3. 拓展阅读表现童真童趣的诗词名句，积累语言，激发抒写生活的兴趣。

【教学重难点】

品析词语，赏悟古诗的意境美。

【教学方法】

自主、合作、探究教学法。

【教学过程】

一、你吟我咏，阅读经典

吟咏表现童真童趣的诗词名句。

二、导入新课

(一) 检查预习

课前组内进行了预习检查，请大家一起交流展示。

1. 听写字词，把和大家交流的字词写到小黑板上。

2. 组内检查朗读古诗。

3. 作者简介。

4. 古诗释义。

(二) 品读——含英咀华品诗味

1.《牧童》

（1）师：你触摸到诗人的心了吗？你感受到牧童的生活了吗？诗是有画面的，请大家闭上眼睛，想象一下，有什么样的画面呢？

（2）师：想象力真丰富，你很棒！你是怎么想象出来的？请你读读相关的句子。

（3）师点拨讲解"弄""卧"，并板书。请学生思考：若换成"吹"可以吗？

（4）师：这是世间最惬意、最美妙的一"卧"，简直赛过神仙呢！你能完成下面的填空吗？

_____是我夜晚的一盏灯，看_____。

_____是我最舒服的大床，深深呼一口气，呵！闻到了_____。

_____是我的被子，我还有好多被子呢！有_____，有___。

_____是最温柔的手，轻轻地抚摸着我。

耳边传来我喜欢的小夜曲，你听，有_____，有_____，有__

_____，还有_____，它们都在为我唱歌呢！

（5）师：这真是天地间最美妙的卧房，眼前这位悠闲自在、怡然自得的牧童，谁能忍心去打扰他美丽的遐想？（师板书：自由自在）

（6）师：此刻你就是牧童，请诵读出你心中的快乐和惬意。（指生读和齐读）

（7）师生共同总结学习古诗的方法：品读，抓关键词，借助想象，进行朗读。

2.《舟过安仁》

（1）师：海阔凭鱼跃，天高任鸟飞。大家用上面的方法一起学习《舟过安仁》。

（2）小组交流讨论后展示。

① 结合自己的感悟，朗读诗歌。（边读边想象）

② 假设自己就是那舟上的小童，演一演心中的快乐和梦想。

三、拓展阅读：欲穷千里目，更上一层楼

1. 指导学生阅读《清平乐·村居》《桑茶坑道中》《闲居初夏午睡起》，品读出其中的童真童趣。

2. 学生交流讨论、展示。

3. 指导学生写出自己心中的童真童趣。

4.学生展示、评价。

5.学生总结收获。

四、布置作业

整理自己写的表现童真童趣的小故事。

五、预习《冬阳·童年·骆驼队》

1.熟读课文，学习生字词，圈出易读错或易写错的字。

2.哪些画面给你留下的印象最深？在旁边写写自己的感受。

阳光照在波光粼粼的海面上，像给海面铺上了一层闪闪发光的碎银，又像被揉皱了的蓝缎。生本课堂，我们一直在深入探究；差异教学，我们一直在努力实践，只为浪花朵朵更出彩！

第四章

构建适合学生发展的课程体系，尊重生命成长

我校校本课程的开发以学生的个体需求为出发点，具体以学生的能力、需要、兴趣为中心，适当考虑学校的传统特色、教师的能力和现有资源等实际情况。几年来，随着不断积累和改进，学校构建了相对完整的，能够最大限度地激发学生学习的积极性和主动性、发掘学生个体的优势潜能、促进学生个性健康发展的，具有我校特色的课程体系。

第一节　规划校本课程开发的流程

由于开发校本课程是为了更好地尊重和满足学生的差异性与多样性而兴起的有计划的教育改革，所以每一所学校开发校本课程的活动目标和内容都是具有特殊性的，我校开发校本课程的大体操作流程如下。

一、建立组织，合理规划

学校建立了三级组织，对学校课程进行合理规划并实施：一是成立了校本课程开发领导小组，统一组织领导；二是设立了由教导处、政教处、艺体组共同参与的校本课程开发专业委员会，负责校本课程的开发；三是设立了

校本课程开发监控委员会，对开发工作进行监督和评价。建立了组织后，开发专业委员会便可对校本课程的开发做出整体规划，根据学校的条件和设施，对校内外环境和教育资源进行系统分析，制订《校本课程开发方案》，确定课程开发的整体框架。

二、以生为本，开发课程

我们以学生的成长为中心，尊重学生的意愿，分以下几步开发课程。

（一）明确课程理念

校本课程的开发不仅仅是一种方法或技巧，更是一种理念，关涉到一种教育哲学。在校本课程开发理念的问题上，我们主要采取以学生发展为本的课程取向，兼顾教师的能力和水平，树立全员参与的合作精神以及民主公平的教育观念，体现个性化的价值追求以及广泛多样的课程资源观。正确的理念能够指引校本课程的开发方向，形成教育合力，凝聚学校特色，形成学校优势，促进学生人性的全面和谐发展和人格的日臻完善与自我实现。我校的课程设计理念就是我们的办学宗旨，即"尊重天性、张扬个性、涵养德性、磨炼韧性"。在明确理念的前提下，学校自主决策，教师参与课程设计，在集体合作、探究与共享中进行校本课程的开发。

（二）科学评估现状

校本课程的开发既要科学规范，又要符合实际，应在先进的课程理念的指导下对学校内外的情况进行详尽分析和科学评估。外部的情况包括社会和地区文化的变迁、社会和家长的期望与价值观、课程政策的改变、地方和社区的课程资源存量等；内部的情况包括学生的资质、知识、习惯、兴趣、能力、已有经验与需要，校长和教师的价值观、兴趣、技巧、知识、经验、优势、缺陷，学校的氛围、权力结构以及课程的信息资源、人力资源和物质资源等。只有把学校的资源条件分析透了，才能决定进行何种程度的开发。这个步骤一般在开发的起始阶段进行，多采用问卷、观察、访谈等形式进行调查，获取资料，在此基础上，再进行系统分析。

附:

学生志趣、需要、特长调查问卷

亲爱的同学们:

为了满足你们的兴趣、爱好和发展需求,本学期学校将继续开设符合学校实际和你们喜欢的校本课程,请你认真思考并回答下列问题,为学校开设校本课程提供依据。

1. 你希望通过校本课程的学习达到什么目的?(　　)

A. 对今后的学习和生活有帮助

B. 对提高学习成绩有帮助

C. 提高自己的素质

D. 随便玩玩

E. 其他,如_____

2. 你对哪些学科或门类的知识、信息感兴趣?(　　)

A. 文学知识　　　　B. 科普知识　　　　C. 文化历史

D. 体育游戏　　　　E. 乡土知识　　　　F. 其他,如_____

3. 你希望学校开设哪些校本课程?(　　)

A. 学科类　　　　　B. 艺术类　　　　　C. 技能类

D. 体育类　　　　　E. 社会实践类　　　F. 其他,如_____

4. 你最喜欢的学科是(　　),理由:_____

5. 你最不喜欢的学科是(　　),理由:_____

6. 你有哪些兴趣、爱好和特长?(　　)

A. 绘画　　　　B. 体育　　　　C. 数学　　　　D. 摄影

E. 唱歌　　　　F. 舞蹈　　　　G. 英语　　　　H. 书法

I. 阅读　　　　J. 其他,如_____

7. 你希望自己哪方面的能力得到发展?(　　)

A. 绘画　　　　B. 体育　　　　C. 数学　　　　D. 摄影

E. 唱歌　　　　F. 舞蹈　　　　G. 英语　　　　H. 书法

I. 阅读　　　　J. 其他,如_____

8. 你最喜欢参加的集体活动有（　　），理由：＿＿＿＿＿＿＿＿

　　A. 运动会　　　　B. 阳光体育活动　C. 心理健康辅导

　　D. 法制讲座　　　E. 升旗仪式　　　F. 其他，如＿＿＿＿＿

9. 你认为还应该开设哪些课程？把课程的名称和你的理由写在下面的横线上。

　　名称：＿＿＿＿＿＿＿＿＿＿＿＿＿＿＿＿＿＿＿＿＿＿＿＿＿＿

　　理由：＿＿＿＿＿＿＿＿＿＿＿＿＿＿＿＿＿＿＿＿＿＿＿＿＿＿

10. 如果你选择了校本课程学习，你希望学校采取什么方式对你所学的校本课程进行检测？

＿＿＿＿＿＿＿＿＿＿＿＿＿＿＿＿＿＿＿＿＿＿＿＿＿＿＿＿＿＿＿

校本课程开发申报表

对校本课程的总体规划	本学期要紧密结合我们的办学理念，即"让每个生命像鲜花一样怒放"，遵循"尊重天性、张扬个性、涵养德性、磨炼韧性"的办学宗旨，以学生的能力、需要、兴趣为中心，适当考虑学校"海洋文化"的办学特色以及教师的能力、现有资源等实际情况，积极开发出相对完整的，能够最大限度地激发学生学习的积极性和主动性、发掘学生个体的优势潜能、促进学生个性健康发展的，具有我校特色的课程体系，主要包括以下三类。 1. 基于学生志趣的选修课程 主要包括以教师为主开发的读写指导、诗歌欣赏等学科拓展性课程，也包括由教师开发的民间工艺和民间艺术类课程，还包括书法、绘画等艺体类课程。 2. 基于学生现实需要的集体性活动 这类课程可以包括学法指导、情绪调控、人生规划等心理辅导课程，也可以包括对学生个性、学习、生活等进行的专题调研和教师家访情况反馈等内容。 3. 基于学生爱好、特长的社团活动 这类活动大都基于学生相对成熟的爱好、特长，比如，文学、摄影、武术、篮球、足球、合唱、戏剧等。 21世纪的教师要具有课程开发的能力。完善的校本课程内容丰富、体系博大，浸润着学生的文明素养，影响着学生的健康成长。"路漫漫其修远兮，吾将上下而求索。"我们相信，尊重学生天性和个性的学校教育，必将具有更强的生命力，每个生命都会像鲜花一样怒放。

课程名称		适用年级	
申报教师		职称	
课程目标			
课程内容			
审核意见			

（三）确定课程实施目标

课程实施目标是对校本课程做出的价值定位。学校在分析与研究课程资源的基础上，通过课程审议委员会的审议，制订校本课程的实施目标。目标是有层次的，包括一般目标与特殊目标，前者指教育的价值或哲学，后者指学生通过学习相应的课程之后，所应具备的价值观和具体的知识与能力。

（四）制订课程实施方案

制订课程实施方案包括确定教学内容、组织学习材料、安排教学时间、落实教学活动、调配教职员工、选择教学手段等。

三、多方谋划，巧用资源

在校本课程的各类资源中，人力资源最具主观能动性，也是最关键的资源。而人力资源中，教师资源又是最关键的资源。可以说，教师是校本课程资源开发与利用的最关键因素。校本即以校为本，而教师就是学校之本，离开教师谈校本课程资源开发，无异于水中捞月。面对农村小学师资力量薄弱的现状，我们巧用各种资源。

（一）有特长的老教师

为了避免个别思想观念陈旧的教师挤占学校课程，我们充分发挥农村小学老教师的特长，让他们作为专职教师教授非学科拓展类课程，以避免出现人为地把课程分出轻重的现象。比如，让心灵手巧的老教师任教"剪纸艺术探究课"，让有书法功底的老教师上"书法赏练课"等。

（二）优秀的骨干教师

一些学科拓展类的校本课程，由那些在学科教学领域中有一定建树的骨干教师开发和任教。他们会在自己的学科领域里将学生领入一个充满探索乐趣的境界。

（三）社会爱心人士和学生家长

我们充分利用社会和家长资源，把热衷于学校教育并有一技之长的社会爱心人士和学生家长聘为我校校本课程的辅导教师，让他们成为我校校本课程的重要师资保障。这些有特长的社会爱心人士和学生家长定期走进课堂做义工，带领学生学习玩魔方和剪纸、面塑制作等多项民间技艺，让学生在参与中尽享活动带来的快乐，也增长学生的智慧。四年级（3）班季晓涵同学的爸爸有一手还原魔方的绝活，他热情地为我们开办了一个"魔方课程"，吸引了各个年级的学生踊跃报名。一时间，报名人数大大超过预期，后来经调整，学校在三至五年级各班选派两位学生随他学习，才"平息"了这场"风波"。在他的课上，六面体的魔方经他讲解、示范，顿时如同一个被揭开的谜团，让孩子们不知不觉地随着他走进了神奇的魔方世界。如今，他教的学生有不少已经能够在一分钟之内将魔方六面还原。最主要的是，他开的"魔方课程"在我校掀起了一股"魔方热"，极大地丰富了学生的课余生活。

这些社会爱心人士和学生家长放弃了自己的休息时间，不要一分钱的报酬，无私地为学校、为学生服务，甘心做普普通通的义工。我们相信，这些义工必然会为我校校本课程的发展添上浓墨重彩的一笔。我们也希望更多的社会爱心人士和家长加入我们的校本课程，为学生创造出一种让他们铭记一生的生活。

（四）外聘的专业辅导教师

针对一些高难度、高水平的课程，我们外聘了专业辅导教师。比如，我们的"鼓舞人心"打击乐社团、"小鲤鱼"舞蹈社团、跆拳道社团、英语口语班就外聘了四名比较有名气的专业教师来任教。

当然，本校教师才是校本课程教师资源的主体。每位教师可以根据自己的特长选择课程，提出申请后，经学校选拔、审核、培训后上岗。实践证明，他们的课上得扎扎实实、有声有色，充分满足了学生的个性需求，体现了校本课程开设的意义。

四、自主选择，张扬个性

为了满足学生的个性需求，我们还开设了选修课程。选修课程设在每周一下午，学生可以根据自己的喜好自由选择。

学校有英语教师开设了英语拓展课程"图文 ABC"，为了激发学生的兴趣，诱导学生个性情感的发展，在教学过程中，教师准确地揣摩学生的内心世界，利用一切能引发学生情感的手段，发掘学生潜在的情感，使之达到最佳水平。例如，每节课开头的 free talk，教师除了和学生进行对话之外，还会安排学生到台前进行自由对话。他们可以根据教师创设的情境，结合自己学过的内容自编对话进行表演，可以自由组合搭档，或和老师，或和同桌，或和自己喜欢的朋友一起交流表演。这种对话表演活动，学生不仅很感兴趣，还广泛复习了旧知，又提高了学习的自主性，学习英语的热情得以长久地维持。这样学生才会乐此不疲地学习英语，从而主动地展现自己的真实个性。

我校开发的校本课程为学生创造了多彩而难忘的童年生活，只要学生有特长和天赋，就一定能在学校找到适合的土壤和环境。这也是"让每个生命像鲜花一样怒放"的办学理念在学生层面上的具体体现。

五、课程实施，学习内化

在课程实施过程中，我们有计划地组织学生学习，使学习经验在学生身上不断内化。比如，我们的"4+2"德育校本课程就是以情境模拟与体验为主，先通过故事或案例教育引导学生，再创设具体的情境让学生模拟体验，通过体验感知接受直观教育。还有我们的感恩教育和诚信教育是我校德育活动的传统。学校通过开展系列的感恩教育活动，创新德育工作模式，引导学生养成良好的道德品格和行为习惯，精心培养学生的健康心态，塑造学生的健全人格，让学生明白感恩不仅仅是一种品德，更是一种责任，让学生不忘父母的养育之恩、老师的培育之恩、同学的帮助之恩、社会的关爱之恩，懂得知恩图报。又如，我们举办"我手画我心——献给女老师的爱"三八妇女节活动，让学生通过可爱的漫画以及专业的素描等形式，画一画亲爱的女老师，再配上一句真挚、感人的话语，表达对老师的感恩之意。学生上交的作品惟妙惟肖、形神兼备，让女老师们在这个特殊的节日里收到了一份特别的祝福。再如，我们利用开放周活动的契机，举办以"文明诚信"为主题的公开德育课，开展诚信考试活动，对学生进行诚信教育，让学生树立诚信光荣、失信可耻的道德共识；通过张贴"好人榜"的方式对典型的学生进行表扬，让"好人"效应不断扩大。

六、及时检查，评价反思

在校本课程实施过程中，我们还对课程目标在教学中的实现情况进行及时检查，指出已经达到的目标和需要进一步改进的方面。另外，我们积极促进多方参与学校校本课程体系构建，使校本课程在边开发、边实施、边总结的过程中不断修正和趋于完善。

我校鲍凤老师在"创意贝壳"校本课程实施中谈道："校本课程实施后，我发现活动组织中的最大问题是建立相处融洽、结合紧密的组织关系。因为我们的授课对象跨度很大，从三年级到五年级，共三个年级。学生来自不同的年级、不同的班级，相互之间不够了解，缺少同龄人的相容性，这给活动的纵深开展造成了障碍。但是，只要跨越了活动组织中的这一障碍，学生的人际交往能力就会提升一个层次，也会为我们的校本课程实施带来意外的惊喜。"

第二节　构建生命成长课程体系

我校基于学生的志趣、需要、特长、爱好，兼顾厚重的海洋、自然和人文资源以及学校培养目标，以学科课程标准为目标，实现对本地海洋特色文化的接纳、继承、弘扬和超越，形成了面向全体学生的多元、开放的课程体系。丰富多彩的课程像朵朵浪花一样绽放风采。

一、构建生命成长课程体系

生命成长课程体系涵盖了我校所有的自主研发的校本课程，同时借鉴差异教育理念，以师生共同的生命成长为线索，以学生德、智、体、美、劳的全面发展为准则，以培养"乐学、会学、互学、博学"的现代人为目标，让每一个学生都能接受最完整、最优质的教育，让每一朵生命之花都能尽情地绽放。

（一）生命成长课程的核心理念

我校校本课程实施的核心理念，也是我校的办学理念，即"让每个生命像鲜花一样怒放"。生命成长课程建设始终服务于这一核心理念。

（二）生命成长课程的立足点

第一个基本立足点就是素质教育理念，即教给学生一生有用的东西，促进学生德、智、体、美、劳的全面发展；第二个基本立足点就是我校的办学宗旨，即"尊重天性、张扬个性、涵养德性、磨炼韧性"，让每个学生自由生长，为学生的终身发展奠基。

附：

生命成长课程体系

必修课程			选修课程					
素养课程	翰墨书香课程	阳光体育课程（必修＋选修）	学科拓展课程				多彩社团课程	畅享生活课程
			语文	数学	英语	美术		
"4+2"德育	好书天天读	阳光大课间	故事汇	快乐实践	快乐起跑线	纸艺飘香	"小螺号"声乐社团	开心农场
德育系列活动	好字天天练	少年武术操	儿童诗社	趣味数学	图文ABC	创意贝壳	"小鲤鱼"舞蹈社团 "鼓舞人心"打击乐社团	舌尖上的美味
德育评价		篮球	谈笑风生	智慧乐园	口语大本营	粮食贴画	"小巧手"泥塑社团	生活小技能
文明基因孝诚爱		快乐足球	美文诵读	魔方	单词巧分类		"小画家"社团	班务自理
		乒乓之家	读书会				"布衣坊"社团	
		田径	课本剧				"小发明家"社团	
		跆拳道	成语课堂				创意贝壳	
		橄榄球	软笔书法				创意沙雕	
							电脑手抄报	

二、描绘生命成长课程的蓝图

学校遵循"尊重天性、张扬个性、涵养德性、磨炼韧性"的办学宗旨，进行生命成长课程的开发与实施，形成了素质教育六大子课程，即"素养课程""翰墨书香课程""阳光体育课程""学科拓展课程""多彩社团课程"和"畅享生活课程"，分别对应着"修德""养性""强体""启智""尚品""乐劳"六种精神内质。"修德"，以培养学生的公民素养为先；"养性"，磨炼人的心智，修身养性；"强体"，让学生在阳光体育的律动中青春激荡；"启智"，让学生在理想课堂上获得更多的智慧；"尚品"，让学生的志趣在多彩社团课程中提升；"乐劳"，让学生在快乐劳动中品尝生活的多滋多味。这六类重点校本课程丰富多彩，描绘出了我校素质教育的蓝图。

（一）素养课程

素养课程是素质教育生命成长课程体系的核心课程、基础课程、必修课程。它的精神内质是"修德"。随着课程改革的实施，我校将品德课程和安全环境课程进行整合，围绕德育课程目标，根据《小学生德育目标体系》与《我的成长足迹》评价手册中"我努力，我能行，我最棒"的内容，采用"以点带面"的形式，编写了"4+2"德育校本课程教材。本教材涵盖"孝、诚、爱、仁"四德教育与心灵工程、习惯养成工程，培养学生良好的生活习惯、学习习惯、行为习惯、安全习惯与健康的身心，内容以情境模拟与体验为主。一至五年级的德育教材分别为《孝德记心中，文明伴我行》《诚信是金》《有孝心，献爱心》《仁者爱人》《心灵的彩虹》。学校结合重大节日、国旗下讲话、德育课程内容开展各项德育活动，届时评出"十大小孝星""十大爱心天使"，同时开展"我文明，我美丽"礼仪展示活动，届时评出"十大文明礼仪小明星"。

（二）翰墨书香课程

为培养学生的语文素养和人文底蕴，传承传统文化，我校开设了"1+1"微型课程——翰墨书香课程。它的精神内质是"养性"，主要包括"好书天天读"和"好字天天练"，这是学生的必修课程。

1."好书天天读"课程

我们分年级编写了《诗情话意》《成长圣经》《笠翁对韵》《宋词赏析》《走近论语》五套校本诵读教材。每天早上 7:40—8:10 为晨读时间，诵读内容还有国学经典书籍和现代图书。

2."好字天天练"课程

我们利用每天中午 20 分钟的午写时间，对学生进行写字指导，培养学生良好的写字习惯，提高学生的写字技能，让每一个学生都能写一手漂亮的铅笔字和钢笔字，陶冶性情，提升涵养，增强学生的文化底蕴。

（三）阳光体育课程

阳光体育课程是素质教育生命成长课程体系中学生发展的原动力。它的精神内质是"强体"。"必修＋自修"，让学生有选择地参与运动、学习技能、享受体育，让学生过一种健康、快乐、幸福的校园生活，形成健康意识和终身学习的体育观。其中最主要的阵地为"阳光大课间"，我们还根据学生的兴趣、特长成立了橄榄球、篮球、乒乓球、足球、田径、跆拳道等阳光体育社团。阳光体育课程让全校师生每天都积极地在阳光下、操场上感受体育锻炼的魅力。

（四）学科拓展课程

学科拓展课程的精神内质是"启智"。基于学生差异，为让学生在理想课堂上获得更多的智慧，我们开设了语文、数学、英语、美术 4 类 19 门学科拓展课程。语文学科拓展课程有"谈笑风生""儿童诗社""美文诵读""成语课堂""软笔书法"等，数学学科拓展课程有"快乐实践""趣味数学""智慧乐园"等，英语学科拓展课程有"图文 ABC""单词巧分类""口语大本营"等，美术学科拓展课程有"纸艺飘香""粮食贴画"等。

（五）多彩社团课程

多彩社团课程是素质教育生命成长课程体系的活力因素。它的精神内质是"尚品"。多彩社团课程属于选修课程，学生在入校伊始就可以根据自己的兴趣、特长，选择加入喜欢的社团，如以声乐为主的"小螺号"社团，以舞蹈为主的"小鲤鱼"社团，以陶艺为主的"小巧手"社团，以版画为主的"小画家"社团，以创新为主的"小发明家"社团，以布贴画为主的"布衣坊"社团，等等。

我校地处山东半岛莱州湾畔，学生从小与海做伴，跟沙结友。沙雕作为一种大地艺术，体现了自然美与艺术美的和谐统一，体现了人与自然的和谐相处。我校在教学楼右侧树林中修建了一片金灿灿的沙池，并为学生开设了"创意沙雕"课程，帮助学生掌握一定的海洋知识和沙雕的基本技能，让学生在欣赏、学习、创作、实践的过程中发现美、体验美、欣赏美，树立爱家乡的情怀，让学生学会从课外的"随心所欲"到课堂的"精雕细刻"，再到课内外的"融会贯通"。多彩社团课程有固定的活动时间、活动地点、指导教师等，保障了社团课程有质有量地开展。学校以社团课程为载体，大力推进素质教育，培养了学生的兴趣、爱好，促进了学生的全面发展。

（六）畅享生活课程

畅享生活课程是素质教育生命成长课程体系中的快乐片段。它的精神内质是"乐劳"，共有四大子课程：一是"开心农场"课程。学校利用地处农村的优势，号召学生以班级为单位，在一片空地上开展种树、种菜等活动。在此课程中，在种植方面有经验的老教师和一部分家长作为指导教师参与其中进行指导。二是"舌尖上的美味"课程。学校请家长进课堂教学生做拿手美食，如蛋糕、千层饼、水果沙拉、水果拼盘等，家长露一手，学生学一手，亲子情感增进，生活的滋味就在这课程中品出来了。三是"生活小技能"课程。家长和学生有什么做家务的小绝招、小窍门、小技能都可以提出申请，在课堂上、班级内展现出来，然后把这些内容收集起来作为此课程的历史记录。四是"班务自理"课程。主要以日常洒扫为主，进行班务自理，包括擦桌椅、拖地面、擦玻璃、清理卫生间等，培养学生基本的自理能力。

三、彰显生命成长课程的特色

随着课程改革的实施，我们的教师对各学科的国家课程标准有了更加清晰的认识，但也产生了困扰：国家课程标准是面向不同学校的办学传统、教学资源和发展目标而制定的，师资素养、学生潜能千差万别，学校和教师是否可以根据本校的具体情况自行调整教学目标，体现差异呢？课程标准没有限制师生的最大选择范围，没有框定师生的最佳成就标准。那么，细化课程标准，合理开发课程资源，师生在共同的学力基点上实现各有所长的发展，是课程实施的必然趋势。从这个意义上看，实施国家课程校本化，就是一种必然。

我校在严格执行国家教育行政部门的规定，开齐、开足国家课程的同时，对某些科目教学模块的教学顺序和教学内容进行了调整，使学生学起来更轻松，教学效率也更高。

（一）语文学科——开展课标校本化解读

学校组织全体语文教师学习课程统整的理论知识，重温语文新课标，潜心钻研语文教材。在语文教研活动中，学校组织语文教师对新课标进行了认真解读，为各年级组如何结合学校实际情况细化课标提出了指导性建议。随后，教师们在没有现成资料的情况下积极开动脑筋，花了很多时间进行各册教材知识点的梳理，分别就语文的字、词、句、篇等知识点的掌握做了细致具体的要求。低年级教师群策群力，开发创编了一套《快乐说话写话》校本教材；中高年级则开展"快乐悦读""妙语连珠"系列活动，在每年的"读书月"开展"读书节"活动，进行母语素养展示。

（二）数学学科——设计阶梯式练习

在课程校本化建设过程中，数学学科主要是通过开展阶梯式的练习设计来满足不同学生的需求。即每一章节的练习都提供了三种不同层次的需求量，使以人为本的理念真正贯彻到学生的学习与生活之中。由于教师是在考虑了学生的水平和需求等不同的基础上进行设计，因此练习也更有针对性和有效性。全体数学教师在参与习题设计的过程中，需要查找各种不同的资料，并将之与课本中的练习整合。因此，教师对教材的理解更透了，课程意识也更强了，专业水平也更高了。

（三）英语学科——重构文本，形成校本资源文库英语学科文本内容简单，教材资源较少，其文本的重构显得尤为重要。在课程校本化建设的过程中，学校根据每册英语文本的单元、课题与主题、话题的不同，结合学生的生活资源和兴趣，将教材文本融合于生活和情境之中进行再构，使所学单词有语境、有情境，激发学生的学习兴趣，积累课程教材资源。目前，学校三至五年级英语新教材第一期的文本重构已基本完成，正在进入单元主题归纳之下的拓展资源内容分解，使之形成校本资源文库。

（四）美术学科——整合课程资源

我校将剪纸、贝壳拼图等纳入美术学科的教学中，作为学生的选修课程。剪纸是一门综合的艺术，有利于学生各方面能力的提升，可以让他们接受美的熏陶。剪纸对学生自身素质要求不高，每个学生都能参与，更容易体现素质教育的宗旨——面向全体学生。我校采取自主选修的方式，在低中高年级都开设了"纸艺飘香"课，具体为低年级的"窗花点缀美好生活"和中年级的"纸艺奇葩"以及高年级的"放飞心灵希望，剪出美丽人生"。各年级通过开设剪纸课程，使学生掌握剪纸的历史文化、方法技巧、装裱方式、赏析方法等。此外，学校根据金城镇是全国"海湾扇贝"第一镇的地域特点，开展以"创意贝壳"为主题的系列课程。我们根据学生的年龄特点，采取循序渐进的方式，分别开设了低年级的贝壳拼图课、中年级的贝壳彩绘课和高年级的贝壳组装课，并同时涉及扇贝的育苗、养殖、收获、加工、制作这五个模块。低年级的贝壳拼图课主要采取让学生用各种各样的贝壳拼图的方式，培养学生的动手能力；中年级的贝壳彩绘课主要采取让学生在贝壳上涂鸦和在贝壳上画画的方式，培养学生的审美能力；高年级的贝壳组装课则主要采取让学生将各种各样的贝壳组装成艺术作品的方式，培养学生的创新能力。学生在研究、创作的过程中，修身养性，陶醉在创造的美好境界里，从而感受到探索的快乐与成功，真正达到学习内化的目的。

四、共享生命成长课程的幸福

我校的校本课程开发已历时四年，经历了艰苦漫长的探索过程，逐渐走向成熟。

（一）凸显教师新的职业生活方式——"工作学习化，学习研究化"

校本课程开发是新生事物，所有的教师都站在同一起跑线上。我校通过专家指导、外出考察、互动反思、个案研究等多种方式引导教师学习，并设立了合格型、反思型、科研型、专家型成长条例，让教师对照条例自主选择成长的方向，有效提高了每一位教师成就事业和实现自我价值的积极性。教师们明白了：每一个人都可以同新课程共同成长，成功属于那些比他人更有效学习、更勤于思考、更愿意行动的人。

校本课程的构建与实施，把学校变成了一个良性互动的学习型组织。爱看书的教师多了，爱上网学习的教师多了，爱反思的教师多了。王秀珍老师开发的"课本剧"校本课程，由于涉及的问题太多，返工10多次。通过反思学习，她清楚地了解到了问题所在：教师不清楚要做什么，说明学习不够，课程意识不清；不明白应该怎么做，说明思考不深，研究不够，缺乏做的能力；不了解校本课程的开发有什么价值，说明还没有尝到校本课程开发的甜头，还没有成功的体验。经过一段时间的学习和实践后，她变了，她笑了，开发的课程也更接近学生了。

"学而不思则罔，思而不学则殆。"参与校本课程开发的教师一直以此来鞭策自己，在教学中边反思边改良。教软笔书法的王英武老师提出软笔书法课可以与语文学科联系起来，这样既有助于学生练字，又能够增加学生的识字量；既能让学生进行书法创作，又可以帮助学生更好地熟悉诗词、短文。教师们这种边教边思考的做法使校本课程与国家课程的教学相得益彰，从而使教学效率大大提高。

在校本课程的开发过程中，教师们能走进不同学生的心中，以学生为"小老师"，听取学生的意见，和学生一起研讨，体验学习的快乐。在实践中，校本课程开发小组的教师摸索出了访一访、听一听、看一看、想一想、学一学、唱一唱、做一做等丰富的学习形式，总结出了交流型、表演型、展示型等不同的课堂类型。教师们边教学，边探索，边反思。如教授"电脑手抄报"

课程的冯晓文老师善于与学生交流，通过询问得知学生对电脑绘图技巧很感兴趣，就及时调整了教学侧重点。这种调整不但提高了学生的学习效率，同时也让学生感受到被尊重，极大地激发了学习兴趣。

另外，教师间的互相关爱、互相帮助、互相切磋、互相交流已形成一种氛围和一种教师文化，学校不仅成了学生成长的场所，同时也成了教师不断学习、不断提高、成就事业、实现价值的家园。

（二）提高教师的课程和教学创造力

校本课程开发是以学校为基地的课程创新，这种创新，不仅是传统意义上的教学模式、教学方法、教学手段的创新，更是课程本身的创新。举一些简单的例子，通过调查，我们发现许多学生，特别是低年级的学生，对色彩斑斓的各种图片特别感兴趣，他们经常买一些自己喜欢的图片贴在本子上、文具盒上，甚至是自己房间的家具上，而且还能够把图片上的内容讲得非常生动，并且十分愿意与同学、家长等交流。又如，我们发现许多学生虽然生在农村、长在农村，但是对自己家乡的了解非常有限，为此，我校教师设计了"了解家乡"的校本课程，引导学生了解家乡、热爱家乡，并为家乡的人杰地灵而感到骄傲和自豪。在教学中，教师引导学生广泛收集资料，并在此基础上引导学生学会选取有价值的资料，能抓住重点向大家汇报，使信息资源共享，培养学生的分析能力、综合能力和口语交际能力。教师还引导学生将收集的文字和图片等资料设计成形式新颖、内容丰富的小报，培养学生的审美观，使学生从设计中再次受教育，更加热爱家乡。

进行这样的校本课程的开发，教师需要确定课程主题、选择课程素材、掌握教学策略，在不知不觉中，教师的课程和教学创造力都得到了提高。

（三）促进教师个性化成长

校本课程开发不仅要关注学生的兴趣和需要，也要关注教师的兴趣、特长和自身发展的需要。在校本课程开发过程中，我们鼓励有专长的教师立足自身开发校本课程，并构建自己的知识框架体系，形成自己独特的教学风格。我校的施伟伟老师爱好打篮球，他根据自己的兴趣和特长开发了校本课程"篮球竞技场"，让学生学习篮球运动的基础知识、基本技能以及篮球裁判的基本知识和技巧，既提高了学生的身体素质和运动能力，同时也培养了学生对篮球运动的兴趣和爱好，增强了学生勇敢拼搏、顽强竞争的意识。在这样的课程开发中，教师的专业技能和教学水平也得到了大幅提高。

（四）改变教师的学生观

生活中有这样一些学生，由于生活不宽裕，缺乏亲人的关爱，体会不到幸福的滋味；物质生活富裕的学生，对幸福的体会也会有些片面。在"美文诵读"课程中，教师引导学生阅读名著《青鸟》（作者用"青鸟"象征幸福，寓意幸福无处不在），邀请学生家长一起参加读书会，通过自由吟诵、片段赏析、个性化阅读等方式，让学生对经典文学作品进行赏析，更重要的是在课堂中展开心灵对话："幸福是什么？""你感到幸福吗？"教师引导学生理解幸福、感受幸福、表达幸福。"只要用心去生活，幸福就像空气一样弥漫在我们身旁。"说得多好啊！这是学生读完后发自内心的声音。教师被学生的情感打动，学生被同伴的情感打动，在场的许多人也被感动了，内心被震撼了。在这样的校本课程的教学中，教师和学生的关系变得更民主、更平等，教师更关注学生的生命成长，更关注学生情感、态度、价值观的发展，课堂变得更有生命意识、更有人情味。这就是校本课程富有人性的价值所在。

实践证明，校本课程开发是新课程实验的亮点，为教师专业成长提供了广阔的舞台，是教师专业成长的有效途径。

在素质教育生命成长课程的滋养下，学生每天都在合作交流、互帮互助中感受着生命成长的幸福。阳光体育课程，让学生在和谐的律动中挥洒激情，放飞心中的梦想；多彩社团课程，精彩纷呈，让学生绽放不一样的青春；畅享生活课程，走进学生的生活，提升了学生的技能，让学生成长的羽翼更丰满；素养课程，滋润学生的心田，记录学生的成长轨迹……

第三节　实施校本课程的有效评价

有效地实施校级、教师、学生评价，是学校管理者和教师对校本课程进行质量分析和监控的过程，也是学校对校本课程进行跟踪管理的过程。学校只有采取行之有效的评价策略，才能在评价的基础上进行反思，总结经验和教训，不断调整、丰富和完善校本课程，真正使校本课程促进本校学生的发展。

一、校本课程评价的策略

校本课程的评价对教学工作起着重要的导向和质量监控作用。要使这一作用得到充分的发挥，必须树立新的理念，转变评价的功能，从过去以传授知识为主的课程评价功能，转向人的发展，让评价为学生的发展服务，而不是学生的发展为评价服务。这就启发我们，进行校本课程的评价就是要考查学生的认知水平、实践能力、创新意识和个性心理品质等方面的整体发展。为此，我们必须采取多元化、多样化、综合化的评价策略。

（一）评价的多元化

校本课程评价的多元化，既指评价主体的多元化，又指评价指标的多元化。评价主体的多元化，就是改变过去以管理者为主的单一评价主体的状况，实现课程评价的民主化，让评价成为由教师、学生、学校学校管理者以及学生家长共同参与的分析与评估的过程，从而促进教师、学生、学校管理者主动参与，自我反思，自我教育，主动接纳和认同评价结果，自觉改进工作和学习，实现自我发展。评价指标的多元化，是指从过分关注学生学业成绩的评价，转向对学生多方面素质的评价。也就是说，要评价学生发展的方方面面，包括学生的学习态度和学习水平，创新精神和实践能力以及知识观、价值观、人生观等；还要考查不同的学生在不同方面的不同发展，承认和尊重学生发展的差异性和独特性，促进他们的个性化发展。

（二）评价的多样化

校本课程评价的多样化，主要是指评价方法的多样化。在进行校本课程评价时，从过分强调量化评价逐步转向对质性的分析与把握，把量化评价和质性评价结合起来。学生是生动、活泼、富有个性的，单纯以量化评价方法描述人的发展，是简单而肤浅、呆板而僵化的。我们应更加关注质性评价，以全面、真实、深入地再现评价对象发展的特点。因此，校本课程的评价应该采取多样化的方法，尤其是对学生的评价，既要有行为观察，又要有成长记录，既要有表层的作业，又要有深层的学习日记，使定性评价与定量评价相结合，更清晰、更准确地反映学生的发展现状，为校本课程开发和管理工作的改进提供科学依据。

（三）评价的综合化

这里所说的评价的综合化，有两层含义：一是评价校本课程要充分考虑学生、教师、学校和课程诸方面的综合因素，多方面收集信息，进行综合分析，总结经验，找出差距，提出丰富与完善校本课程的方案。二是将形成性评价和终结性评价结合起来，用综合分析的方法对校本课程的开发与实施进行评估。特别要重视发展过程的形成性评价，为终结性评价奠定基础、提供依据，使终结性评价具有客观性和说服力，进而提出改进工作的思路和计划，作为下一阶段教学活动的起点。这样一个循环往复的过程，既是校本课程开发与实施不断完善的过程，也是评价改革不断深化和发展的过程。

我校刘老师在"成语课堂"校本课程中采用了以下评价策略。

1. 学分制评价

从三方面进行评价：一是学生学习课程的学时总量，不同的学时给不同的分数；二是学生在学习过程中的表现，如态度、积极性、参与状况等，由小组长和教师综合考核后给出一定的分值；三是学习的客观效果，例如，背诵、手抄报、绘画作品、课本剧的表演等。其中以学生参与学习的学时量的考核为主、过程和结果为辅，但最终的学分要把三个方面综合起来考虑。

2. 成长档案评价

成长档案分三部分："烦恼回收站""心语交流室"和"小小的我在成长"。

（1）"烦恼回收站"

学生在活动中肯定会碰到很多困难，有的也许很快就解决了，有的也许要经历一个比较痛苦的过程才能解决。因此，在成长档案中设置这一块内容，目的是让学生把活动过程中碰到困难、解决困难的心理历程记录下来。"烦恼回收站"分为"心灵写真""宣泄画板"和"烦恼热线联系簿"等栏目，学生可以根据自己的需要填写相关内容。

（2）"心语交流室"

校本课程中的成长体验板块立足于让每一个学生健康、全面地发展，关注学生的生存方式，培养学生良好的心理品质。"心语交流室"为学生提供了一个疏导心理问题的平台，丰富了学生心理教育的途径。"心语交流室"分为"朋友小档案""心灵隐痛""友情传递""鸣谢之心"等栏目。这样的设计让学生有了坦露心迹的空间，可以倾吐心中的愉悦和不快，同时也为教师掌握学生的心理波动，进行有针对性的疏导和教育提供了有效的帮助。

（3）"小小的我在成长"

美国心理学家詹姆斯曾说过："人性中最深切的禀赋，乃是被人赏识的渴望。"每个学生的学习水平、学习能力各有差异，对成果质量的要求也各有差异，但共同点是他们很愿意积累自己认为比较满意的成果。所以成长档案的最后一个部分就是"小小的我在成长"。"小小的我在成长"分为"学习活动小感受""资料积累小珍藏""成功足迹小进步"和"努力奋斗小故事"等栏目，可以帮助学生总结成长过程中的收获。

二、校本课程评价的内容

（一）学校评价

我校为了保障校本课程的有效实施，对校本课程的评价分三个层面：第一，开齐校本课程，即开发的门类符合课程方案的要求，课程实施标准的编写科学适用，既关注学生的学习兴趣，有利于学生个性发展，又能提升教师的专业水平，同时促进学校文化重建与制度创新，有利于形成学校的办学特色；第二，开足校本课程，即开设的节数符合国家课程方案的要求；第三，开好校本课程，即学校课程讲义的可操作性要强，过程性资料齐全，学校对师生的评价科学合理。学校评价采用过程监控和成果展示的方式。

（二）教师评价

我们将学校校本课程的开设质量作为教师评价当中一项重要的业务能力，进行"一评三查一展示"评价。"一评"是指每学期两次的课堂教学评价，此评价旨在督促教师进一步钻研修订校本课程。学校采取人本化的管理手段，不以一次听课成绩决定教师的业务素质，而是在每次常规听课结束后，将全校的最高成绩以及教师本人成绩书面通知任课教师本人。如果教师对自己的成绩不满意，可以提出二次授课，直至其对自己的成绩满意为止。教师在一遍遍的授课中，提高了自己对校本课程的研究能力。"三查"是指查学生学习过程性资料，如作业、成果（作品）或师生对学习情况的记录；查师生对学习过程的评价资料；查教师对校本课程开发的价值和讲义使用情况的反思。"一展示"是指学期末教师将校本课程的开发与使用情况以学生作品或者研究成果的形式向校本课程开发监控委员会汇报。教师根据自己开发的课程在实施前制订出目标，在课程开设过程中和学期结束后，学校对照教师自己设立的目标进行适时评价。评价成绩采用"优秀、良好、一般"等级制，分别在教师评价当中有关开发课程的能力一项加 1.5，1，0.5 分。评价标准高于设定的目标为优秀，相当于设定的目标是良好，低于设定的目标为一般。

（三）学生评价

我们将学生参与校本课程的情况作为学生综合素质的一部分进行评价。第一，定量评价，包括出勤率、学习研究过程性记录、学习成果（作品及阶段性研究报告）等。第二，定性评价，包括学生在整个校本课程的学习、探究、合作过程中的情感投入、态度转变、合作意识、创新精神、动手能力、价值观的形成等方面的表现。学期末，学校根据以上记录，采用师生评、生生评、家长评的多元评价方式，描述性评价与激励性评价相结合的形式，对学生进行综合评价，评定结果分为"真棒""很好""加油"。对特别优秀的学生也可以采取考级制度。

下面是我校杨老师开发的德育活动"环保小卫士"这门课程评价内容的具体操作。

1. 评价原则

（1）多元性原则

为提高对学生学习评价的客观性，选择多种评价方式：学生自评和互评相结合；表现性评价，如研究噪声污染时，根据一个小故事编排一个小短剧，表现噪声的危害，或实地调查校园植物，或完成一幅环保宣传画等。

（2）一致性原则

学习评价的范围与预期目标的范围保持一致，同时体现目标之间的差异。

（3）连续性原则

通过课程实施中连续不断地实施学习评价获得信息，定期向学生反馈，并及时采取提高教学质量和实效的措施。

（4）参与性原则

鼓励学生参与学习评价工作，如自评、互评和小组评；积极邀请家长或其他社会人士参与评价，充分展示课程实施效果，使学习评价贴近社会现实。

2. 评价要素

（1）可量化要素

学生每学一个主题都有相应的学习单，包括调查表、表现学习收获或体会的作品、收集的与主题相关的资料等。学习单的完成情况是可量化的。

（2）非量化要素

活动中的言谈、举止、态度、与人交往及合作的技能等属于非量化要素。

3. 评价标准

评价标准基本分三个等级。

（1）"你太棒了！"

活动准备充分及时；活动中主动参与；能与同伴愉快、融洽地相处和交流；能富有个性和创意地表达自己的见解；能仔细倾听和尊重他人的意见；

很好地掌握本课程"知识、技能"的各项目标；能主动、有创意地完成每个主题中的学习单或学习作品；积极收集、整理相关的资料；具有很好的环保习惯。

（2）"还不错。但你可以比现在做得更好！"

活动准备一般能及时并基本符合要求；活动中在教师和同伴的带动下能较积极地参与；能与同伴平等地相处和交流；能主动表达自己的见解；能倾听和尊重他人的意见；较好地掌握本课程"知识、技能"的各项目标；能按时、按具体要求完成每个主题中的学习单或学习作品；能自主地或在他人的协助下收集、整理相关的资料；具有较好的环保习惯。

（3）"要加油啊！相信你能赶上来！"

活动准备不充分或不及时；活动中被动参与；不太擅于与同伴平等、融洽地相处和交流；不是很乐意、大方地表达自己的见解；在教师的反复要求下才能听他人发表意见，对不同意见比较难容忍；在教师和同伴的提示下基本掌握本课程"知识、技能"的各项目标；被动地完成每个主题中的学习单或学习作品；收集、整理相关资料的主动性较弱，能力滞后；环保习惯有待改进。

4.评价效果

（1）学生的心声

学生季好说："学习'环保小卫士'以前，我认为环保就是不随地吐痰、不随手乱扔垃圾、爱护花草树木……慢慢地，我的环保知识更丰富了，视野更开阔了。而且，我懂得了保护环境和提高我们每个人的生活质量有很重要的关系。"

（2）家长看"环保小卫士"

学生赵艺琳的爸爸说："如何让我们的下一代认识到环保的重要性，如何让孩子通过自己和学校等不同层面学到环保知识并运用到实际生活中，逐步养成爱护环境的良好习惯，是这门课程要解决的问题。我看到，这门课程在由浅入深地突出知识性、趣味性，让孩子轻松地掌握环保知识，从而争做一名合格的

'环保小卫士'。"

（3）杨老师的心里话

"起初，我最担心孩子们对这门课程能否保持长久的兴趣。在课程实施中，我想方设法让我们的'环保小卫士'生动起来。我发现，各种趣味游戏与竞赛活动最能调动他们的参与热情。看来，'在玩中学，在学中玩'的教学理念具有良好的可行性。同时，活动中强调亲身体验和实践，体验丰富了，孩子们的感悟就会深刻一些；实践多一点，孩子们对环保的认识就不会仅停留在'纸上谈兵'的层面，而是能真切感受到这门课程是很实用的。"

第五章

形成教师自主发展的课程文化，绽放生命光彩

新时期赋予教师的职责越来越多，教师的工作压力越来越大，使他们很难有时间静下心来对教学理论进行系统学习，对先进的理论也往往是囫囵吞枣、浅尝辄止，致使教师知识储备不足，对现代教育教学中的全新理念、重要思想方法的理解和驾驭有困难，更有部分教师出现职业倦怠现象。教师的专业成长如何与日常教育教学工作有机地结合，使专业成长成为一种永无休止的生活常态，一直是摆在教育管理者面前的难题。经过多年的实践探索，我们认为尊重教师的心理需求，形成适合每个阶段教师发展的良好的课程文化是至关重要的，教师只有在适合自己的环境中工作、学习，才会由被动到主动，不断地学习和努力，最终走上自主成长之路，绽放出生命的光彩。

第一节　进行广泛调研，归纳教师特征

我们主要通过以下两种方式对教师进行调研，归纳其特征。

一、通过问卷调查，了解全体教师的普遍需求

我们以"教师最需要什么"为题，对全体教师进行了问卷调查。调查

的结果是教师最需要的不是金钱、名利、学生的好成绩、家长的尊敬、社会的推崇……而是一种快乐，是一种认识自我、发现自我、发展自我、创造自我、成就自我的快乐。这样的快乐是超越物欲、名欲、权欲之上的精神境界，这也是教师成为名师乃至教育家不可或缺的思想根基。而这一调查结果更加坚定了我们进行教师专业课程构建的信心。

二、通过观察比对，发现不同发展阶段教师的共同特征

我们对全校教师的性格与心理特点进行多层次、多角度的观察与比对，归纳出不同发展阶段教师的共同特征。

1. 教龄在 8 年以内的教师

（1）初涉职场，对教师职业充满新奇感，属于活力无限的阳光型教师。追求时尚，思想前卫，对传统的东西有些不理解，也有些不以为然。穿着不在乎价钱，只在乎品牌、舒适度和美观度。

（2）与领导或同事交流没有目的性或功利性，自己有什么想法或看法会直截了当地表达。接受任务时，答应得很快，但往往落实的时候拖拖拉拉，效果不好，眼高手低的现象普遍存在。对周围人的言行不去仔细分辨，经常会随波逐流，当有人指出这是错误的做法时，他们才会恍然大悟。

（3）对工作充满激情，还未脱孩子气，因此，经常会和学生打成一片，和学生一起活动、一起做游戏。但当遇到"调皮大王"的时候，他们普遍缺乏耐心，会大发雷霆，有一种非要制服学生不可的思想。

（4）当教育效果不佳的时候，他们会把家长请到学校，但在与家长沟通时又缺乏艺术，会以告状、指责的语气列举学生的很多缺点，时不时还要将班上优秀的学生拿出来做比较，致使家长对教师产生不满。这部分教师常是家校矛盾的制造者。

（5）他们会经常感觉现实与理想之间存在巨大反差，当个人的需要、理想等主观需求与现实存在着一时难以解决的矛盾时，部分教师就会产生自我否定的认知偏差。美国心理学家罗杰斯的很多研究结果都表明，理想自我与

现实自我关系的过分失调往往是产生神经症等心理障碍的主要原因。这种理想与现实的冲突在这部分教师身上表现得尤为突出，常使他们感到困惑、紧张、焦虑、抑郁和孤独。

2. 教龄在 8～18 年的教师

（1）进入教师职业发展的稳定期，已经逐步适应了自己的职业环境，并且明确了工作目标。在衣着方面，追求的是高端、大气、上档次。

（2）这个阶段的教师说话不再是直来直去，他们会思考应该在什么场合说什么样的话，并且经过深思熟虑后才发表自己的看法。他们会看眼色行事，个别教师也可能会当面一套、背后一套。

（3）因为经历了自己孩子的成长过程，所以他们看到学生有一种亲切感，和学生交流时不会与他们较真，对学生的一些幼稚举动，时常会感到很好笑，甚至觉得很可爱。在处理学生出现的问题时，他们不急于下结论，不会被学生的表面现象所左右，而是先进行调查、了解之后才给出评价并进行教育，学生比较愿意接近他们。

（4）能够理解家长，和家长交流时，他们会分析孩子形成这种状况的原因，并且会把自己教育孩子的好方法及时教给家长。当和家长产生误解时，他们能够主动承担责任，得到家长的谅解和理解。

（5）部分教师由于个人抱负、意志品质、教育观念、知识结构以及种种的外部条件的制约，终究未能冲出"高原期"，发展缓慢下来，甚至出现了停滞，定型为"教书匠"，因此而产生焦虑感。而部分教师通过个人持续不断的努力，以及外部积极因素的作用，就会突破"高原期"，其教育教学能力会获得新的发展。

3. 教龄在 18 年以上的教师

（1）进入了教师职业发展的成熟期，对衣着打扮不太追求时尚，穿着简单大方，与教师形象相吻合。

（2）人生及工作阅历丰富，逐步形成了自己的教学风格。平时比较喜欢关注学校的管理是否合理公平，对有悖于自己想法的现象会在教研组内大胆发表言论，言谈举止在一定范围内有导向作用。

（3）与学生交流充满了爱，有时会很幽默，学生在他们面前不会拘束。他们对每个学生的性格都很了解，有许多教育学生的妙招，但是他们不愿意和学生一起玩游戏、做活动，学生对他们的喜欢程度要比年轻教师低。

（4）与家长交流比较随和顺畅，他们会告诉家长哪些事情需要静下心来细细研究，哪些事情需要时间慢慢解决，什么样的孩子不能与其对着干，什么样的孩子必须严格要求才能长大成人等。家长比较喜欢这部分教师，因为和他们沟通能够汲取许多教育孩子的经验。

（5）他们大多晋升了中级职称，部分教师有种"想歇歇"的想法。同时，此阶段教师"上有老，下有小"，生活压力大，身体也开始频亮"红灯"，大多数教师转向以"养生"为生活重点，不愿意承担创新型的工作，也不愿意承担班主任工作，认为只要把常规工作做好，抓好所教学科的教学成绩即可。如果引导不好，这部分经验丰富的教师也可能成为学校负能量的制造者。

第二节　实施人才培养，促进教师成长

学校针对教师不同发展阶段的共同特征，找准其最近发展区，经过八轮研讨、三次修订，最终制订了三大人才培养工程实施方案。

一、以培养优秀青年教师为目标的"新手上路工程"

该工程的培养对象为教龄在8年之内的教师，他们具有这样的整体特征：工作有激情，但没有明确目标和实践经验；教育教学工作处于单纯模仿阶段，既需要优秀教师在师德及业务方面的有效引领及适时疏导，又需要外力加压推动。因此，学校要求这部分教师在制订自我发展规划时除了明确自我发展需求以外，还必须列有"2131"活动，即坚持每周至少写2篇教育教学日记，每月至少写1篇高质量的教育教学故事，每学期至少读3本教育专著且留有读后感，每学期执教1次"师徒结对"的校级公开课，并写出凝练

师徒磨课过程的高质量的教学反思。公开课要体现教师的亲和能力、沟通能力以及读、算、画、写、唱等学科教学基本功。该工程通过以上方式促进新教师不断学习、努力实践、快速成长，为我校骨干教师队伍培养后续力量。

二、以培养骨干教师为目标的"栋梁工程"

该工程的培养对象为教龄在 8～18 年的教师，他们具有这样的整体特征：基本适应教育教学的需要，能做好班级管理工作，授课水平、沟通能力、自信心、外部评价都达到较高水平。为了帮助这部分教师突破"高原期"，学校需要有效介入、高位引领，引导教师及早形成自己的教学特色。因此，学校要求这部分教师在自我发展规划中除了要明确自己的发展需求，还要结合教学实践确立自己的个性发展方向，结合发展方向拜自己崇尚的 2～3 位名师为师，大量阅读他们的著作，观摩他们的教学录像，真正走入名师的心里；每学期至少写 4 篇学习心得，并将学习心得在不断改进中运用到自己的课堂教学和班级管理当中；每学期要有 2 篇实践案例；每学期要承担教研组中磨课后的授课任务；至少上 1 次有名师痕迹的校级示范课；所任班级曾被评为校级优秀班集体；3 年内要形成自己的教育教学特色。

三、以培养校园名师为目标的"名师工程"

该工程的培养对象为教龄在 18 年以上的骨干教师当中能够突破"高原期"的那部分教师。他们不仅是学校某一学科教学领域卓有建树的权威，而且积累了丰富的班级管理经验。因此，学校要用"赏识"的眼光和"器重"的方式去帮助他们找准发展方向。学校要求他们在做自我发展规划时，一是将自己独特的教育思想和教学方法通过承担教研组长、成立名师工作室等方式辐射到相应的团队当中，每学期均要负责撰写本学科取得的研究经验，且在一定领域形成特色，撰写的研究成果在不同领域推广；二是将自己有特色的课堂随时随地向教师、家长开放；三是义务指导教师参与各级优质课评选，同时与新教师结对共进，从业务学习、备课、上课、班级管理等各个环节精心指导新教师，学年末，提炼培养经验，形成书面材料，师徒共上汇报课，展示师徒共进情况；四是在"教学大比武"中，所授课程名列各学科之首；五是每学年做一次教学经验分享。此工程旨在充分发挥中老年教师的优势，让他们成为学校管理的中坚力量，为学校的发展积极出谋划策，维护学校的管理举措及利益，真正参与到学校管理工作中，一言一行都起到表率作用。

当然，上述划分方式是粗线条式的，目的是为了给教师留有充足的发展空间。具体实施方法：学年初，教师根据自己的任职年限和发展优势自主申报人才培养工程，学校实行双向选择，确定人选，3年为一个培养周期。学年中，学校根据培养项目要求，对教师及各工程团体进行相应的培训及调整。各工程培养人选除了完成学校教学常规统一要求的内容以外，还要在学校及团体共同研究确定发展方向的基础上，根据自己的需要和学校的要求制订一份自我发展规划。学年末，各工程培养人选采取丰富多彩的形式展示自己的发展规划落实情况。评选既要考虑难度系数，又要考虑完成效果，学校按一定比例设置"新星奖""骨干奖""名师奖"，并发放"吕世祥奖学金"。

第三节　设置必修课程，开展教师培训

我校根据教师专业发展的普遍需求，紧密结合教师日常教育教学常规工作，设置了每位在校教师必修的课程。

一、《享受完整幸福的教育人生》——以师德修养为主的培训教材

学校通过开展各种师德系列活动，促使每位教师成为师德高尚、宽厚包容、身心健康、阳光快乐的人。每学年学校都会围绕此课程开展一系列活动，比如，"涌动教育激情，体味职业幸福""科研促发展，读书润人生""巾帼建功'十二五'""榜样激励你我，温暖感动校园""践行师德规范，筑造幸福校园""追求教育梦想，积聚校园正能量""强素质修师德，树形象展师风"等。这些贴近教师教育教学实际的师德活动，旨在唤醒每位教师的教育情怀，激励教师幸福成长。

二、《让研究成为教师的生活常态》——以提高教师科研能力为主的培训教材

学校通过开展培训，让每位教师做到用科研的眼光看问题，用科研的思维想事情，用科研的行动做教育。学校要求每位教师都要有自己研究的小课题，将日常教学中的热点、难点、重点问题作为课题研究的切入点，树立"问题即课题"的理念，坚持课题研究与常规教学相结合的原则，努力提高自身的科研能力。学校以"勤督促、抓落实、出成果"为重点，坚持每月召开一次课题会议，每两周分课题召开一次小型研讨会。

三、《读书润人生》——以丰富多彩的读书、写博客活动为主的培训教材

学校通过开展培训，让每位教师都能够经过书香浸润，打造"书式"生活，丰富自己的内涵，通过读书、写博客，成为厚积累、宽胸怀、高眼界、大智慧的人。为此，学校做到以下三点：一是成立"快乐书吧"，为教师搭建交流平台。"快乐书吧"是由热爱读书的教师自发倡议形成的团体，他们制订了活动章程和活动计划。为便于交流，还建立了QQ群、博客，互荐优秀书目，畅谈读书收获。二是召开"优秀图书推介会"，实现有效引领。每学期由教师自愿申请组织召开5～10次"优秀图书推介会"，推介会既能展示教师读书的收获，又能激发其他教师的读书热情。三是开展读书系列活动，进行有效深化。重点开展"品读经典，滋养人生"读书系列主题活动，采取图书漂流、读书沙龙、读书汇报会等形式，将教师读书活动引向深入，真正使教育因读书而精彩。四是做好"两评选"，即"优秀博客"评选和"感动校园读书人物"评选，通过树立典型，充分发挥榜样的示范引领作用。

四、《现代教学技艺》——以提高教师信息技术能力为主的培训教材

学校鼓励教师将信息技术有效地运用到自己的课堂当中，做到激趣高效。首先，以远程研修为平台，拓宽校本研修的渠道；其次，以网络教研为

渠道，突出校本研修的实效性，如借助网络进行理论学习、集体备课、开展专题论坛、搭建焦点互动平台等；再次，以网络课堂观摩为手段，提高教师的专业素养，如开展"精品课光盘漂流活动""常态课录像即时化反思"活动等。目前学校正着重研讨微课程的实施技术，进行大范围试点"翻转课堂"教学模式研究。

五、《做智慧型班主任》——以培养智慧型班主任为主的培训教材

将智慧型班主任的领导艺术及班级、班主任考核评价细则作为培训教材，针对具体问题，每两周进行一次培训，做到次次有主题、人人有收获，在相互交流中实现经验共享、优势互补。在学校网站上开设"你的难题我支着"班主任论坛，达到一人有难题、大家都来帮的目的。

各部门依据以上内容在学期初合理规划学期培训内容，教学管理中心形成学期校本培训配档表并下发到各教研组，按计划开展活动，学期末整理培训材料，不断补充校本培训教材，逐年调整充实。

第四节　组织成果评比，展现教师风采

为了让每位教师找准自己的位置，发现自身存在的价值，学校每学年组织一次"校园群星璀璨奖"评选，旨在展示一年来每位教师专业发展的成果。学年初，全体教师根据自身发展特长申报一个奖项，奖项名称可以是学校指定的，也可以是教师根据自己的特长命名的。目前学校已有29个奖项，如"安全之星""关爱之星""协作之星""沟通之星""爱校之星""爱生之星""科研之星""才艺之星""课改之星""勤奋之星""合作之星""奉献之星"等。教师在申报时一定要写出申报理由，也就是简单的事迹介绍。以下是"巧手之星"吕秋英老师的描述。

儿时的回忆弥足珍贵，奶奶的一双巧手给我留下了深刻的印象，特别是那精致的手工八角灯笼，灯笼面上有栩栩如生的大胖娃娃，遥想当年，让我

得到了多少小朋友欣羡的目光。成年后，妈妈一直说，这么多孩子中就我继承了奶奶的巧手，在自豪的同时我多少有点汗颜，我一直在争取向"巧手"靠拢。

教师这个职业给了我诸多锻炼的机会，多年前得到的欣赏和赞美，现在在自己的学生身上得到了满足。布艺贴画是绘画与制作的结合体，制作前要绘制出图纸，然后制作底板，再利用布料根据设计的图案选择合适的制作方法。软包是我制作布艺贴画的绝活，制作出的作品具有立体感，深受学生的喜爱。在开心的同时，我毫无保留地把自己的制作窍门教给了学生。看到一幅幅栩栩如生的作品在学生的手中诞生，我由衷地感到高兴。

再如，"读书之星"李英老师的事迹简介。

弥尔顿说，书籍并不是没有生命的东西，它把作者生机勃勃的智慧中最纯净的精华保存起来。我喜欢读书，汲取其间的各种精华，或人生感悟，或职业充电，或素养提升……《给教师的建议》与《叶圣陶教育名篇》两本教育巨著是这段时间我常读的书籍。每有疑惑，我便翻书查看，学习教育大家的育人智慧，吸取一些教育的经验。我欣然记下那些给我深刻启迪的内容，并留下点滴感悟，至今已有心得百余篇。除此之外，《小学英语教学》我每期皆读，《青年文摘》也是我常读的刊物，我还把一些精彩篇章记在了学习笔记上。与教育教学有关的微信公众号也是我关注的重点，其中提及的一些书，我也常从网上找来读。滚雪球似的阅读，让我所读的书目广泛起来。书，我读着、思着、品着、学着，便乐着了！

所有教师的事迹都在教师QQ群当中公示，以便让全体教师在一学年当中观察了解。学年末，校园网公开申报奖项的详细事迹，学校组织全校教师根据平时的观察了解进行网络无记名投票，投票率达到85%的人可以进入最终评选。最终评选由教师在现场进行PPT展示，学校组成专家团队现场评选出"校园之星"。这一评选，旨在通过宣传，凝聚每位教师身上的正能量，也真正体现了我们的办学理念。

目前，学校97%的教师能够承担市级以上优质课或公开示范课，获得国家、省、地级市优质课的教师有 30 余人，近 200 篇教师论文在省级以上刊物发表、在教育科研成果评选中获奖或在相关会议上交流。通过"两课程一评选"，一支有思想、有抱负的教师队伍在不断发展壮大！

大海因为宽广而容纳百川，浪花因为力量而展现魅力。对生命教育的研究我们仍然在路上，在今后的探索过程当中，我们会时刻践行"让每个生命像鲜花一样怒放"的办学理念，让一个个鲜活的生命彼此对话、唤醒、碰撞、交融、体验、分享，用情感触摸情感，用智慧开启智慧，用灵魂塑造灵魂，用生命激扬生命，尽情享受生命成长的快乐，尽情展现生命绽放的美丽。

附录

莱州市小学"师生随文同读"阅读书目

年级	学期	必读书目	选读书目
一年级	上	《蝴蝶·豌豆花》 《十万个为什么》(少儿彩图版) 《中国神话故事》(彩绘注音版) 《与鸟儿一起飞翔》 《木偶奇遇记》 《西游记》(图画版) 《第一次发现：濒临危机的动物》	《帽子的秘密》 《三毛流浪记》(彩图版) 《我不是坏小孩》 《百岁童谣》
	下	《笠翁对韵》 《寻找快活林》 《我要做好孩子》 《乌丢丢的奇遇》 《小猪唏哩呼噜》 《没头脑和不高兴》 《爱心树》	《一粒种子的旅行》 《了不起的狐狸爸爸》 《鼹鼠博士的地震探险》
二年级	上	《不一样的卡梅拉：我想去看海》 《唐诗三百首》 《伊索寓言》(注音版) 《中国神话故事》 《格林童话选》 《大林和小林》 《格列佛游记》(彩绘注音版) 《列那狐的故事》(彩图注音版)	《淘气包马小跳》 《月光下的肚肚狼》 《熊梦蝶》《蝶梦熊》
	下	《千字文·三字经·弟子规》 《猜猜我有多爱你》 《稻草人》 《了不起的狐狸爸爸》 《舒克和贝塔历险记》 《吹小号的天鹅》 《神奇校车：在人体中游览》	《青蛙和蟾蜍》 《开明国语课本》 《让路给小鸭子》
三年级	上	《三毛流浪记》 《宝葫芦的秘密》 《安徒生童话》 《让太阳长上翅膀》 《窗边的小豆豆》 《生命的故事》 《成语故事》 《中外神话故事》	《当世界年纪还小的时候》 《科学改变人类生活的 119 个伟大瞬间》 《哈佛家训》 《好孩子最想知道的新十万个为什么》

（续表）

年级	学期	必读书目	选读书目
三年级	下	《千家诗》 《奇妙的数王国》 《林汉达中国历史故事集》 《戴小桥全传》 《父与子》 《丁丁历险记》 《爱丽丝漫游奇境记》 《最美的科普·四季时钟系列》 《夏洛的网》	《中国孩子最想畅游的世界100文明奇迹》 《中国孩子最想知道的世界100伟大发明发现》 《爱的教育》 《法布尔昆虫记》 《漂来的狗儿》
四年级	上	《彼得·潘》 《繁星·春水》 《孔子的故事》 《地心游记》 《铁丝网上的小花》 《草房子》 《怪老头儿》 《假如给我三天光明》 《中华上下五千年》 《中国名家经典童话》	《我们的母亲叫中国》 《科学家故事100个》 《尼尔斯骑鹅旅行记》 《时代广场的蟋蟀》 《成长圣经：触动孩子心灵的101个感动故事》
四年级	下	《昆虫记》 《诺贝尔奖获得者与儿童对话》 《四弟的绿庄园》 《城南旧事》 《童年》 《汤姆叔叔的小屋》 《青铜葵花》 《老人与海》 《西游记》	《钢铁是怎样炼成的》 《我的哥哥爸爸》 《麦田里的守望者》
五年级	上	《狼獾河》 《长袜子皮皮》 《三国演义》 《绿山墙的安妮》 《山羊不吃天堂草》 《小海蒂》 《伟人的故事》 《水浒传》	《寄小读者》 《史记》 《泰戈尔诗选》 《人体探秘》 《元素的故事》

（续表）

年级	学期	必读书目	选读书目
五年级	下	《小王子》 《森林报》 《鲁滨孙漂流记》 《汤姆·索亚历险记》 《我的野生动物朋友》 《第七条猎狗》 《朱自清散文选》 《小游击队员》 《海底两万里》	《朝花夕拾》 《少年维特之烦恼》 《红楼梦》 《狼王梦》 《福尔摩斯探案全集》

西南师范大学出版社
《名师工程》系列丛书目录

系列	序号	书　　名	主编	定价
名师解码系列	1	《教育需要播种温暖——谢文东与儒雅教育》	余　香　陈柔羽　王林发	28.00
	2	《为了未来设计教育——梁哲与探究教育》	冼柳欣　肖东阳　王林发	28.00
	3	《真心是教育的底色——谭永焕与真心教育》	谭永焕　温静瑶　王林发	28.00
	4	《做超越自我的教师——刘海涛与创新教育》	王林发　陈晓凤　欧诗停	28.00
	5	《打造灵动的教育场——张旭与情感教育》	范雪贞　邹小丽　王林发	28.00
高效课堂系列	6	《让数学课堂更高效——教研员眼中的教学得失》	朱志明	30.00
	7	《从教会到教慧——小学生数学学习能力的培养艺术》	滕　云	30.00
	8	《用什么提高课堂效率——有效数学课必须关注的10大要素》	赵红婷	30.00
	9	《让作文更轻松——小学作文高效教学36锦囊》	李素环	30.00
	10	《让研究性学习更高效——研究性学习施教指导策略》	欧阳仁宣	30.00
	11	《让母语融入学生心灵——提升学生语文素养的高效施教艺术》	黄桂林	30.00
创新课堂系列	12	《小学语文"三环节"阅读教学法——自学、读讲、实践》	薛发武	30.00
	13	《个性化课堂教学艺术：小学语文》	商德远	30.00
	14	《如何实现三维目标——让学生与文本共鸣的诵读教学》	张连元	30.00
	15	《想说　会说　有话可说——突破作文瓶颈的三维教学法》	杨和平	30.00
	16	《综合课的整合创新教学》	周辉兵	30.00
	17	《如何打造学生喜欢的音乐课堂》	张　娟	30.00
	18	《理想课堂的构建与实施——一个教研员眼中的理想课堂》	张玉彬	30.00
	19	《小学语文：决定教学质量的关键策略》	李　楠	30.00
	20	《用〈论语〉思想提升数学教育智慧》	胡爱民	30.00
	21	《童化作文——浸润儿童心灵的作文教学》	吴　勇	30.00
名校系列	22	《人本与生本：管理与德育的双重根基》	广州市广外附设外语学校	30.00
	23	《生本与生成：高效教学的两轮驱动》	广州市广外附设外语学校	30.00
	24	《世界视野与现代意识：校本课程开发的二元思维》	广州市广外附设外语学校	30.00
	25	《让每个生命都精彩——生命教育校本实践策略》	王鹏飞	30.00
	26	《好学校，从关注每个学生开始——石梅小学优质教育多元感悟》	顾　泳　张文质	30.00
鲁派教育名师探索者系列·	27	《追问历史教学之道》	钟红军	36.00
	28	《灵动英语课——高效外语教学氛围创设艺术》	邵淑红	30.00
	29	《校园，幸福教育的栖居》	武际金	30.00
	30	《复调语文——尊重生命自我成长的语文教学》	孙云霄	30.00
	31	《智趣数学课——在情感深处激发学生的数学智能》	王冬梅	30.00
	32	《高品位"悦读"——让情感与心灵更愉悦的阅读教学》	马彩清	30.00
	33	《品诵教学——感悟母语神韵的阅读教学》	侯忠彦	30.00
	34	《智趣化学课——在快乐中提升学生的科学素养》	张利平	30.00

系列	序号	书　　　名	主编	定价
思想者系列	35	《回归教育的本色》	马恩来	30.00
	36	《守护教育的本真》	陈道龙	30.00
	37	《教育，倾听心灵的声音》	李荣灿	30.00
	38	《心根课堂——让教育随学生心灵起舞》	刘云生	30.00
	39	《做一个纯粹的教师》	许丽芬	26.00
	40	《率性教书》	夏　昆	26.00
	41	《为爱教书》	马一舜	26.00
	42	《课堂，诗意还在》	赵赵（赵克芳）	26.00
	43	《今日教育之民间立场》	子虚（虺永进）	30.00
	44	《教育，细节的深度反思》	许传利	30.00
	45	《追寻教育的真谛——许锡良教育思考录》	许锡良	30.00
	46	《做爱思考的教师》	杨守菊	30.00
鲁派名校教育探索者系列·	47	让生命异彩纷呈——差异教育的构建与实施	张晓琳	30.00
	48	《博弈中的追求——一位中学校长的"零"作业抉择》	李志欣	30.00
	49	《大教育视野下的特色课程构建——海洋教育的开发实施》	白刚勋	30.00
名师教学手记系列	50	《唤醒生命的对话——孙建锋语文教学手记》	孙建锋	30.00
	51	《让作文教学更高效——王学东写作教学手记》	王学东	30.00
名校长核心思想系列	52	《智圆行方——智慧校长的50项管理策略》	胡美山　李绵军	30.0
	53	《做一个智慧的校长》	孙世杰	30.00
	54	《成为有思想的校长》	赵艳然	30.00
创新班主任系列	55	《班主任专业化成长策略》	杨连山	30.00
	56	《班级活动创新与问题应对》	杨连山　杨照　张国良	30.00
	57	《班集体建设与创新人才培养》	李国汉	30.00
	58	《神奇的教育场——打造特色班级文化创新艺术》	李德善	30.00
教研提升系列	59	《校本教研的7个关键点》	孙瑞欣	30.00
	60	《教师怎样做小课题研究——高效助力教师专业化成长》	徐世贵　刘恒贺	30.00
	61	《今天我们应怎样评课》	张文质　陈海滨	30.00
	62	《今天我们应怎样进行教学反思》	张文质　刘永帝	30.00
	63	《一节好课需要的教育智慧》	张文质　姚春杰	30.00
优化教学系列	64	《高效教学组织的优化策略》	赵雪霞	30.00
	65	《高效教学方法的优化策略》	任　辉	30.00
	66	《高效教学过程的优化策略》	韩　锋	30.00
	67	《让教学更生动——激发兴趣让学生快乐认知》	朱良才	30.00
	68	《让教学更高效——策略创新让教学事半功倍》	孙朝仁	30.00
	69	《让教学更开放——拓展延伸让学生触类旁通》	焦祖卿　吕　勤	30.00
	70	《让教学更生活——体验运用让学生内化知识》	强光峰	30.00
	71	《让知识更系统——整合与概括让学生建构体系》	杨向谊	30.00
	72	《让思维更创新——思辨与发散让学生思维活跃》	朱良才	30.00

系列	序号	书　　　　名	主编	定价
教学创新系列语文	73	《曹洪彪新概念快速作文》	曹洪彪	30.00
	74	《小学语文：享受对话教学》	孙建锋	30.00
	75	《小学语文：名师教学目标落实艺术》	刘海涛　王林发	30.00
	76	《小学语文：名师魅力教学设计艺术》	刘海涛　王林发	30.00
	77	《小学语文：名师魅力课堂激趣艺术》	刘海涛　豆海湛	30.00
	78	《小学语文：单元整体教学构建艺术》	李怀源	30.00
	79	《小学作文：名师情趣课堂创设艺术》	张化万	30.00
名师名课系列	80	《名师如何炼就名课》（美术卷）	李力加	35.00
教师成长系列	81	《做会研究的教师》	姚小明	30.00
	82	《学学名师那些事》	孙志毅	30.00
	83	《给新教师的建议》	李镇西	30.00
	84	《教师心灵读本：成为有思想的教师》	肖　川	30.00
	85	《教师心灵读本：教师，做反思的实践者》	肖　川	30.00
幼师提升系列	86	《全国优秀幼儿健康教育活动课例评析》	教育部教育管理信息中心	30.00
	87	《全国优秀幼儿艺术教育活动课例评析》	教育部教育管理信息中心	30.00
	88	《全国优秀幼儿社会教育活动课例评析》	教育部教育管理信息中心	30.00
	89	《全国优秀幼儿语言教育活动课例评析》	教育部教育管理信息中心	30.00
	90	《全国优秀幼儿科学教育活动课例评析》	教育部教育管理信息中心	30.00
教师修炼系列	91	《班主任工作行为八项修炼》	杨连山	30.00
	92	《教师心理健康六项修炼》	李慧生	30.00
	93	《教师专业化五项修炼》	杨连山　田福安	30.00
	94	《课堂教学素养五项修炼》	刘金生　霍克林	30.00
	95	《高效教学技能十项修炼》	欧阳芬　诸葛彪	30.00
	96	《教师新师德六项修炼》	王毓珣　王　颖	30.00
教学创新系列数学	97	《小学数学：名师教学目标落实艺术》	余文森	30.00
	98	《小学数学：名师高效教学设计艺术》	余文森	30.00
	99	《小学数学：名师易错问题针对教学》	余文森	30.00
	100	《小学数学：名师魅力课堂激趣艺术》	余文森	30.00
	101	《小学数学：名师同课异教》	林高明　陈燕香	30.00
	102	《小学数学：名师抽象问题艺术教学》	余文森	30.00
教育心理系列	103	《做最好的心理导师——中学生心理健康咨询手册》	杨　东	30.00
	104	《每天学点教育心理学》	石国兴　白晋荣	30.00
	105	《学生心理拓展训练与指导》	徐岳敏	30.00
	106	《好心态成就好学生——学生心理问题剖析与对症教育》	李韦遴	30.00
教育通识系列	107	《用心做教师——青年教师快速成长的十大定律》	王福强	30.00
	108	《做最受学生欢迎的老师》	赵馨　许俊仪	30.00
	109	《做有策略的校长——经典寓言与学校管理智慧》	宋运来	30.00
	110	《做有策略的教师——经典故事中的教育启示》	孙志毅	30.00
	111	《从学生那里学教书》	严育洪	30.00
	112	《突破平庸——提升教育质量的31个跳板》	严育洪	30.00
	113	《教育，诗意地栖居》	朱华忠	30.00
	114	《好班规打造好班级》	赵　凯	30.00
	115	《做学生成长的引领者——学生终身成长的素质培养》	田祥珍	30.00
	116	《如何管出好班级——突破班级管理的四大瓶颈》	刘令军	30.00
	117	《青春期性教育教师实用手册》	闵乐夫	30.00

系列	序号	书　　　名	主编	定价
高中新课程系列	118	《高中新课程：教师角色转变细节》	缪水娟	30.00
	119	《高中新课程：班主任新兵法细节》	李国汉　杨连山	30.00
	120	《高中新课程：教学管理创新细节》	陈　文	30.00
	121	《高中新课程：更有效的评价细节》	李淑华	30.00
教学新突破系列	122	《把教学目标落实到位——名师优质课堂的效率管理》	冯增俊	30.00
	123	《拿什么调动学生——名师生态课堂的情绪管理》	胡　涛	30.00
	124	《零距离施教——名师和谐师生关系的构建艺术》	贺　斌	30.00
	125	《一个都不能落——名师提升学困生的针对教学》	侯一波	30.00
	126	《让学习变得更轻松——名师最能吸引学生的情境设计》	施建平	30.00
	127	《让知识变得更易学——名师改造难学知识的优化艺术》	周维强	30.00
名师讲述系列	128	《施教先施爱——名师讲述班主任的核心教导力》	杨连山　魏永田	30.00
	129	《在欢乐中成长——名师讲述最具活力的课堂愉快教学》	王斌兴	30.00
	130	《让学生做自己的老师——名师讲述如何提升学生自主学习能力》	徐学福　房慧	30.00
	131	《引领学生高效学习——名师讲述如何提高学生课堂学习效率》	刘世斌	30.00
	132	《教育从心灵开始——名师讲述最能感动学生的心灵教育》	张文质	30.00
教育细节系列	133	《名师最具渲染力的口才细节》	高万祥	30.00
	134	《名师最有效的沟通细节》	李燕　徐波	30.00
	135	《名师最有效的激励细节》	张利　李波	30.00
	136	《名师培养学生好习惯的高效细节》	李文娟　郭香萍	30.00
	137	《名师人格教育的经典细节》	齐欣	30.00
	138	《名师营造课堂氛围的经典细节》	高帆　李秀华	30.00
	139	《名师最有效的赏识教育细节》	李慧军	30.00
	140	《名师最有效的批评细节》	沈旎	30.00
教育管理力系列	141	《名校激励管理促进力》	周兵	30.00
	142	《名校安全管理执行力》	袁先潋	30.00
	143	《名校师资团队建设力》	赵圣华	30.00
	144	《名校危机管理应对力》	李明汉	30.00
	145	《名校校本研究创新力》	李春华	30.00
	146	《学校文化力建设策略》	袁先潋	30.00
	147	《名校长核心教育力》	陶继新	30.00
	148	《名校长高绩效领导力》	周辉兵	30.00
	149	《名校行政管理细节力》	杨少春	30.00
	150	《名校教学管理提升力》	张韬　戴诗银	30.00
	151	《名校学生管理教导力》	田福安	30.00
	152	《名校校园文化构建力》	岳春峰	30.00
大师讲坛系列	153	《大师谈教育心理》	肖川	30.00
	154	《大师谈教育激励》	肖川	30.00
	155	《大师谈教育沟通》	王斌兴　吴杰明	30.00
	156	《大师谈启蒙教育》	周宏	30.00
	157	《大师谈教育管理》	樊雁	30.00
	158	《大师谈儿童人格塑造》	齐欣	30.00
	159	《大师谈儿童习惯培养》	唐西胜	30.00
	160	《大师谈儿童能力培养》	张启福	30.00
	161	《大师谈早恋与性教育》	闵乐夫	30.00
	162	《大师谈儿童情感教育》	张光林　张静	30.00

系列	序号	书　　　名	主编	定价
教学提升系列	163	《方法总比问题多——名师转变棘手学生的施教艺术》	杨志军	30.00
	164	《用特色吸引学生——名师最受欢迎的特色教学艺术》	卞金祥	30.00
	165	《让学生爱上课堂——名师高效课堂的引导艺术》	邓　涛	30.00
	166	《拿什么打开思路——名师最吸引学生的课堂切入点》	马友文	30.00
	167	《没有记不牢的知识——名师最能提升学生记忆效果的秘诀》	谢定兰	30.00
	168	《让学生的思维活起来——名师最激发潜能的课堂提问艺术》	严永金	30.00